大统计中的
小问题研究

谢忠秋 ◎ 著

DATONGJI ZHONG DE
XIAOWENTI YANJIU

图书在版编目（CIP）数据

大统计中的小问题研究/谢忠秋著 . —北京：经济管理出版社，2019.1
ISBN 978－7－5096－6308－0

Ⅰ.①大… Ⅱ.①谢… Ⅲ.①统计学—研究 Ⅳ.①C8

中国版本图书馆 CIP 数据核字（2019）第 017411 号

组稿编辑：申桂萍
责任编辑：高　娅
责任印制：黄章平
责任校对：张晓燕

出版发行：经济管理出版社
　　　　　（北京市海淀区北蜂窝 8 号中雅大厦 A 座 11 层　100038）
网　　址：www.E－mp.com.cn
电　　话：（010）51915602
印　　刷：三河市延风印装有限公司
经　　销：新华书店
开　　本：720mm×1000mm/16
印　　张：18.75
字　　数：347 千字
版　　次：2019 年 3 月第 1 版　2019 年 3 月第 1 次印刷
书　　号：ISBN 978－7－5096－6308－0
定　　价：78.00 元

·版权所有　翻印必究·
凡购本社图书，如有印装错误，由本社读者服务部负责调换。
联系地址：北京阜外月坛北小街 2 号
电话：（010）68022974　邮编：100836

自　序

统计之大，其宽度似乎无边界可言，放眼望去，还没有不用到统计的地方，可谓是统计无处不在；统计之大，其深度也似乎难以见底，探身求索，思想方法莫不是深不可测，可谓是统计无穷无尽。是故，学习统计三十余年，研究统计三十余年，还是不能窥其一斑，平时也只能捡些一鳞半爪、一瓜两枣之类的东西加以琢磨而已。比起统计之大，其琢磨的东西又实在是些小问题，一些实在难以登大雅之堂的小问题。两者相权，也就将书名题写为《大统计中的小问题研究》，醉翁之意无非在于借统计之大，壮小问题研究之胆是也。

小问题研究之小，从小书之体系也就能知其一二。平均数、指数、权数、系数、估算、模型、检验、效益、协调，莫不是小之又小的问题，莫不是见之又见的东西，犹如自家平常吃的饭菜，自是难以招待尊贵的客人了。但好在这些饭菜是自己亲自炮制的，又自有自己的一些别有一番滋味在心头，有时也就不胜冒昧，忐忑之中献丑于众人面前。小问题研究也是如此。小问题毕竟是自己所思、所想、所做的，其中不说凝聚着自己的多少心血，但毕竟集中了自己的智慧，还是有着与别人不同的属于个人的一些"独到见解"——这也是在小问题研究中略感欣慰的地方，也是敢于在忐忑之中将小问题研究献丑于众人所具有的一点心理底气。

此外，小问题研究还有的就是，不时地让人们还能够从小问题研究中触摸到那浓浓的新意。正所谓细小深处见新意。调和平均数、几何平均数，很小的问题，但其代表性的衡量，扑面而来的无不是新意袅袅；权数，细小的问题，但离散系数法、概率法确定权数，还有权数可靠性研究，迎面而来的又无不是新意涟涟；线性回归模型，微小的问题，但非负系数线性回归模型的改进、随机线性回归模型的构建，直面而来的还无不是新意绵绵……更有甚者，假设检验，较小的问题，但将之于权数、无量纲化方法等综合评价的内容相结合，构建起综合评价的假设检验体系，扑面而来的又无不是新意翩翩……所以，当你真正地把这些小问题研究读完时,感到的不仅是这些小问题研究的新意真真,而且还有所受这些小问题研究启发后的创意切切。如此,这也算是小问题研究之于统计之大所显现的小小本味吧。

俗话说,文如其人。其实,小问题研究又何尝不是如自己:一如自己的心气,总不是那么的高,始终期许的是"一钩弯月,两碟小菜,邀三人王孙,喝上四五杯老酒,六影相对,七夕醉卧,笑谈八月中秋,数九天群星,浮躁拾尽,心旷神怡,吾辈幸也";二如自己的心境,总不是那么的大,一直努力的是"一支粉笔,两句歪论,居三尺讲台,写够四五篇文章,六根独静,七日勤耕,听说八方清风,闻九州仁道,年华拾起,家和事新,此生足矣"。的确,吾辈幸也!还能够不时地在这块小问题研究的春野上耕耘;是的,此生足矣!还能够不时地在这片小问题研究的秋天里收获。有了它们,你还需要什么呢?

最后,谨以这些小问题研究奉献给那些长期以来关注、关心、关爱我的人!奉献给这个伟大的时代——一个比任何时刻都更接近中华民族伟大复兴的时代!这个伟大的统计时代——一个比任何时刻都更需要统计大有作为的时代!

是为序!

谢忠秋
于龙城常州
2018 年 8 月

目 录

第一章 平均数 ·· 1
    第一节 引论 ··· 1
    第二节 算术平均数代表性的衡量 ·· 5
    第三节 调和平均数代表性的衡量 ·· 11
    第四节 几何平均数代表性的衡量 ·· 15

第二章 指数 ··· 20
    第一节 引论 ··· 20
    第二节 共变影响指数的分解 ·· 22
    第三节 指数体系的经济增长分析 ·· 28

第三章 权数 ··· 39
    第一节 引论 ··· 39
    第二节 用离散系数确定权数 ·· 45
    第三节 用概率法确定权数 ··· 48
    第四节 权数的可靠性研究 ··· 51
    第五节 Cov-AHP：层次分析法的一种改进 ······························ 56

第四章 系数 ··· 70
    第一节 引论 ··· 70
    第二节 平滑系数的定量确定 ·· 72
    第三节 非负回归系数 ·· 76
    第四节 工业产品质量综合系数 ·· 84

第五节　长期计划检查方法（水平法） ……………………………… 87

第五章　模型 …………………………………………………………… 91

　　第一节　引论 ……………………………………………………… 91
　　第二节　线性回归系数随机模型 ………………………………… 95
　　第三节　索洛增长方程的改进 …………………………………… 104
　　第四节　用经济发展方程替代增长方程 ………………………… 109
　　第五节　储蓄与投资在部门之间的分配效应模型 ……………… 112
　　第六节　货币供应增长率控制模型 ……………………………… 124

第六章　假设检验 ……………………………………………………… 130

　　第一节　引论 ……………………………………………………… 130
　　第二节　未知总体方差和数学期望条件下的假设检验 ………… 132
　　第三节　决策分析可靠性的假设检验 …………………………… 138
　　第四节　多重共线性的消除：不相关法 ………………………… 142
　　第五节　无量纲化方法的 t 检验 ………………………………… 146

第七章　结构效益 ……………………………………………………… 157

　　第一节　引论 ……………………………………………………… 157
　　第二节　国民经济结构效益 ……………………………………… 161
　　第三节　投入要素结构效益 ……………………………………… 169
　　第四节　企业结构竞争力 ………………………………………… 187
　　第五节　消费增长对经济增长贡献率 …………………………… 197
　　第六节　区域经济复杂适应能力 ………………………………… 203

第八章　估算 …………………………………………………………… 219

　　第一节　引论 ……………………………………………………… 219
　　第二节　缺省数据估算新方法——虚拟变量法 ………………… 222
　　第三节　中国各省市民营经济 GDP 的估算 …………………… 226
　　第四节　江苏省中等职业教育 GDP 的估算 …………………… 235
　　第五节　高校服务地方经济溢出效益的估算 …………………… 247

第九章 协调 ·· 256

　第一节　速度、结构、质量、效益的协调发展 ················ 256

　第二节　城市转型与产业转型的协调发展 ···················· 263

　第三节　中等职业教育与产业结构调整的协调发展 ············ 277

参考文献 ·· 287

后记 ·· 291

第一章 平均数

第一节 引论

平均数是表明同类社会经济现象在一定时间、地点条件下达到的一般水平的综合指标。统计中采用的平均数有五种，即算术平均数、调和平均数、几何平均数、众数、中位数。前三种平均数是根据总体全部单位标志值计算的，称为数值平均数；后两种是根据标志值在总体的各单位中所处的位置计算的，称为位置平均数。

平均数作为同类社会经济现象在一定时间、地点条件下所达到的一般水平，是以同质总体各单位的数量标志为依据，并对它们加以科学抽象提出的，可以作为同质总体各单位数量标志的代表值。平均数反映总体分布的集中趋势，是总体分布的一个重要特征值。

平均数在统计研究中的重要作用，主要表现在以下几个方面：

（1）概括说明总体的数量特征。平均数是同质总体各单位数量标志的代表值，具有较强的概括性。

（2）对比同类现象在不同条件下的差异。计算平均数可以消除总体规模对指标数值的影响，具有直接可比性。如两城市居民平均收入水平、平均消费水平，可以比较说明水平的差异性。

（3）分析现象的依存关系。如计算某种农作物平均亩产与施肥量，可以反映农作物单产与施肥量的关系。

（4）进行估计推算。抽样调查中可以根据抽样平均数推算总体相关指标。

一、算术平均数

算术平均数是集中趋势测度中最重要的一种，它是所有平均数中应用最广泛的平均数。因为它的计算方法与许多社会经济现象中个别现象与总体现象之间存在的客观数量关系是相符合的。

算术平均数的基本公式：

$$算术平均数 = \frac{总体标志总量（变量值总量）}{总体单位总量（变量值个数）} \tag{1-1}$$

计算算术平均数时，要求各变量值必须是同质的，分子与分母必须属于同一总体，即公式的分子是分母具有的标志值，分母是分子的承担者。由于所掌握的统计资料的不同，利用上述公式进行计算时，可分为简单算术平均数和加权算术平均数两种。

（一）简单算术平均数

简单算术平均数根据未经分组整理的原始数据计算的均值。设一组数据为 $x_1, x_1, \cdots, x_n$，则简单算术平均数的计算公式如下：

$$\bar{x} = \frac{x_1 + x_2 + \cdots + x_n}{n} = \frac{\sum x}{n} \tag{1-2}$$

（二）权算术平均数

权算术平均数根据分组整理的数据计算的算术平均数。其计算公式为：

$$\bar{x} = \frac{x_1 f_1 + x_2 f_2 + \cdots + x_n f_n}{f_1 + f_2 + \cdots + f_n} = \frac{\sum xf}{\sum f} \tag{1-3}$$

式中：f 代表各组变量值出现的频数。

加权算术平均数的大小，不仅取决于研究对象的变量值，而且受各变量值重复出现的频数（f）或频率（$f/\sum f$）大小的影响，如果某一组的频数或频率较大，说明该组的数据较多，那么该组数据的大小对算术平均数的影响就大，反之则小。可见各组频数的多少（或频率的高低）对平均的结果起着一种权衡轻重的作用，因而这一衡量变量值相对重要性的数值称为权数。这里所谓权数的大小，并不是以权数本身值的大小而言的，而是指各组单位数占总体单位数的比重，即权数系数（$f/\sum f$）。权数系数亦称为频率，是一种结构相对数。

在同一的变量数列中，权数采用绝对数或相对数，平均数计算结果是一样的。因为：

$$\bar{x} = \frac{\sum xf}{\sum f} = \sum \left(x \times \frac{f}{\sum f} \right) \quad (1-4)$$

当变量数列中各组的次数相等，即各组的权数相等时，权数就不再起权衡作用，可以用简单算术平均数的计算方法计算平均数，因为 $f_1 = f_2 = \cdots = f_n$，则：

$$\bar{x} = \frac{\sum xf}{\sum f} = \frac{\sum xk}{\sum k} = \frac{k \sum x}{nk} = \frac{\sum x}{n} \quad (1-5)$$

利用组中值作为本组平均值，是假定各组内的标志值分布均匀的条件下计算算术平均数，计算结果与未分组资料的相应结果可能会有一些偏差，应用时应予以注意。在统计分析过程中，如果收集到的是经过初步整理的次级数据，或数据要求不很精确的原始数据资料，可用此法计算均值；如果要求结果十分精确，需用原始数据的全部实际信息；如果计算量很大，可借助计算机的统计功能。

二、调和平均数

调和平均数是各变量值（标志值）倒数的算术平均数的倒数，又称倒数平均数，一般用 $\bar{x}_H$ 表示。

与算术平均数类似，调和平均数也有简单和加权两种形式。

简单调和平均数计算公式：

$$\bar{x}_H = \frac{n}{\frac{1}{x_1} + \frac{1}{x_2} + \cdots + \frac{1}{x_n}} = \frac{n}{\sum \frac{1}{x}} \quad (1-6)$$

加权调和平均数计算公式：

$$\bar{x}_H = \frac{m_1 + m_2 + \cdots + m_n}{\frac{m_1}{x_1} + \frac{m_2}{x_2} + \cdots + \frac{m_n}{x_n}} = \frac{\sum m}{\sum \frac{m}{x}} \quad (1-7)$$

调和平均数一般具有以下特点：

（1）调和平均数易受极端值的影响，且受极小值的影响比受极大值的影响更大。

（2）只要有一个变量值为零，就不能计算调和平均数。

（3）调和平均数应用的范围较小。

三、几何平均数

几何平均数也称几何均值,它是 n 个变量值乘积的 n 次方根,是计算平均比率和平均速度常用的一种方法。根据统计资料的不同,几何平均数可分为简单几何平均数和加权几何平均数。

(一)简单几何平均数

直接将 n 项变量连乘,然后对其连乘积开 n 次方根所得的平均数即为简单几何平均数。它是几何平均数的常用形式。计算公式为:

$$\overline{x_G} = \sqrt[n]{x_1 \cdot x_2 \cdot x_3 \cdots x_n} = \sqrt[n]{\prod x} \tag{1-8}$$

式中:$\overline{x_G}$ 代表几何平均数,$\prod$ 代表连乘符号。

(二)加权几何平均数

与算术平均数一样,当资料中的某些变量值重复出现时,相应地,简单几何平均数就变成了加权几何平均数。计算公式为:

$$\overline{x_G} = \sum f \sqrt{x_1^{f1} \cdot x_2^{f2} \cdot x_3^{f3} \cdots x_n^{fn}} = \sum f \sqrt{\prod x^f} \tag{1-9}$$

式中:f_i 代表各个变量值出现的次数。

几何平均数具有自身的一些特点:

(1)几何平均数受极端值的影响较算术平均数小。

(2)变量值应该大于零。

(3)它仅适用于具有等比或近似等比关系的数据。

四、算术平均数、调和平均数和几何平均数的关系

在许多统计教科书中,在谈到算术平均数、调和平均数和几何平均数的关系时都指出,对于同一资料而言,三者存在下列不等式,即:

调和平均数(H)≤几何平均数(G)≤算术平均数(x)

而且当所有变量都相等时,三者存在等式关系。

对于上述结论,如果从数学意义上来说,无疑是正确的;但从统计意义上来说,我们则认为这种结论则失之偏颇。这是因为统计所研究的是具体的量,是反映某一事物特定内容的量。由此决定,一旦有关资料已给定,则只能根据资料的性质来选择其中的一种方法计算,而采用其他方法计算则是错误的。例如,在根据相对数或平均数计算平均数时,当提供的资料是相对数或平均数的分子资料时,只能采

用加权调和平均数公式计算，得出的是调和平均数；而当提供的资料是相对数或平均数的分母资料时，只能采用加权算术平均数公式计算，得出的是算术平均数。很显然，对于前者，如果采用加权算术平均数公式计算，则无疑是错误的；而对于后者，如果采用加权调和平均数公式计算，则仍然是错误的。再如，当标志总量等于各标志值总和时，要计算平均指标，则只能采用算术平均数公式计算，而采用几何平均数公式显然是不行的；相反，当标志总量等于各标志值连乘积时，要计算平均指标，则只能采用几何平均数公式计算，而采用算术平均数公式也是不当的。由此可见，就每一平均数本身而言，在统计上各自都是独立应用的，并不具有与其他平均数相比较的意义。如果说一定要有的话，有的只是一种数字游戏上的意义。总之，我们认为，就统计意义上来说，算术平均数、调和平均数和几何平均数三者之间是不存在现行统计教科书上所说的那种不等式关系的，更别说等式关系了。

第二节　算术平均数代表性的衡量

一、问题的提出

在实际中，我们会经常遇到这样的问题：

甲、乙两个学习小组，甲组 10 名同学的英语平均分为 82 分，标准差为 40 分，乙组 10 名同学的英语平均分为 76 分，标准差为 38 分，问：哪组的平均分更具有代表性？

对于上述问题，在现有的统计学教科书中，所提供的方法是比较离散系数的大小，即：

计算甲组的离散系数：$v_{s甲} = \dfrac{S_甲}{\overline{X}_甲} = \dfrac{40}{82} = 0.49$

计算乙组的离散系数：$v_{s乙} = \dfrac{S_乙}{\overline{X}_乙} = \dfrac{38}{76} = 0.50$

由于 $v_{s乙} > v_{s甲}$，所以，可以认为甲组的平均分更具有代表性。

显然，如果上述两个离散系数的值相差非常大，则做这样的简单比较，也许可以说明问题。但仅就上述例子而言（事实上，并不仅仅限于上述例子），两个离散系数的值相差并不是非常的大,如此比较,又如此得出结论,似乎显得不那么科学了:一是做这样的简单比较,就统计学本身来说,就是一种相当草率的做法;二是在统计学上,对于差异的比较——比如两个样本均值差异的比较:两个样本均值不同,其差异是否具有统计意义——并不是通过简单的比较能加以完成的,而是将其置于假设检验中加以完成的。事实上,假设检验的方法,不仅为差异的比较提供了可靠的方法,而且也为差异的比较提供了一定的范式。

因此,对于算术平均数代表性的衡量,也有必要将其置于假设检验中,通过检验 $v_{s甲}$ 与 $v_{s乙}$ 之间是否有差异,其差异是否具有统计意义而加以完成。也只有这样,才能使 $v_{s甲}$ 与 $v_{s乙}$ 之间的比较具有科学性,才能使人们对比较的结果建立起可信性。正是基于此,本书提出了利用假设检验衡量算术平均数代表性的三种方法: t 检验、F 检验和将 $v_{s甲}$ 与 $v_{s乙}$ 视作两个比率的 t 检验。

二、衡量算术平均数的代表性:t 检验

要说明哪组的平均分更有代表性,之于假设检验来说,就是要检验 $v_{s甲}$ 与 $v_{s乙}$ 之间是否有差异。而其关键在于检验统计量的构造,其核心是变量的数学期望和方差的求得。

(一)变量 $v_{s甲}$、$v_{s乙}$ 的数学期望和方差

设甲总体 $X \sim N(\mu_x, \sigma_x^2)$,乙总体 $Y \sim N(\mu_y, \sigma_y^2)$,分别从甲总体 X 和乙总体 Y 中抽取容量为 n 的样本为:$x_1, x_2, \cdots, x_n$;$y_1, y_2, \cdots, y_n$;则 $x \sim N\left(\mu_x, \dfrac{\sigma_x^2}{n}\right)$,$y \sim N\left(\mu_y, \dfrac{\sigma_y^2}{n}\right)$。

又设甲总体 X 的离散系数为 $V_{\sigma甲} = \dfrac{\sigma_X}{\mu_X}$,乙总体 Y 的离散系数为 $V_{\sigma乙} = \dfrac{\sigma_Y}{\mu_Y}$,样本 $x_1, x_2, \cdots, x_n$ 的离散系数为 $v_{s甲} = \dfrac{S_x}{\overline{X}}$,样本 $y_1, y_2, \cdots, y_n$ 的离散系数为 $v_{s乙} = \dfrac{S_y}{\overline{Y}}$。

由数理统计理论可知,$S_x^2 \sim \chi^2(n)$,$\overline{X}^2 \sim \chi^2(n)$,根据 $\chi^2(n)$ 性质,则有:$E(S_x^2) = n$,$E(\overline{X}^2) = n$,$D(S_x^2) = 2n$,$D(\overline{X}^2) = 2n$。

又由数理统计理论可知,S_x^2 与 $\overline{X}$ 相互独立,则有:

$$E(v_{s甲}) = E\left(\frac{S_x}{\overline{X}}\right) = \frac{E(S_x)}{E(\overline{X})} = \frac{E(S_x)}{\mu_x}$$

$$E(v_{s甲}^2) = E\left(\frac{S_x}{\overline{X}}\right)^2 = \frac{E(S_x^2)}{E(\overline{X}^2)} \tag{1-10}$$

又知：$D(S_x)$ 可变换为：

$$D(S_x) = D\left(\frac{\frac{\sigma_x}{\sqrt{n}}S_x}{\frac{\sigma_x}{\sqrt{n}}}\right) = D\left(\frac{\sqrt{n}S_x^2}{\sigma_x}\right) = \frac{n}{\sigma_x^2}D(S_x^2) = \frac{2n^2}{\sigma_x^2} \tag{1-11}$$

依据 $D(S_x) = E(S_x^2) - (E(S_x))^2 = n - (E(S_x))^2$，所以有：

$$\frac{2n^2}{\sigma_x^2} = E(S_x^2) - (E(S_x))^2 = n - (E(S_x))^2 \tag{1-12}$$

可求得：

$$(E(S_x))^2 = n - \frac{2n^2}{\sigma_x^2} \tag{1-13}$$

$$E(S_x) = \sqrt{n - \frac{2n^2}{\sigma_x^2}} \tag{1-14}$$

因此，又有：

$$E(v_{s甲}) = E\left(\frac{S_x}{\overline{X}}\right) = \frac{E(S_x)}{E(\overline{X})} = \frac{\sqrt{n - \frac{2n^2}{\sigma_x^2}}}{\mu_x} = \frac{\sqrt{n\sigma_x^2 - 2n^2}}{\mu_x \sigma_x}$$

$$D(v_{s甲}) = D\left(\frac{S_x}{\overline{X}}\right) = \frac{D(S_x)}{D(\overline{X})} = \frac{\frac{2n^2}{\sigma_x^2}}{\frac{\sigma_x^2}{n}} = \frac{2n^3}{\sigma_x^4} \tag{1-15}$$

同理有：

$$E(v_{s乙}) = \frac{\sqrt{n\sigma_y^2 - 2n^2}}{\mu_y \sigma_y}$$

$$D(v_{s乙}) = \frac{2n^3}{\sigma_y^4} \tag{1-16}$$

（二）检验变量 $(v_{s甲} - v_{s乙})$ 差异的统计量的构造

对于 $v_{s甲} - v_{s乙}$，根据定义，有：

$$v_{s甲} - v_{s乙} = \frac{S_x}{\overline{X}} - \frac{S_y}{\overline{Y}} \tag{1-17}$$

又知 $\frac{S_x}{\overline{X}}$、$\frac{S_y}{\overline{Y}}$ 相互独立，则有：

$$E(v_{s甲} - v_{s乙}) = E\left(\frac{S_x}{\overline{X}} - \frac{S_y}{\overline{Y}}\right) = E\left(\frac{S_x}{\overline{X}}\right) - E\left(\frac{S_y}{\overline{Y}}\right)$$

$$= \frac{\sqrt{n\sigma_x^2 - 2n^2}}{\mu_x \sigma_x} - \frac{\sqrt{n\sigma_y^2 - 2n^2}}{\mu_y \sigma_y}$$

$$D(v_{s甲} - v_{s乙}) = D\left(\frac{S_x}{\overline{X}} - \frac{S_y}{\overline{Y}}\right) = D\left(\frac{S_x}{\overline{X}}\right) + D\left(\frac{S_y}{\overline{Y}}\right)$$

$$= \frac{2n^3}{\sigma_x^4} + \frac{2n^3}{\sigma_y^4} \tag{1-18}$$

由于 μ_x、μ_y、σ_x、σ_y 未知，用 $\overline{X}$、$\overline{Y}$、S_x、S_y 代替，最后为：

$$E(v_{s甲} - v_{s乙}) = \frac{(\sqrt{nS_x^2 - 2n^2}}{\overline{X}S_x} - \frac{(\sqrt{nS_y^2 - 2n^2}}{\overline{Y}S_y}$$

$$D(v_{s甲} - v_{s乙}) = \frac{2n^3}{S_x^4} + \frac{2n^3}{S_y^4} \tag{1-19}$$

所以，衡量算术平均数的代表性的 t 统计量为：

$$t = \frac{v_{S甲} - v_{S乙}}{\sqrt{\dfrac{\dfrac{2n^3}{S_x^4} + \dfrac{2n^3}{S_y^4}}{n}}} = \frac{v_{S甲} - v_{S乙}}{\sqrt{\dfrac{2n^2}{S_x^4} + \dfrac{2n^2}{S_y^4}}} = \frac{v_{S甲} - v_{S乙}}{n\sqrt{\dfrac{2}{S_x^4} + \dfrac{2}{S_y^4}}} \tag{1-20}$$

（三）t 检验的一般步骤

（1）建立原假设：H_0：$v_{s甲} = v_{s乙}$，即两个平均数具有一样的代表性。

H_1：$v_{s甲} \neq v_{s乙}$，即两个平均数不具有一样的代表性。

（2）计算统计量：

$$t = \frac{v_{S甲} - v_{S乙}}{n\sqrt{\dfrac{2}{S_x^4} + \dfrac{2}{S_y^4}}} \tag{1-21}$$

（3）确定显著性水平 α，并根据 t 分布表查出相应的临界值 $t_{\alpha/2}(n-1)$。

（4）比较 t 和临界值 $t_{\alpha/2}(n-1)$，判断规则为：

如果 $t \leq t_{\alpha/2}(n-1)$,则接受 H_0,认为两个平均数具有一样的代表性。

如果 $t > t_{\alpha/2}(n-1)$,则拒绝 H_0,接受 H_1,认为两个平均数不具有一样的代表性,其中,离散系数越小,其代表性越大;反之,亦然。

三、衡量算术平均数的代表性:F 检验

由前述可知:

$$D(v_{s甲}) = \frac{2n^3}{S_x^4},\quad D(v_{s乙}) = \frac{2n^3}{S_y^4} \qquad (1-22)$$

且 $D(v_{s甲}) \sim \chi^2(n_1-1)$,$D(v_{s乙}) \sim \chi^2(n_2-1)$。

因此,衡量算术平均数的代表性的 F 统计量为:

$$F = \frac{\dfrac{2n^3}{S_x^4} \Big/ (n_1-1)}{\dfrac{2n^3}{S_y^4} \Big/ (n_2-1)} = \frac{S_y^4}{S_x^4} \sim F(n_1-1, n_2-2) \qquad (1-23)$$

F 检验的一般步骤如下:

(1) 建立原假设:H_0:$v_{s甲} = v_{s乙}$,即两个平均数具有一样的代表性。

H_1:$v_{s甲} \neq v_{s乙}$,即两个平均数不具有一样的代表性。

(2) 计算统计量:

$$F = \frac{S_y^4}{S_x^4} \sim F(n_1-1, n_2-2) \qquad (1-24)$$

(3) 确定显著性水平 α,并根据 F 分布表查出相应的临界值 $F_\alpha(n_1-1, n_2-1)$。

(4) 比较 F 临界值 $F_\alpha(n_1-1, n_2-1)$,判断规则为:

如果 $F \leq F_\alpha(n_1-1, n_2-1)$,则接受 H_0,认为两个平均数具有一样的代表性。

如果 $F > F_\alpha(n_1-1, n_2-1)$,则拒绝 H_0,接受 H_1,认为两个平均数不具有一样的代表性,其中,离散系数越小,其代表性越大;反之,亦然。

四、衡量算术平均数的代表性:将 $v_{s甲}$ 与 $v_{s乙}$ 视作两个比率的 t 检验

由于离散系数表现为无名数,在形式上类似于比率,因此可将 $v_{s甲}$ 与 $v_{s乙}$ 直接视作两个比率,如此也就可以将 $v_{s甲}$ 与 $v_{s乙}$ 的比较视作两个比率的比较。

根据两个总体比率之差假设检验性质,有:

(1) 建立原假设:H_0:$v_{s甲} - v_{s乙} = 0$,即两个平均数具有一样的代表性。

$H_1: v_{s甲} - v_{s乙} \neq 0$，即两个平均数不具有一样的代表性。

（2）计算统计量：

$$t = \frac{v_{s甲} - v_{s乙}}{\sqrt{p(1-p)\left(\frac{1}{n_1} + \frac{1}{n_2}\right)}} \qquad (1-25)$$

其中，$p = \dfrac{n_1 v_{s甲} + n_2 v_{s乙}}{n_1 + n_2}$ \qquad (1-26)

（3）确定显著性水平 α，并根据 t 分布表查出相应的临界值 $t_{\alpha/2}(n-1)$。

（4）比较 t 和临界值 $t_{\alpha/2}(n-1)$，判断规则为：

如果 $t \leq t_{\alpha/2}(n-1)$，则接受 H_0，认为两个平均数具有一样的代表性。

如果 $t > t_{\alpha/2}(n-1)$，则拒绝 H_0，接受 H_1，认为两个平均数不具有一样的代表性，其中，离散系数越小，其代表性越大；反之，亦然。

五、例证运用

仍应用上述案例：甲、乙两个学习小组，甲组 10 名同学的英语平均分为 82 分，标准差为 40 分，乙组 10 名同学的英语平均分为 76 分，标准差为 38 分，问：哪组的平均分更具有代表性？

（一）t 检验

计算 t 统计量：

$$t = \frac{v_{s甲} - v_{s乙}}{n\sqrt{\dfrac{2}{S_x^4} + \dfrac{2}{S_y^4}}} = \frac{0.49 - 0.50}{10 \times \sqrt{\dfrac{2}{40^4} + \dfrac{2}{38^4}}} = -0.758$$

给定显著性水平 $\alpha = 0.05$，查 t 分布表得：$t_{0.05/2}(10-1) = 2.262$。

比较：由于 $|t| < t_{0.05/2}(10-1) = 2.262$，所以接受 H_0，可以认为两个平均数具有一样的代表性。

（二）F 检验

计算 F 统计量：

$$F = \frac{S_y^4}{S_x^4} = \frac{38^4}{40^4} = 0.815$$

给定显著性水平 $\alpha = 0.05$，查 F 分布表得：$F_{0.05}(9, 9) = 3.18$。

比较：由于 $F < F_{0.05}(9, 9) = 3.18$，所以接受 H_0，可以认为两个平均数具有一样的代表性。

(三) 将 $v_{s甲}$ 与 $v_{s乙}$ 视作两个比率的 t 检验

计算：$p = \dfrac{n_1 v_{s甲} + n_2 v_{s乙}}{n_1 + n_2} = \dfrac{10 \times 0.49 + 10 \times 0.50}{10 + 10} = 0.495$

$$t = \dfrac{v_{s甲} - v_{s乙}}{\sqrt{p(1-p)\left(\dfrac{1}{n_1} + \dfrac{1}{n_2}\right)}} = \dfrac{0.49 - 0.50}{\sqrt{0.495 \times (1 - 0.495)\left(\dfrac{1}{10} + \dfrac{1}{10}\right)}} = -0.04472$$

给定显著性水平 $\alpha = 0.05$，查 t 分布表得：$t_{0.05/2}(10-1) = 2.262$。

比较：由于 $|t| < t_{0.05/2}(10-1) = 2.262$，所以接受 H_0，可以认为两个平均数具有一样的代表性。

可见，上述三种假设检验方法所得结论完全一致，所以认为两个平均数具有一样的代表性，而并不是仅比较两个离散系数大小那样得出甲组的平均分更有代表性的结论。

第三节 调和平均数代表性的衡量

与算术平均数一样，调和平均数也有代表性的衡量问题，但在现有的统计学教科书中并没有进行讨论。而林峰、葛新权在其合著的《经济统计分析方法》中对各类平均数代表性的衡量问题进行了广泛的探讨和深入的研究，从而极大地丰富和完善了平均数和标志变异指标的理论体系和方法体系。我们在对林峰、葛新权所提方法进行分析批判的基础上，提出一些新方法，以加深关于调和平均数代表性衡量问题的研究。

《经济统计分析方法》中将调和平均数的标志变异指标构造为调和平均标志值倒数的离差平方。计算公式为：

$$\sigma_{li}^2 = \dfrac{\sum M}{\sum \dfrac{M}{\left(\dfrac{1}{x} - \dfrac{1}{\bar{x}}\right)^2}} \quad \text{或} \quad \sigma_{li} = \sqrt{\dfrac{\sum M}{\sum \dfrac{M}{\left(\dfrac{1}{x} - \dfrac{1}{\bar{x}}\right)^2}}} \qquad (1-27)$$

式中：x 为标志值；M 为权数；$\bar{x}$ 为调和平均数；σ_{li}^2 为方差；σ_{li} 为标准差。

应该说，就林峰、葛新权方法设计的理论依据和思路来说，将调和平均数的标志变异指标构造为调和平均标志值倒数的离差平方，无疑是非常正确的。然而，我们又不能不清醒地看到，由于该方法在设计上与调和平均数的本质相违背、与标志变异指标的性质不相符以及忽略了标志值与调和平均数在表现形式上的内在同一性从而使该方法存在严重的缺陷，致使计算结果失真较大。

首先，该方法违背了调和平均数的本质。众所周知，调和平均数是指标志值倒数的算术平均数的倒数。从这一定义可知，调和平均数的核心在于"倒"的次数是两次。由此决定，调和平均数的标志变异指标"倒"的次数也只能是两次，或表现为标志值与其调和平均数离差平方的倒数的算术平均数的倒数，或表现为标志值倒数与其调和平均数倒数离差平方的倒数的算术平均数的倒数（正如后面所分析的那样，由于标志值倒数与其调和平均数倒数之间缺乏表现形式上的内在同一性，从而使按其原理所计算的调和平均数的标志变异指标的意义也不大）。只有这样，标志变异指标才能与调和平均数的本质相一致；否则，则违背了调和平均数的本质。而林峰、葛新权方法则不是如此，它表现为标志值倒数与调和平均数倒数的离差平方的倒数的加权算术平均数的倒数。与调和平均数只"倒"两次相比，林峰、葛新权方法则多"倒"了一次。其结果必然会使较小的结果变大，较大的结果变小，从而致使计算结果失真较大。

其次，该方法不符合标志变异指标的性质。我们知道，标志变异指标（方差、标准差）是有量纲指标，其计量单位与平均数的计量单位保持一致，这是标志变异指标的重要特性之一。而林峰、葛新权方法则不是如此，由于它多"倒"了一次，恰好使其计量单位与调和平均数的计量单位"颠了个"。显然，这是不符合标志变异指标性质的，也与实际情况不相符。

最后，该方法忽略了标志值与调和平均数在表现形式上的内在统一性。就其调和平均数的本质而言，它反映的依然是标志值的平均水平和集中程度，而不是标志值倒数的平均水平和集中程度，这就要求在计算标志变异指标时，必须保持标志值与平均数在表现形式上的内在同一性。换句话说，必须保持 x 与 $\bar{x}$、$\dfrac{1}{x}$ 与 $\dfrac{1}{\bar{x}}$ 的同一性。只有这样，才能更好地保证标志变异指标的科学性和可靠性。而林峰、葛新权方法则不是如此，它是将 $\dfrac{1}{x}$ 与 $\dfrac{1}{\bar{x}}$ 两者统一在一起。显然，这两者是不具有内在同一性的，因为，$\dfrac{1}{\bar{x}}$ 并不是 $\dfrac{1}{x}$ 的平均数。也正因为如此，运用林峰、葛新权方法所计算的结果也只能是"差之毫厘，失之千里"了。

正是由于林峰、葛新权方法所存在的上述三方面的重大缺陷，从而使该方法丧失了其科学性和可靠性，同时也丧失了实际的应用价值。因此，我们认为，有必要对用以衡量调和平均数代表性大小的标志变异指标进行重新设计。

下面，我们给出满足上述三方面要求的用以衡量调和平均数代表性大小的两种方法。

（1）算术平均法。这是根据调和平均数是算术平均数的变形这一原理而设计的，它表现为标志值与调和平均数离差平方的加权算术平均数。计算公式为：

当 $M = xf$ 时，$\sigma_{li}^2 = \dfrac{\sum (x - \bar{x})^2 \dfrac{M}{x}}{\sum \dfrac{M}{x}} = \dfrac{\sum (x - \bar{x})^2 f}{\sum f}$

或 $\sigma_h = \sqrt{\dfrac{\sum (x - \bar{x})^2 f}{\sum f}}$ （1-28）

（2）调和平均法。这是根据调和平均数的计算形式而设计的。它表现为标志值与调和平均数离差平方的倒数的加权算术平均数的倒数。计算公式为：

$\sigma_{li}^2 = \dfrac{\sum M}{\dfrac{M}{(x - \bar{x})^2}}$ 或 $\sigma_{li} = \sqrt{\dfrac{\sum M}{\dfrac{M}{(x - \bar{x})^2}}}$ （1-29）

同样，也可以将调和平均数的标准差与调和平均数进行对比，而计算出变异系数。通过该指标可以反映总体各单位标志值的相对离散程度。也可用于不同数列的调和平均数代表性大小的比较——变异系数越大，调和平均数的代表性越小；反之，变异系数越小，调和平均数的代表性越大。

最后，我们通过一个实例来说明上述两种方法的应用，并对其计算结果进行统计检验。

例：某企业本月购进四批某材料，每批价格以及采购金额资料如表1-1所示。

表1-1 材料价格、金额数据表

批次	价格（元/千克）(x)	采购金额（元）(M)	采购量（千克）(T = M/x)
第一批	35	10000	285.7143
第二批	40	20000	500
第三批	45	15000	333.3333
第四批	50	5000	100
合计		50000	1219.0476

根据以上资料，所计算出的调和平均数为：

$$x_{li} = \frac{\sum M}{\sum \frac{M}{x}} = \frac{50000}{1219.0476} = 41.0156(元/千克)$$

分别运用林峰、葛新权方法，算术平均法，调和平均法所计算出的方差，标准差结果如表1-2所示。

表1-2 三种方法计算的方差、标准差结果表　　单位：元/千克

指标	林峰、葛新权方法	算术平均法	调和平均法
方差（σ_k^2）	8.8907E-07	19.867	2.419
标准差（σ_k）	0.0009	4.4572	1.5552

那么，三种方法所计算出的方差有无显著性的差异呢？林峰、葛新权方法与算术平均法，林峰、葛新权方法与调和平均法，算术平均法与调和平均法所计算出的方差有无显著性的差异呢？为此，我们用Cochran检验来说明：

检验统计量：$G\max = \dfrac{\max(s_1^2, s_2^2, \cdots, s_r^2)}{\sum\limits_{i=1}^{r} s_r^2}$ （1-30）

拒绝域：$W = \{G_{\max} \geq G\max^2 1-\alpha(r, m-1)\}$ （1-31）

式中：S_i^2：方差；α：显著性水平；r：方差个数；m 数据个数。

有关检验结果如表1-3所示。

表1-3 Cochran检验结果

检验	r	m	$\max s_i^2$	$\sum\limits_{i=1}^{t} s_t^2$	$G_{\max 1-0.05}(r, m-1)$	$G_{\max}$	结论
三种方法	3	4	19.867	22.286	0.7977	0.8915	拒绝
林峰、葛新权方法与算术法	2	4	19.867	19.867	0.9392	1.0000	拒绝
林峰、葛新权方法与调和法	2	4	2.419	2.419	0.9392	1.0000	拒绝
算术法与调和法	2	4	19.867	22.286	0.9392	0.8915	接受

从上述检验结果可以看出，在 $a=0.05$ 的显著性水平下，根据林峰、葛新权方法所计算出的方差之间与根据算术平均法、调和平均法计算出的方差之间有着显著性的差异；而根据算术平均法和调和平均法所计算出的方差之间则无显著性差异，可以认为在 $\alpha=0.05$ 的显著性水平下两者计算方法所得出的方差相等，这也进一步说明了算术平均法、调和平均法这两种方法所具有的科学性和可靠性以及良好的实际应用价值。

第四节 几何平均数代表性的衡量

与算术平均数一样，几何平均数也存在衡量代表性大小的问题。在实际应用中，对这一问题绝大多数仍是直接采用衡量算术平均数代表性大小的方法来加以解决，即采用 $\sigma=\sqrt{\sum(x-\bar{x})^2/n}$ 和 $v_\sigma=\dfrac{\sigma}{\bar{x}}$ 来作为衡量几何平均数代表性的指标。然而，事实是，这一做法是欠科学的，这是因为算术平均数和几何平均数两者在本质上存在较大的差异。

首先，两者在应用条件方面存在差异。众所周知，当标志值总量等于各标志值的总和时，要反映其一般水平，应采用算术平均数的方法加以解决，如平均工资的计算等；而当标志值总量等于各标志值的连乘积时，要反映标志值的一般水平，应采用几何平均数的方法加以解决，如平均比率或平均速度的计算等。

其次，两者之间还存在一种不等关系。即在所有变量都不相等的情况下，算术平均数大于几何平均数。

算术平均数和几何平均数两者所存在的差异性表明，当该用算术平均数计算方法时而误用几何平均数平均方法，则所得结果必定偏小；当该用几何平均数计算方法时而误用算术平均数平均方法，则所得结果必然偏大。显然，无论是偏大还是偏小，都是不符合实际情况的。

事实上，算术平均数的标准差或方差就其实质来说，仍是一个算术平均数。因此，如果我们不加以分析，简单地采用类似计算算术平均数的标准差那样的方法来计算几何平均数的标准差，则是犯了"当该用几何平均数计算方法时而误用算术平均数平均方法"的错误，其结果必是造成几何平均数标准差值的偏大；同时由于几何平均数小于算术平均数，因而，当用其标准差与几何平均数的比率，即标准差系数来作为衡量几何平均数代表性大小的指标时，又会使标准差系数进一步偏大，从而不能科学地、准确地说明几何平均数代表性的大小问题。所以，不能直接地以衡量算术平均数代表性大小的方法来作为衡量几何平均数代表性大小的方法。那么，又该如何来衡量几何平均数的代表性大小呢？这里提出两种方法，以供参考。

（1）对数法。它是根据几何平均数等于 n 项标志值对数的算术平均数的反对数的原理而设计的。以 G 表示几何平均数，其计算公式为：

$$G = \sqrt[m]{x_1, x_2, \cdots, x_m}$$

两边取对数，则有：

$$\lg G = \frac{(\lg x_1 + \lg x_2 + \cdots + \lg x_n)}{n} = \frac{\sum \lg x}{n} \tag{1-32}$$

由此可见，几何平均数的对数就是各个标志值的对数的算术平均数。这样可计算出几何平均数的对数的标准差和标准差系数：

几何平均数的对数的标准差：$\sigma_G = \sqrt{\dfrac{\sum (\lg x - \lg G)^2}{n}}$ （1-33）

几何平均数的对数的标准差系数：$v_{\sigma_G} = \dfrac{\sigma_c}{\lg_G} \times 100\%$ （1-34）

（2）几何平均法。它是根据 n 个离差的平方的连乘积趋向于最小值这一几何平均数的重要数学性质而设计的。对于各标志值而言，它与几何平均数的比值的连乘积恒等于1，由此可计算出各标志值与几何平均数的比值的几何平均数为1。这样，其比值与比值的几何平均数的离差即为 $\dfrac{x}{G} - 1$。

关于该离差有一个重要的数学性质：n 个离差的平方的连乘积趋向于最小值。即：

$$\lim_{X \to G} \prod_{i=1}^{n} \left(\frac{x_i}{G} - 1 \right)^2 = 最小值 \tag{1-35}$$

此性质证明如下：

设 x_0 为任意值，$x_0 - 1 = c$，即 $x_0 = 1 + c$。

$$\lim_{x \to G} \prod_{i=1}^{n} \left(\frac{x_i}{G} - x_0 \right)^2 = \lim_{x \to G} \prod_{i=1}^{n} \left(\frac{x_i}{G} - 1 - c \right)^2 = \prod_{i=1}^{n} \lim_{x \to G} \left(\left(\frac{x_i}{G} - 1 \right)^2 - 2c \left(\frac{x_i}{G} - 1 \right) + c^2 \right)$$

第一章　平均数

$$= \prod_{i=1}^{n} \left(\lim_{x \to G} \left(\frac{x_i}{G} - 1 \right)^2 - 2c \lim_{x \to G} \left(\frac{x_i}{G} - 1 \right) + c^2 \right) \quad (1-36)$$

因为：$\lim_{x \to G} \left(\frac{x_i}{G} - 1 \right) = \lim_{x \to G} \frac{x_i}{G} - 1 = 1 - 1 = 0 \quad (1-37)$

所以：$\lim_{x \to G} \prod_{i=1}^{n} \left(\frac{x_i}{G} - x_0 \right)^2 = \prod_{i=1}^{n} \left(\lim_{x \to G} \left(\frac{x_i}{G} - 1 \right)^2 + c^2 \right) \quad (1-38)$

又因为：$\left(\frac{x_i}{G} - 1 \right)^2$ 和 c^2 均大于或等于 0，

所以，$\prod_{i=1}^{n} \left(\lim_{x \to G} \left(\frac{x_i}{G} - 1 \right)^2 + c^2 \right) \geqslant \lim_{x \to G} \prod_{i=1}^{n} \left(\frac{x_i}{G} - 1 \right)^2 + c^{2n} \quad (1-39)$

而 $c^{2n} \geqslant 0$，所以，$\lim_{x \to G} \prod_{i=1}^{n} \left(\frac{x_i}{G} - x_o \right)^2 \geqslant \lim_{x \to G} \prod_{i=1}^{n} \left(\frac{x_i}{G} - 1 \right)^2 \quad (1-40)$

即：$\lim_{x \to G} \prod_{i=1}^{n} \left(\frac{x_i}{G} - 1 \right)^2$ 为最小值。

根据上述几何平均数的重要数学性质，我们可设计出反映各标志值对几何平均数离差的平均水平的指标。为与人们常用的标准差相区别，我们不妨将该指标称为"标准比差"，用 ξ 表示，其计算公式如下：

$$\xi = \sqrt[n]{\prod \left(\frac{x_i}{G} - 1 \right)^2} \quad (1-41)$$

之所以对离差加以平方的运算，是因为这样做不但可以消除离差正负项的差别，而且能够强化离差的信息，使这个指标更加灵敏，在数学性质上有许多明显的优越性。

同样，也可以将标准比差与几何平均数进行对比——该比值即为标准比差系数：$v\xi = \frac{\xi}{G} \times 100\%$，通过该指标可以反映几何标志值的相对离差程度，也可用于不同数列几何平均数代表性大小的比较。标准比差系数越大，几何平均数的代表性越小；反之，标准比差系数越小，几何平均数的代表性越大。

下面，举例说明其运用，如表 1-4 所示资料。

表 1-4　某时期的国债和财政收入发展速度　　　　　　　　　　单位：%

年度	国债发展速度	财政收入发展速度	年度	国债发展速度	财政收入发展速度
1	90	103.11	9	166.68	110.21
2	94.87	112.75	10	213.24	107.23

续表

年度	国债发展速度	财政收入发展速度	年度	国债发展速度	财政收入发展速度
3	102.28	120.18	11	198.51	110.60
4	142.51	122.03	12	79.57	124.85
5	103.13	105.84	13	326.76	119.99
6	100.89	103.64	14	146.89	119.63
7	146.14	107.18	15	122.30	118.68
8	60.84	113.05	平均发展速度	127.43	113.05

根据以上资料，我们分别运用标准差法、对数法、标准比差法进行了计算，其结果如下：

（1）标准差法。

$$\sigma_1 = \sqrt{\frac{\sum (x - \bar{x})^2}{n}} = 66.22\%$$

$$v_{\sigma_1} = \frac{\sigma}{x} \times 100\% = 51.97\%$$

$$\sigma_2 = \sqrt{\frac{\sum (x - \bar{x})^2}{n}} = 6.91\%$$

$$v_{\sigma_2} = \frac{\sigma}{x} \times 100\% = 6.11\%$$

（2）对数法。

$$\sigma_{G1} = \sqrt{\frac{\sum (\lg x - \lg G)^2}{n}} = 0.42\%$$

$$v_{\sigma G1} = \frac{\sigma_G}{\lg G} \times 100\% = 8.58\%$$

$$\sigma_{G2} = \sqrt{\frac{\sum (\lg x - \lg G)^2}{n}} = 0.06\%$$

$$v_{\sigma G2} = \frac{\sigma_G}{\lg G} \times 100\% = 1.29\%$$

（3）标准比差法。

$$\xi_1 = \sqrt[n]{\prod \left(\frac{x_i}{G} - 1\right)^2} = 7.02\%$$

$$v_{\xi 1} = \frac{\xi}{G} \times 100\% = 5.52\%$$

$$\xi_2 = \sqrt[n]{\prod \left(\frac{x_i}{G} - 1\right)^2} = 0.08\%$$

$$v_{\xi 2} = \frac{\xi}{G} \times 100\% = 0.07\%$$

为了更好地比较和说明这三种方法的优劣,我们又分别计算了这三种方法所得结果的精度 [假定可靠性为 95.45%,计算精度公式为:计算精度 = $\left(1 - \frac{ex\mu_x}{\overline{x}}\right) \times 100\%$,其中,t 为概率,$\mu_x$ 为计算平均误差],结果如表 1-5 所示。

表 1-5　不同方法所得结果精度表　　　　　　　　　单位:%

方法	国债	财政收入
标准差法	73.17	96.84
对数法	95.53	99.34
标准比差法	97.16	99.96

从上述计算可以看出,尽管三种方法所得的结论相同,即财政收入的平均发展速度的代表性要高于国债的平均发展速度,但就其计算精度而言,还是对数法和标准比差法这两种方法所得结果的精度为高,这也进一步说明了对数法和标准比差法这两种方法的准确性和适用性。

第二章 指数

第一节 引论

一、指数的概念和分类

统计指数的概念有广义和狭义两种。广义的统计指数是泛指社会经济现象数量变动的比较指标，即用来表明同类现象在不同空间、不同时间、实际与计划对比变动情况的相对数。狭义的统计指数仅指反映不能直接相加的复杂社会经济现象在数量上综合变动情况的相对数。例如，要说明一个国家或一个地区商品价格综合变动情况，由于各种商品的经济用途、规格、型号、计量单位等不同，不能直接将各种商品的价格简单对比，为了解决这种复杂经济总体各要素相加的问题，就要编制统计指数综合反映它们的变动情况。

统计指数编制最早是物价指数。18世纪中叶，由于金银大量流入欧洲，引起大面积商品价格的飞涨，并造成了社会的不安定，于是有了反映物价变动的要求，这就是物价指数产生的历史背景。我们知道大米的价格由原来的每千克2元增加到3元，则价比 $3/2 = 150\%$，即大米的价格上涨了 50%，从广义上说，这就是指数，由于反映的是价格变化，所以也称作物价指数。但问题是大部分的商品都涨价了，并且上涨的幅度又各不相同，如果我们计算所有商品的价比来说明价格的变化，显然庞大的数据会让我们眼花缭乱，无法对价格变化有一个清楚的认识。如何用一个数字来说明所有商品价格变化呢？这就是指数的任务了。

指数作为一种对比性的统计指标具有相对数的形式，通常表现为百分数。从对比性质来看，指数通常是不同时间的现象水平的对比，它表明现象在时间上的变动情况（动态）。此外，指数还可以是不同空间（如不同国家、地区、部门、企业等）现象水平的对比，或者，是现象的实际水平与计划（规划或目标）水平的对比，这些可以看成是动态对比指数方法的拓展。可见，指数在经济分析上具有十分广阔的应用领域。

二、指数的分类

指数的种类很多，可以按不同的标志作不同的分类。

1. 按其反映对象范围的不同可分为个体指数和总指数

个体指数是指说明个别事物（如某种商品或产品等）数量变动的相对数。个体指数通常记作 K。例如：

个体产品产量指数 $K_q = \dfrac{Q_1}{Q_0}$ （2－1）

个体物价指数 $K_p = \dfrac{p_1}{p_0}$ （2－2）

式中：Q 为产量；P 为商品或产品的单价；下标 1 为报告期；下标 0 为基期。可见，个体指数就是动态相对数，就是发展速度。

总指数是指说明度量单位不相同的多种事物数量综合变动的相对指数，如工业总产量指数、零售物价总指数等。总指数与个体指数有一定的联系，可以用个体指数计算相应的总指数。用个体指数简单平均求得的总指数，称为简单指数；用个体指数加权平均求得的总指数，称为加权指数。

2. 按其所反映的社会经济现象特征不同可分为数量指标指数和质量指标指数

数量指标指数简称数量指数，是指反映现象的规模、水平变化的指数，如商品销售量指数、工业产品产量指数等。

质量指标指数简称质量指数，是指综合反映生产经营工作质量变动情况的指数，如物价指数、产品成本指数等。

3. 按其采用基期的不同可分为定基指数和环比指数

定基指数是指将不同时期的某种指数按时间先后顺序排列，形成指数数列，在同一个指数数列中，如果各指数都以某一个固定时期作为基期的指数。

环比指数是指如果各指数都是以报告期的前一期作为基期的指数。

4. 按其对比内容的不同可分为动态指数和静态指数

动态指数是指由两个不同时期的同类经济变量值对比形成的指数，说明现象在不同时间上发展变化的过程和程度。

静态指数是指包括空间指数和计划完成情况指数两种。空间指数（地域指数）是将不同空间（如不同国家、地区、部门、企业等）的同类现象进行比较的结果，反映现象在不同空间的差异程度。计划完成情况指数是由同一地区、单位的实际指标值与计划指标数值对比而形成的指数，反映计划的执行情况或完成与未完成的程度。

指数方法论主要论述动态指数，动态指数是出现最早、应用最多的指数，也是理论上最为重要的统计指数。静态指数则是动态指数在实际应用中的扩展。

5. 按照常用的计算总指数的方法或形式的不同可分为综合指数和平均指数

综合指数是指从数量上表明不能直接相加的社会经济现象的总指数。

平均指数是指以个体指数为基础，采取平均形式编制的总指数。

第二节　共变影响指数的分解

一、共变影响指数

共变影响指数是指反映数量指标与质量指标共同变动因素的指数，是指数体系的一个特定概念，它属于指数体系中因素指数的一种，用以说明数量指标与质量指标共同变动对总量指数的影响方向和程度。

当人们按拉氏指数理论编制的数量指标指数和质量指标指数相配搭而形成的指数体系进行因素分析时，遇到的最大困难就是共变影响指数难以分解。尽管也有人曾提出过一些分解方法，但效果并不理想。如林峰、葛新权提出的将共变影响指数分解为可分解的和不可分解的共变影响指数两部分的方法，虽然比起传统的指数体系有了进步，但由于仍然存在着不可分解的部分，因而无法具体说明在共变影响指数中，有多少是由数量指标的变动引起的，又有多少是由质量指标的变动引起的等实际问题，而使应用受到局限。又如杜家龙提出的加法分解体系，虽然较之林峰、葛新权的方法有了改进，能够在一定程度上具体说明在共变影响指数中，有多少是由数量指标的变动引起的，又有多少是由质量指标的变动引起的等实际问题，但表现出的只是指数体系分析的一个方面，即绝对数体系分析，而不能反映相对数体系分析的内容。换句话说，按此方法，各因素指标的分子与分母之差的总和等于结果指标的分子与分母之差，但各因素指标指数的乘积却并不等于结果指标指数，显然，这与指数体系分析的基本原理是不相符的。众所周知，指数体系分析的基本原理是，在进行相对数分析时，要满足结果指标指数等于各因素指标指数乘积的要求；在进行绝对数分析时，要满足结果指标指数的分子与分母之差等于各因素指标指数的分子与分母之差的总和的要求。而只有同时满足这两方面的要求，其指数体系的分析才是有效的。因此，从这个意义上说，林峰、葛新权和杜家龙等并没有很好地解决共变影响指数的分解问题。对此，我们提出了一个新的共变影响指数分解方法，该方法不仅能够同时符合指数体系分析的两个基本要求，而且例证效果良好。

二、共变影响指数的分解

为简便起见，设价格为 p，销售量为 q，基期为 0，报告期为 1，则有下列指数体系：

相对数分析体系：

$$\frac{\sum p_1 q_1}{\sum p_0 q_0} = \frac{\sum p_1 q_0}{\sum p_0 q_0} \times \frac{\sum p_0 q_1}{\sum p_0 q_0} \times \left[\frac{\sum p_1 q_1}{\sum p_0 q_0} \bigg/ \left(\frac{\sum p_1 q_0}{\sum p_0 q_0} \times \frac{\sum p_0 q_1}{\sum p_0 q_0} \right) \right] \quad (2-3)$$

绝对数分析体系：

$$\sum p_1 q_1 - \sum p_0 q_0 = \left(\sum p_1 q_0 - \sum p_0 q_0 \right) + \left(\sum p_0 q_1 - \sum p_0 q_0 \right) +$$
$$\left\{ \left(\sum p_1 q_1 - \sum p_0 q_0 \right) - \left[\left(\sum p_1 q_0 - \sum p_0 q_0 \right) + \left(\sum p_0 q_1 - \sum p_0 q_0 \right) \right] \right\} \quad (2-4)$$

在式 (2-3) 中，$\left[\frac{\sum p_1 q_1}{\sum p_0 q_0} \bigg/ \left(\frac{\sum p_1 q_0}{\sum p_0 q_0} \times \frac{\sum p_0 q_1}{\sum p_0 q_0} \right) \right]$ 即为 p、q 两因素共变影响指数，为简便计，记为 k_{pq}。

在式(2-4)中，$\left(\sum p_1 q_1 - \sum p_0 q_0 \right) - \left[\left(\sum p_1 q_0 - \sum p_0 q_0 \right) + \left(\sum p_0 q_1 - \sum p_0 q_0 \right) \right]$ 即为共变影响指数的分子减去分母的差额，为简便计，记为 Δ_{pq}。

那么，又该如何对 k_{pq} 以及 Δ_{pq} 进行分解呢？下面，给出 k_{pq} 和 Δ_{pq} 的分解步骤。

第一步，先分解 k_{pq}。从理论上分析，k_{pq} 一定可分解为两部分：第一部分表示单独的 p 因素变动影响指数，根据指数理论，将其设为 $\frac{\sum p'_1 q'_0}{\sum p'_0 q'_0}$，用 π_p 表示；

第二部分表示单独的 q 因素变动影响指数,根据指数理论,将其设为 $\dfrac{\sum p'_0 q'_1}{\sum p'_0 q'_0}$,用 π_q 表示。因而有:

$$k_{pq} = \pi_p \times \pi_q = \frac{\sum p'_1 q'_0}{\sum p'_0 q'_0} \times \frac{\sum p'_0 q'_1}{\sum p'_0 q'_0} = \left[\frac{\sum p_1 q_1}{\sum p_0 q_0} \Big/ \left(\frac{\sum p_1 q_0}{\sum p_0 q_0} \times \frac{\sum p_0 q_1}{\sum p_0 q_0}\right)\right],$$

代入式(2-3),即有:

$$\frac{\sum p_1 q_1}{\sum p_0 q_0} = \frac{\sum p_1 q_0}{\sum p_0 q_0} \times \frac{\sum p_0 q_1}{\sum p_0 q_0} \times \pi_p \times \pi_q \qquad (2-5)$$

很明显,从理论上说,之于 π_p、π_q 而言,其变动方向和变动程度如何,是分别由 $\dfrac{\sum p_1 q_0}{\sum p_0 q_0}$、$\dfrac{\sum p_0 q_1}{\sum p_0 q_0}$ 的变动方向和变动程度未决定的;而且 π_p、π_q 的大小与 $\dfrac{\sum p_1 q_0}{\sum p_0 q_0}$、$\dfrac{\sum p_0 q_1}{\sum p_0 q_0}$ 之间所存在的比例大小有关。值得注意的是,由于 $\dfrac{\sum p_1 q_0}{\sum p_0 q_0}$ 与 $\dfrac{\sum p_0 q_1}{\sum p_0 q_0}$ 之间,π_p 与 π_q 之间均表现为一种乘积关系,所以 $\dfrac{\sum p_1 q_0}{\sum p_0 q_0}$ 与 $\dfrac{\sum p_0 q_1}{\sum p_0 q_0}$ 与两者的比例大小并不能简单地用和的关系式来确定,而应该用几何关系式来确定。为此,所确定的 $\dfrac{\sum p_1 q_0}{\sum p_0 q_0}$ 与 $\dfrac{\sum p_0 q_1}{\sum p_0 q_0}$ 的比例,不妨设为 ω_p、ω_q,则分别为:

$$\omega_p = \frac{\sum p_1 q_0}{\sum p_0 q_0} \Big/ \sqrt{\frac{\sum p_1 q_0}{\sum p_0 q_0} \times \frac{\sum p_0 q_1}{\sum p_0 q_0}}$$

$$\omega_q = \frac{\sum p_0 q_1}{\sum p_0 q_0} \Big/ \sqrt{\frac{\sum p_1 q_0}{\sum p_0 q_0} \times \frac{\sum p_0 q_1}{\sum p_0 q_0}} \qquad (2-6)$$

有: $\omega_p \times \omega_q = 1$。

于是,按 ω_p 与 ω_q 分配 $\sqrt{k_{pq}}$(之所以按 $\sqrt{k_{pq}}$ 分配,而不是按 k_{pq} 分配,是因为 ω_p 与 ω_q 之乘积为 1),则有:

$$\pi_p = \omega_p \times \sqrt{k_{pq}} \qquad \pi_q = \omega_q \times \sqrt{k_{pq}} \qquad (2-7)$$

进一步,简化 π_p 与 π_q,最后得到下列结果:

$$\pi_p = \sqrt{\frac{\sum p_1 q_1}{\sum p_0 q_0}} \Big/ \times \frac{\sum p_0 q_1}{\sum p_0 q_0}$$

$$\pi_q = \sqrt{\frac{\sum p_1 q_1}{\sum p_0 q_0} \Big/ \frac{\sum p_1 q_0}{\sum p_0 q_0}} \qquad (2-8)$$

第二步,再分解 Δ_{pq}。同理,Δ_{pq} 也可分解为两部分:第一部分表示单独的 p 因素变动影响指数的分子与分母之差,根据指数理论及上述分析,在这里它应等于 π_p 指数的分子与分母之差,用 Δ_p 表示,于是,$\Delta_p = \frac{1}{2}(\sum p_1 q_1 - \sum p_0 q_0) - (\sum p_0 q_1 - \sum p_0 q_0)$;第二部分表示单独的 q 因素变动影响指数的分子与分母之差,根据指数理论及上述分析,在这里它应等于 π_q 指数的分子与分母之差,用 Δ_q 表示,于是:

$$\Delta_q = \frac{1}{2}(\sum p_1 q_1 - \sum p_0 q_0) - (\sum p_0 q_1 - \sum p_0 q_0) \qquad (2-9)$$

因而有:

$$\Delta_{pq} = \Delta p + \Delta q = \frac{1}{2}(\sum p_1 q_1 - \sum p_0 q_0) - (\sum p_0 q_1 - \sum p_0 q_0) +$$
$$\frac{1}{2}(\sum p_1 q_1 - \sum p_0 q_0) - (\sum p_1 q_0 - \sum p_0 q_0) \qquad (2-10)$$

最后,依据以上分析,重新构建的新的指数体系为:

相对数分析体系:

$$\frac{\sum p_1 q_1}{\sum p_0 q_0} = \left(\frac{\sum p_1 q_0}{\sum p_0 q_0} \times \pi_p\right)\left(\frac{\sum p_0 q_1}{\sum p_0 q_0} \times \pi_q\right)$$
$$= \left[\frac{\sum p_1 q_0}{\sum p_0 q_0} \times \sqrt{\frac{\sum p_1 q_0}{p_0 q_0} \Big/ \sqrt{\frac{\sum p_0 q_1}{\sum p_0 q_0}}}\right] \times \left[\sqrt{\frac{\sum p_1 q_1}{\sum p_0 q_0} \Big/ \frac{\sum p_1 q_0}{\sum p_0 q_0}}\right] \qquad (2-11)$$

其中:$\frac{\sum p_1 q_0}{\sum p_0 q_0} \times \left(\sqrt{\frac{\sum p_1 q_1}{p_0 q_0}} \Big/ \frac{\sum p_0 q_1}{\sum p_0 q_0}\right)$ 准确地、纯粹地反映了 p 因素指标对结果指标的影响方向和影响程度:$\frac{\sum p_1 q_0}{\sum p_0 q_0} \times \left(\sqrt{\frac{\sum p_1 q_1}{p_0 q_0}} \Big/ \frac{\sum p_1 q_0}{\sum p_0 q_0}\right)$ 准确地、纯粹地反映了 q 因素指标对结果指标的影响方向和影响程度。

绝对数分析体系:

$$\sum p_1 q_1 - \sum p_0 q_0 = \left[\left(\sum p_1 q_0 - \sum p_0 q_0\right) + \Delta_p\right] + \left[\left(\sum p_0 q_1 - \sum p_0 q_0\right) + \Delta_q\right]$$
$$= \left[\left(\sum p_1 q_0 - \sum p_0 q_0\right) + \frac{1}{2}\left(\sum p_1 q_1 - \sum p_0 q_0\right) - \left(\sum p_0 q_0 - \sum p_0 q_0\right)\right]$$

$$+ \left[\left(\sum p_0 q_1 - \sum p_0 q_0 \right) + \frac{1}{2} \left(\sum p_1 q_1 \right) - \left(\sum p_0 q_1 - \sum p_0 q_0 \right) \right] \quad (2-12)$$

其中：

$\left[\left(\sum p_1 q_0 - \sum p_0 q_0 \right) + \frac{1}{2} \left(\sum p_1 q_1 - \sum p_0 q_1 \right) - \left(\sum p_0 q_0 - \sum p_0 q_0 \right) \right]$ 准确地、纯粹地反映了由于 p 因素指标的变动而引起的对结果指标影响的绝对额；

$\left[\left(\sum p_0 q_1 - \sum p_0 q_0 \right) + \frac{1}{2} \left(\sum p_1 q_1 \right) - \left(\sum p_0 q_1 - \sum p_0 q_0 \right) \right]$ 准确地、纯粹地反映了由于 q 因素指标的变动而引起的对结果指标影响的绝对额。

三、应用举例

现举例说明新的指数体系在因素分析中的应用。有关数据资料如表 2-1 所示。

表 2-1 某企业有关资料表

产品种类	单位	销售量		价格（万元）	
		基期	报告期	基期	报告期
		q_0	q_1	p_0	p_1
甲	吨	50	80	6	6.6
乙	块	20	25	8	9.2
丙	件	100	120	4	4.8

根据表 2-1 中资料，可计算出：

$$\text{销售收入指数} = \frac{\sum p_1 q_1}{\sum p_0 q_0}$$

$$= \frac{6.6 \times 80 + 9.2 \times 25 + 4.8 \times 120}{6 \times 50 + 8 \times 20 + 4 \times 100} = \frac{1334}{860} = 155.1 \text{ 或 } 155.1\%$$

$$\text{价格指数} = \frac{\sum p_1 q_0}{\sum p_0 q_0}$$

$$= \frac{6.6 \times 50 + 9.2 \times 25 + 4.8 \times 100}{6 \times 50 + 8 \times 20 + 4 \times 100} = \frac{994}{860} = 1.156 \text{ 或 } 115.6\%$$

$$\text{销售量指数} = \frac{\sum p_0 q_1}{\sum p_0 q_0} = \frac{6 \times 80 + 8 \times 25 + 4 \times 120}{6 \times 50 + 8 \times 20 + 4 \times 100} = 1.349 \text{ 或 } 134.9\%$$

共变影响指数（k_{qp}） $= \dfrac{1.551}{1.156 \times 1.349} = 0.9946$ 或 99.46%

其中：

$$\pi_p = \sqrt{\dfrac{\sum p_1 q_1}{\sum p_0 q_0} \bigg/ \dfrac{\sum p_0 q_1}{\sum p_0 q_0}} = \dfrac{\sqrt{1.551}}{1.349} = 0.9230 \text{ 或 } 92.30\%$$

表明在共变影响指数 99.46% 中，价格影响为 92.30%。

$$\pi_q = \sqrt{\dfrac{\sum p_1 q_1}{\sum p_0 q_0} \bigg/ \dfrac{\sum p_1 q_0}{\sum p_0 q_0}} = \dfrac{\sqrt{1.551}}{1.156} = 1.0776 \text{ 或 } 107.76\%$$

表明在共变影响指数 99.46% 中，销售量影响为 107.476%。

于是，对销售收入总额进行相对数分析，有以下指数体系：

$$\dfrac{\sum p_1 q_1}{\sum p_0 q_0} = \left(\dfrac{\sum p_1 q_0}{\sum p_0 q_0} \times \pi_p \right) \times \left(\dfrac{\sum p_0 q_1}{\sum p_0 q_0} \times \pi_q \right) \qquad (2-13)$$

即：$1551\% = (115.6\% \times 92.30\%) \times (134.9\% \times 107.76\%)$
$= 106.70\% \times 145.36\%$

表明销售收入总额增长 55.1%。其中，由于价格平均上涨 6.7%，使销售收入总额增长 6.7%，销售平均增长 45.36%，使销售收入总额增长 45.36%。

就销售收入总额的变动进行绝对数分析如下：

销售收入总额变动的绝对额为：

$$\sum p_1 q_1 - \sum p_0 q_0 = 1334 - 860 = 474$$

其中：由于价格变化引起的销售收入总额变动的绝对额为：

$$\sum p_1 q_0 - \sum p_0 q_0 = 994 - 860 = 134$$

由于销售量变化引起的销售收入总额变动的绝对额为：

$$\sum p_0 q_1 - \sum p_0 q_0 = 1160 - 860 = 300$$

由于价格和销售量共同变化引起的销售收入总额变动的绝对额为：

$\Delta_{pq} = 474 - 134 - 300 = 40$

进一步分解，则：

$$\Delta_p = \dfrac{1}{2} \left(\sum p_1 q_1 - \sum p_0 q_0 \right) - \left(\sum p_0 q_1 - \sum p_0 q_0 \right)$$
$$= \dfrac{1}{2}(1334 - 860) - (1160 - 860) = 237 - 300 = -63$$

表明在共变影响差额 40 万元中,价格影响为 -63 万元。

$$\Delta_q = \frac{1}{2}(\sum p_1q_1 - \sum p_0q_0) - (\sum p_1q_0 - \sum p_0q_0)$$

$$= \frac{1}{2}(1334 - 860) - (994 - 860) = 237 - 134 = 103$$

表明在共变影响差额 40 万元中,销售影响为 103 万元。

因而对销售收入总额进项绝对数分析,有以下指数体系:

$$\sum p_1q_1 - \sum p_0q_0 = [(\sum p_1q_0 - \sum p_0q_0) + \Delta_p] + [(\sum p_0q_1 - \sum p_0q_0) + \Delta_q]$$

$$= [(\sum p_1q_0 - \sum p_0q_0) + \frac{1}{2}(\sum p_1q_1 - \sum p_0q_0) - (\sum p_0q_1 - \sum p_0q_0)]$$

$$+ [(\sum p_0q_1 - \sum p_0q_0) + \frac{1}{2}(\sum p_1q_1 - \sum p_0q_0) - (\sum p_1q_0 - \sum p_0q_0)]$$

(2-14)

即:474 = (134 - 63) + (300 + 103)

表明三种产品的变动使销售收入总额增加了 474 万元,其中由于:

(1) 价格增长使销售收入总额增加 71 万元。

(2) 产量增长使销售收入总额增加 403 万元。

总之,通过上述对共变影响指数的分解,不仅可以准确地、纯粹地反映共变影响因素中各因素的份额是多少,以准确地说明各因素指标对结果指标的影响方向和影响程度,从而有效地克服了运用传统指数体系进行因素分析所固有的缺陷,而且该方法符合指数体系分析原理,因而具有较好的科学性和可操作性,从而使该方法具有了较好的应用价值。

第三节 指数体系的经济增长分析

一、指数体系的经济增长影响因素分析模型的构建

GDP 增长率是反映经济发展的一个重要指标,受到从业人数规模、人均固定资产投资额和固定资产投入产出率的影响。设整个国民经济有 n($n=1, 2, 3, 4$)个部门,Y 为 GDP,G 为经济增长率,a_i 为从业人员总数,k_i/a_i 为人均固定

资产投资额,用 b_i 表示,y_i/k_i 为固定资产投入产出率,用 c_i 表示,则:

$$Y = \sum_{i=1}^{n}\left(a_i \times \frac{K_i}{a_i} \times \frac{Y_i}{K_i}\right) = \sum_{i=1}^{n}(a_i b_i c_i) \quad (2-15)$$

1 表示报告期,0 为基期,根据统计指数原理进行相关处理可得到以下关系:

$$G = \frac{Y_1 - Y_0}{Y_0} = \frac{\sum_{i=1}^{n} a_{i1} b_{i0} c_{i0} - \sum_{i=1}^{n} a_{i0} b_{i0} c_{i0}}{Y_0} + \frac{\sum_{i=1}^{n} a_{i1} b_{i1} c_{i0} - \sum_{i=1}^{n} a_{i1} b_{i0} c_{i0}}{Y_0} +$$

$$\frac{\sum_{i=1}^{n} a_{i1} b_{i1} c_{i1} - \sum_{i=1}^{n} a_{i1} b_{i1} c_{i0}}{Y_0} \quad (2-16)$$

由上述分析模型可知,影响整个经济 GDP 增长的因素有三个方面:

(一) 从业人数规模效应

表现为两方面:

其一,是对整个经济增长的影响率,其数学表达式为:

$$\Delta_1 = \frac{\sum_{i=1}^{n} a_{i1} b_{i0} c_{i0} - \sum_{i=1}^{n} a_{i0} b_{i0} c_{i0}}{Y_0} \quad (2-17)$$

其二,是对整个经济增长的贡献率,其数学表达式为:

$$\frac{\Delta_1}{G} \times 100\% \quad (2-18)$$

(二) 人均固定资产投资额效应

表现为两方面:

其一,是对整个经济增长的影响率,其数学表达式为:

$$\Delta_2 = \frac{\sum_{i=1}^{n} a_{i1} b_{i1} c_{i0} - \sum_{i=1}^{n} a_{i1} b_{i0} c_{i0}}{Y_0} \quad (2-19)$$

其二,是对整个经济增长的贡献率为:

$$\frac{\Delta_2}{G} \times 100\% \quad (2-20)$$

(三) 固定资产投入产出率效应

表现为两方面:

其一,是对整个经济增长的影响率,其数学表达式为:

$$\Delta_3 = \frac{\sum_{i=1}^{n} a_{i1} b_{i1} c_{i1} - \sum_{i=1}^{n} a_{i1} b_{i1} c_{i0}}{Y_0} \qquad (2-21)$$

其二,是对整个经济增长的贡献率,其数学表达式为:

$$\frac{\Delta_3}{G} \times 100\% \qquad (2-22)$$

正是这三者的共同作用,使整个经济增长率在不同的时期发生变动。

二、指数体系的经济增长质量差异分析模型的构建

对整个经济而言,不仅有经济规模、GDP 总量之差,更有经济增长质量之异。从经济增长质量的角度探讨不同省份之间的经济发展差异,对于转变经济增长方式、实现经济可持续发展、缩小地区差异具有重要的现实意义和深远的历史意义。

(一) 经济增长质量差异分析指标的选择与方法的应用

从经济增长质量的角度探讨不同省份之间的差异,首先要解决的是分析指标的选择问题。

我们认为,所选择的指标应同时具备下列特征:第一,内涵的无偏性,即能够正确地体现经济增长质量的本质特征。经济增长质量是指经济增长满足提高经济增长效率、增强市场竞争力、改善人民生活水平、实现可持续发展等诸方面需求的程度。一个高质量的经济增长至少应有如下基本特征:①经济增长效率高,主要表现为经济综合要素生产率及其贡献率高;②市场竞争力强,主要表现为企业的产品及服务的市场占有率大而所付出的成本低;③人民的收入水平高,主要表现为经济增长所引起的从业人员的收入水平高;④更有利于有效地利用资源、保护环境,使经济增长与环境保护两者相互协调。很显然,所选择的指标应是能从根本上反映经济增长质量上述基本特征的指标。只有这样,才能保证研究结果及其比较分析的真实性、正确性和有效性。第二,运用的简易性,即要易于计算,易于运用,容易被人们接受。基于上述认识,我们选择了下列五个指标:①综合要素生产率——其高低可直接反映经济增长的效率;②企业产品及服务市场占有率;③企业成本费用利润率——这项指标的大小可反映经济竞争力的状况;④企业从业人员人均工资——它的高低反映了经济增长给人们所带来的实际好处的大小;⑤环境污染率——通过该指标可以反映企业的物质生产与生态环境

生产之间的关系是否协调。

上述五个指标构成了一个比较完整的经济质量评价指标体系。但是，运用该指标体系分析不同省份经济增长的差异，并不能从根本上解决问题，因为各指标同时运用，会发生不同分析指标之间相互矛盾的情况，从而使不同省份经济增长质量的差异分析难以得出准确的结论。因此，有必要将各指标综合起来，以计算出经济增长质量的综合值，以此来说明不同省份在经济增长质量方面的差异。目前，综合评价的方法很多，这里我们本着科学、实用、简便的原则，选择了一种应用比较广泛的方法——综合指数法，以计算出一个综合值——经济增长质量指数。通过对该指标的比较和分析，说明不同省份在经济增长质量方面所表现出的差异程度，以及差异形成的原因。经济增长质量综合指数的计算公式为：

$$\text{经济增长质量综合指数}(\%) = \frac{\sum\left(\frac{\text{某项经济增长质量指标值} \times \text{权数}}{\text{该指标标准值}}\right)}{\text{权数之和}} \quad (2-33)$$

（二）数据处理

1. 指标计算

（1）综合要素生产率的计算。目前，对于综合要素生产率的计算有两种方法：一是原子论方法，即对单要素生产率进行几何平均而求出综合要素生产率；二是生产函数法，即通过著名的道格拉斯生产函数求出综合要素生产率。这里采用原子论方法。原子论方法的综合要素生产率的计算公式如下：

$$\text{综合要素生产率} = \sqrt{\text{全员劳动生产率} \times \text{资本生产率}} \quad (2-24)$$

其中：全员劳动生产率 = GDP/全部从业人员。

资本生产率 = GDP/全部资本投入量。

（2）企业产品和服务市场占有率的计算。有关公式如下：

企业产品和服务市场占有率 = 某地区的全部企业的销售收入/全国全部企业的销售收入

（3）企业成本费用利润率。有关公式如下：

企业成本费用利润率 = 全部企业利润总额/全部企业成本总额

（4）企业从业人员人均工资的计算。有关公式如下：

企业从业人员人均工资 = 全部企业工资总额/企业全部从业人员年平均数

（5）环境污染率的计算。有关公式如下：

环境污染率 = 企业废水排放量/GDP

2. 综合指数法公式的应用

由综合指数法公式可知，除了经济增长质量指标的计算外，还要解决好标准值和权数的确定问题。

（1）标准值的确定。标准有计划标准、历史标准、地区标准和全国标准以及所确定的某一特定标准之分。在实际运用时，可根据所能收集的数据确定相关标准。

（2）权数的确定。一般可将层次分析法与德斐尔法结合运用，最终确定出各项指标的权数。

由于上述五个指标的数据资料难以直接取得，因此在实际计算中，可更多地通过一些替代指标对不能直接取得数据资料的指标进行替代而完成。如以投资总量替代全部资本投入量；以科技企业的总收入替代全部企业销售收入；以工业企业的成本费用利润率替代企业成本费用利润率；以全部职工的人均货币工资替代企业从业人员人均工资；以工业废水排放量替代企业废水排放量等。

三、江苏、浙江、广东三省民营经济增长实证分析

（一）江苏、浙江、广东三省民营经济增长影响因素实证分析

这里，我们运用上面所推导出的经济增长因素综合指数分析模型以分析江苏、浙江、广东三省民营经济的增长以及影响情况。根据江苏、浙江、广东三省民营经济GDP增长率资料，我们对三省的民营经济从业人数效应、人均固定资产投资效应和固定资产投入产出率效应进行了测算，其结果如表2-2、表2-3、表2-4所示。

表2-2 江苏1996~2003年民营经济GDP增长因素分析表　　单位：%

年份	民营经济增长率	从业人员变动效应		人均固定资产投资额变动效应		固定资产投资效率变动效应	
		Δ_1	贡献率	Δ_2	贡献率	Δ_3	贡献率
1996	11.81	8.16	69.11	-10.14	-85.86	13.79	116.75
1997	14.29	8.91	62.33	9.67	67.71	-4.29	-30.04
1998	12.84	18.75	146.04	-2.80	-21.80	-3.11	-24.24
1999	16.18	6.85	42.31	-15.80	-97.66	25.14	155.35
2000	8.53	3.67	43.00	-14.29	-167.44	19.15	224.44

续表

年份	民营经济增长率	从业人员变动效应		人均固定资产投资额变动效应		固定资产投资效率变动效应	
		Δ_1	贡献率	Δ_2	贡献率	Δ_3	贡献率
2001	13.59	10.65	78.36	3.32	-24.44	6.26	46.08
2002	12.58	12.49	99.30	23.85	189.68	-23.77	-188.98
2003	21.39	13.42	62.75	25.74	120.35	-17.77	-83.10
1996~2003年平均	13.85	10.32	74.54	1.61	11.61	1.92	13.85

注：1996~2002年民营经济GDP按上年不变价格计算，2003年按现行价格计算（下同）。

表2-3　浙江1996~2003年民营经济GDP增长因素分析表　　单位：%

年份	民营经济增长率	从业人员变动效应		人均固定资产投资额变动效应		固定资产投资效率变动效应	
		Δ_1	贡献率	Δ_2	贡献率	Δ_3	贡献率
1996	16.34	9.25	56.63	14.15	86.59	-7.06	-43.22
1997	10.24	7.88	76.91	-5.36	-52.28	7.72	75.37
1998	14.47	40.42	279.38	-20.34	-140.59	-5.61	-38.79
1999	13.90	12.76	91.82	-34.42	-247.61	35.56	255.79
2000	11.87	15.26	128.54	13.37	112.66	-16.76	-141.20
2001	14.67	11.12	75.81	18.05	123.10	-14.51	-98.91
2002	15.05	8.85	58.77	13.13	87.25	-6.93	-46.01
2003	23.12	9.33	40.37	38.10	164.77	-24.31	-105.14
1996~2003年平均	14.90	14.30	96.00	4.57	30.66	-3.97	-26.66

表2-4　广东1996~2003年民营经济GDP增长因素分析表　　单位：%

年份	民营经济增长率	从业人员变动效应		人均固定资产投资额变动效应		固定资产投资效率变动效应	
		Δ_1	贡献率	Δ_2	贡献率	Δ_3	贡献率
1996	14.59	5.75	39.40	7.36	50.41	1.49	10.19
1997	13.17	7.17	54.46	-8.17	-62.04	14.17	107.58
1998	12.38	11.05	89.22	0.64	5.17	0.69	5.61
1999	14.25	5.79	40.61	24.53	172.11	-16.07	-112.73

续表

年份	民营经济增长率	从业人员变动效应		人均固定资产投资额变动效应		固定资产投资效率变动效应	
		Δ_1	贡献率	Δ_2	贡献率	Δ_3	贡献率
2000	14.57	4.05	27.81	2.07	14.22	8.45	57.97
2001	13.88	8.73	62.86	17.63	126.98	-12.47	-89.83
2002	10.16	4.32	42.53	8.52	83.85	-2.68	-26.38
2003	16.26	5.34	32.82	24.58	151.20	-13.66	-84.02
1996~2003年平均	13.64	6.52	47.77	9.63	70.61	-2.51	-18.37

表2-2、表2-3、表2-4资料显示，江苏、浙江、广东三省民营经济增长因素在不同的年份间呈现出不同的影响特征。

（1）就推动民营经济发展的主要动力来看，江苏、浙江主要表现为从业人员规模推动型，而广东则是人均固定资产投资规模推动型。在1996~2003年的三省民营经济增长中，江苏有74.54%、浙江有96.00%来自从业人员规模变动的贡献；而广东则有70.61%来自人均固定资产投资规模变动的贡献。这一结果显现出江苏、浙江主要表现为从业人员规模推动型，而广东则是人均固定资产投资规模推动型的民营经济发展过程。从民营经济发展的层次来看，广东要比江苏和浙江的发展层次高。因为人均固定资产投资规模的大小反映着资本有机构成的高低，反映着技术进步对经济增长贡献的大小。在这方面，浙江也要明显高于江苏，在1996~2003年的民营经济增长中，来自人均固定资产投资规模变动的贡献，浙江为30.66%，而江苏仅为11.61%。

（2）就民营经济发展的效益影响看，江苏固定资产投入产出率效应要明显好于浙江和广东。在1996~2003年的三省民营经济增长中，江苏来自固定资产投入产出率变动的贡献为13.85%；而浙江、广东则均表现为负数，其中，浙江为-26.66%，广东为-18.37%。这一结果表明，江苏在注重人力、资本投入的同时，也关注了投入效益对民营经济增长的贡献。从这一点来说，江苏民营经济增长的质量要好于浙江和广东两省。

（3）三省三种因素的影响在各年间差异性很大，表明三省民营经济发展还具有一定的不均衡性和影响因素的不确定性。在人均固定资产投资规模变动效应方面，8年中，江苏有5年为负效应，浙江有3年为负效应，广东有1年为负效应；在固定资产投入产出率变动效应方面，8年中，江苏有4年为负效应，浙江有7年为负效应，广东有4年为负效应。即使在从业人员规模变动效应方面，虽然三省均表现出8年全部为正效应，但差异性仍然较大，最高年份与最低年份相比，江苏相差超过100个百分点，浙江相差近240个百分点，广东相差60个百分点以上。这一结果说明，在三省民营经济发展中，其发展的不均衡性和影响因素的不确定性还比较严重。

（二）江苏、浙江、广东三省民营经济增长质量差异的实证分析

这里，我们运用经济增长质量差异综合指数分析模型分析江苏、浙江、广东三省民营经济增长质量的差异。

（1）标准值的确定。这里，我们采用特定标准，即以江苏的各项指标值作为标准值。这样做的好处是，更能够比较出江苏、浙江和广东在民营经济增长质量方面的差异性，也有利于比较分析造成差异的原因。

（2）权数的确定。将层次分析法与德斐尔法结合运用，最终确定出各项指标的权数，分别为民营经济综合要素生产率指标的权数为30，民营企业产品和服务市场占有率指标的权数为25，民营企业成本费用利润率指标的权数为10，民营企业从业人员人均工资指标的权数为15，环境污染率指标的权数为20。

（3）在指标的时间口径上，主要选择的是2001年的数据，这是因为我们只能收集到2001年的数据。而对于不能收集到2001年数据的指标，我们以2000年的数据加以替代，如民间投资总量指标选择的就是2000年的数据。与此相对应，计算资本生产率所用的民营经济GDP资料也是2000年的数据。由此及彼，最终造成了全员劳动生产率数据的采用以及综合要素生产率的计算结果也只能是2000年的了。各项指标的原始数据资料如表2-5所示。

表2-5　各指标原始数据表

指标	时间口径（年）	江苏	浙江	广东
民间投资总量（亿元）	2000	1144.71	1380.07	1327.24
民营科技企业总收入（亿元）	2001	1904.55	1404.91	2189.10
全部职工货币工资（元/人）	2001	11842	16385	15682
民营经济GDP（亿元）	2000	5349.62	3761.24	7188.71
民营经济GDP（亿元）	2001	6111.4	4363.35	8231.53

续表

指标	时间口径（年）	江苏	浙江	广东
民营经济劳动生产率（万元/人）	2000	8.21	5.85	9.67
工业废水排放量（万吨）	2001	271029	158113	112812
三资企业工业成本费用利润率（%）	2001	5.23	6.68	4.99

根据上述各指标原始数据计算的五项指标值如表2-6所示。

表2-6 五项指标数据表

指标	时间口径（年）	江苏	浙江	广东
民营经济综合要素生产率（万元/人）	2000	6.19	3.99	7.24
民营企业产品和服务市场占有率（%）	2001	10.31	7.61	11.85
民营企业成本费用利润率（%）	2001	5.23	6.68	4.99
民营企业从业人员人均工资（元/人）	2001	11842	16385	15682
环境污染率（万吨/亿元）	2001	44.35	36.24	13.70

（4）在所选择的五项指标中，由于民营经济综合要素生产率指标、民营企业产品和服务市场占有率、民营企业成本费用利润率、民营企业从业人员人均工资四项指标是正指标，其指标值越大越好，而环境污染率指标是逆指标，其指标值越小越好。为避免两类指标所造成的矛盾，在具体计算时，对环境污染率指标取倒数计算，以保证民营经济增长质量综合指数是一个越大越好的值。

（5）正如上所述，由于更多的是使用替代指标的数据，因此所造成的一个必然后果就是计算和分析的结果不够准确。然而这并不妨碍我们所进行的研究，以及对所得到的基本结论进行一个粗略的分析和判断。事实上，从其所得到的计算结果中，我们还是能够获得一些必要的信息，发现一些问题。而这正是我们所需要的，也是非常重要的一点。

（6）计算结果和若干分析。根据上述讨论，我们计算出了2001年三省民营经济增长质量综合指数，分别为：江苏100.00%、浙江95.78%、广东157.91%。

由此可以看出，在民营经济增长质量方面，广东要明显好于江苏和浙江两省，江苏又稍好于浙江。江苏、浙江两省与广东在民营经济增长质量方面有着较大的差距。

那么，形成较大差异性的原因又何在呢？表2-7、表2-8显示了生产率因素、市场竞争力因素以及目标因素对江苏与浙江、江苏与广东之间的民营经济增长质量的影响情况。

表2-7 各因素对民营经济增长质量综合指数影响情况　　　　　单位:%

	生产率因素	市场竞争力因素		目标因素		民营经济增长
	综合要素生产率	市场占有率	成本费用利润率	收入水平	环境污染率	质量综合指数
江苏	30	25	10	15	20	100
浙江	19.34	18.44	12.77	20.75	24.48	95.78
因素差异（*）	10.66	6.56	-2.77	-5.75	-4.48	4.22
影响份额（**）	252.61	155.45	-65.64	-136.26	-106.16	100.00

注：*代表某省指标值-另一省指标值，**代表因素差异值/增长质量差异值（下同）。

表2-8 各因素对民营经济增长质量综合指数影响情况　　　　　单位:%

	生产率因素	市场竞争力因素		目标因素		民营经济增长
	综合要素生产率	市场占有率	成本费用利润率	收入水平	环境污染率	质量综合指数
广东	35.05	28.74	9.54	19.86	64.72	157.91
江苏	30	25	10	15	20	100
因素差异	5.05	3.74	-0.46	4.86	44.72	57.91
影响份额	8.72	6.46	-0.79	8.39	77.22	100.00

从江苏与浙江的比较看，江苏民营经济增长质量综合指数比浙江高出4.22个百分点，其总体增长质量要好于浙江。这主要得益于江苏民营经济有着比浙江较高的综合要素生产率和市场占有率，这两个因素共同作用，使江苏民营经济增长质量综合指数比浙江高出17.22个百分点，对江苏与浙江民营经济增长质量综合指数差异值的贡献率在400%以上。江苏民营经济综合要素生产率和市场占有率高，表明江苏民营经济已具备了较强的发展优势和市场竞争力。但应该看到，在市场竞争力方面，江苏民营经济的发展还存在着一定的不足，一个突出的表现就是江苏民营企业的成本费用利润率要比浙江低。成本费用利润率低，说明在市场上所获得的利润总额少，而需要的投入更大。长此以往，将对江苏民营企业自身的发展产生极为不利的影响。不仅如此，与浙江相比，江苏民营经济的发展给

个人和社会所带来的好处也要比浙江少。从民营企业从业人员的人均工资看，江苏要比浙江低5.75个百分点，直接影响差异值达136.26%；从民营企业的污染率看，江苏要比浙江高4.48个百分点，直接影响差异值达106.16%。这一结果说明，江苏民营经济在发展的目标（这里我们所说的发展目标，是指民营经济发展的可持续发展目标，它具体表现在民营经济增长过程中，就是一要全面提高人民生活水平和质量，二要保护生态环境）方面，还存在着较为严重的问题。而这一问题如得不到根本性的解决，将直接影响到江苏民营经济乃至江苏整个国民经济发展的可持续性，而"富民强省"也将成为一句空话。

从江苏与广东的比较看，江苏民营经济增长质量要明显劣于广东。数据显示，民营经济增长质量综合指数，江苏与广东相差57.91个百分点。如果说在民营经济综合要素生产率和民营企业市场占有率方面，江苏比浙江还占有较高的优势的话，而与广东相比，这种优势则"荡然无存"。在五项指标方面，除民营企业成本费用利润率江苏比广东高出不到0.5个百分点外，其他四项指标则有着较为明显的差距，绝对差距为58.37个百分点，相对差距在100%以上。由此可见，江苏与广东在民营经济增长质量方面的差距是一种全方位的差距。显然，这种全方位的差距要比江苏与浙江之间的差距更为深刻，也更为深远，显示出江苏在消除与广东民营经济增长质量方面的差距时面临任务的艰巨性和复杂性。

由表2-8我们还可以看到，江苏与浙江在民营经济发展目标方面的巨大差异在江苏与广东的比较中也显得非常突出，这也是江苏民营经济增长质量明显劣于广东的主要症结所在。从民营企业从业人员的人均工资看，江苏要比广东低4.86个百分点，直接影响差异值为8.39%；从民营企业的污染率看，江苏要比广东高44.72个百分点，直接影响差异值为77.22%。也就是说，在所形成的江苏与广东的民营经济增长质量差异中，有超过85%的差异是来自两省在发展目标方面的差异。这一结果再次说明，江苏民营经济在发展目标方面确实存在着较为严重的问题。因此，对于江苏民营经济发展来说，如何更好地坚持走可持续发展的道路，将不断提高人民生活水平和质量，有效地促进经济、社会和环境的和谐统一与其民营经济的发展有机地结合起来，就显得尤为重要和迫切。

第三章 权数

第一节 引论

一、统计权数的概念

统计权数的原意是指统计各单位标志值重复出现的次数,因为有"权衡轻重"的含义,后引申为衡量某一指标重要性的指标。在实际运用中,它可以是分组资料中的次数(频数)或比重(频率),也可以是结构相对数,或者是结构性系数。

二、统计权数的种类

统计权数的表现形式主要分为两类:
(1)绝对数的形式:统计中的变量值出现的形式是用绝对数来描述的。
(2)相对数的形式:一般表现为结构相对数,也可用主观设计的重要性系数加以描述。

统计权数除了上述的基本分类外,还可以分为连续性权数和离散性权数、相关权数和独立权数、自然权数与人工权数。

三、统计权数的应用

(一)在平均指标计算中的应用
1. 权数为绝对数形式
例如,某企业职工按工资水平分组的组距数列资料如表3-1所示。

表3-1 某企业职工按工资水平分组的组距数列资料

月工资（元）	组中值（元）	职工人数		工资总额（元）	
		总数（人）	比重	绝对数	相对数
（甲）	x_j	f_i	$\dfrac{f_i}{\sum f_i}$	$x_i f_i$	$x_i \dfrac{f_i}{\sum f_i}$
5000以下	4500	35	0.0875	157500	393.75
5000~6000	5500	50	0.1250	275000	687.50
6000~7000	6500	80	0.2	520000	1300
7000~8000	7500	120	0.3	900000	2250
8000~10000	9000	70	0.1750	630000	1575
10000以上	11000	45	0.1125	495000	1237.50
合计	—	400	1	2977500	7443.75

显然，对于所有职工来说，其平均月工资的大小不仅取决于每组月工资的大小，而且取决于每组职工人数的多少，有：

$$\text{平均月工资} = \frac{\sum x_i f_i}{\sum f_i} = \frac{2977500}{400} = 7443.75 \text{（元）}$$

2. 权数为相对数形式

例如，某企业职工按工资水平分组的组距数列资料如表3-2所示。

表3-2 某企业职工按工资水平分组的组距数列资料

月工资（元）	组中值（元）	职工人数		工资总额（元）	
		总数（人）	比重	绝对数	相对数
（甲）	x_j	f_i	$\dfrac{f_i}{\sum f_i}$	$x_i f_i$	$x_i \dfrac{f_i}{\sum f_i}$
5000以下	4500	350	0.0875	1575000	393.75
5000~6000	5500	500	0.1250	2750000	687.50
6000~7000	6500	800	0.2	5200000	1300
7000~8000	7500	1200	0.3	9000000	2250
8000~10000	9000	700	0.1750	6300000	1575
10000以上	11000	450	0.1125	4950000	1237.50
合计	—	4000	1	29775000	7443.75

有：平均月工资 = $\frac{\sum x_i f_i}{\sum f_i}$ = $\frac{29775000}{4000}$ = 7443.75（元）

用相对数公式计算，无论是前例还是后例，俱为：

平均月工资 = $\sum x_i \frac{f_i}{\sum f_i}$ = 7443.75（元）

可见，对于所有职工来说，其平均月工资的大小不仅取决于每组月工资的大小，而且相对于每组职工人数的多少（绝对数），更取决于每组职工人数占所有职工人数的比重。

事实上，在一个变量数列中，当变量值较大的一方单位数的比重较大时，平均数就越接近变量值大的一方；当变量值较小的一方单位数的比重较大时，平均数就越靠近变量值小的一方；当变量值较大的一方单位数的比重和变量值较小的一方单位数的比重大致相当时，平均数居中。正因为如此，不只是变量值出现的次数（绝对数形式的权数）对平均指标的大小起着权衡轻重的作用，其实质是变量值出现的比重（相对数形式的权数）对平均指标的大小更起着权衡轻重的作用。

在同一的变量数列中，权数采用绝对数或相对数，平均数计算结果是一样的。因为：

$$\bar{x} = \frac{\sum xf}{\sum f} = \sum \left(x \times \frac{f}{\sum f} \right) \qquad (3-1)$$

当变量数列中各组的次数相等，即各组的权数相等时，权数就不再起权衡作用，可以用简单算术平均数的计算方法计算平均数，因为 $f_1 = f_2 = \cdots = f_n$，则：

$$\bar{x} = \frac{\sum xf}{\sum f} = \frac{\sum xk}{\sum k} = \frac{k \sum x}{nk} = \frac{\sum x}{n} \qquad (3-2)$$

在几何平均数的应用中，权数同样十分重要。加权几何平均数的计算公式为：

$$G = \sqrt[\sum f_i]{\prod x_i^{f_i}} \qquad (3-3)$$

式中：x_i 为变量值，f_i 为权数。

例如，将 10 万元存入银行，存期 10 年。以复利计算，10 年的利率如下：

第 1 年至第 2 年为 5%，第 3 年至第 7 年为 10%，最后 3 年为 12%。求平均年利率和本利总额。

平均年利率 = $\sqrt[10]{1.05^2 \times 1.10^5 \times 1.12^3} - 1 = 1.09572 - 1 = 0.09572$

即平均年利率为9.572%。

本利总额为：$10 \times 1.09572^{10} = 24.9457$（万元）。

（二）在指数计算中的应用

统计指数是统计学中的一个重要内容，而涉及统计权数的平均数指数又是统计指数的重要组成部分。

1. 加权算术平均数指数

例如，某商业企业资料如表3-3所示。

表3-3 某商业企业资料（一）

商品名称	销售额（万元）		个体销售量指数（%）	计算栏
	$p_0 q_1$	$p_1 q_1$	q_1 / q_0	$p_0 q_0 \dfrac{q_1}{q_0}$
甲	100000	115000	115	115000
乙	200000	220000	110	220000
丙	300000	315000	105	315000
合计	600000	645000	—	650000

上例中，各商品的销售量均有不同程度的增长，但问题是所有商品平均又增长了多少呢？根据指数计算公式，有：

$$\text{销售量指数}(\%) = \dfrac{\sum p_0 q_0 \dfrac{q_1}{q_0}}{\sum p_0 q_0} \times 100\% = \dfrac{650000}{600000} \times 100\% = 108.33\%$$

即不同商品的销售量平均增长了8.33%。

2. 加权调和平均数指数

例如，某商业企业资料如表3-4所示。

表3-4 某商业企业资料（二）

商品名称	销售额（万元）		个体销售量指数（%）	计算栏
	$p_0 q_1$	$p_1 q_1$	q_1 / q_0	$\dfrac{p_1 q_1}{q_1 / p_0}$
甲	100000	115000	115	100000
乙	200000	220000	110	200000
丙	300000	315000	105	300000
合计	600000	645000	—	600000

上例中，各商品的销售价格均有不同程度的上涨，但问题是所有商品平均又上涨了多少呢？根据指数计算公式，有：

价格指数（%）= $\dfrac{\sum p_1 q_1}{\sum \dfrac{p_1 q_1}{p_1/p_0}} \times 100\%$ = $\dfrac{645000}{60000} \times 100\%$ = 107.5%

即不同商品的销售价格平均上涨了 7.5%。

3. 固定权数平均数指数

计算公式为：

$$\dfrac{\sum KW}{100} \qquad (3-4)$$

式中：K 表示类指数或个体指数，W 表示固定权数。

例如，某地区资料如表 3-5 所示。

表 3-5　某地区资料

商品类别	价格类指数（K,%）	固定权数（W）	KW
粮食类	105	20	2100
食品类	98	40	3920
衣着类	95	25	2375
日用品类	106	10	1060
燃料类	112	5	560
合计	—	100	10015

固定权数零售物价平均数指数 = $\dfrac{\sum KW}{100}$ = $\dfrac{10015}{100}$ = 1.0015 或 100.15%。

说明该地区零售商品物价综合上涨了 0.15%。

（三）在综合评价中的应用

这应该是权数运用最为广泛的一个场合。

1. 综合指数法

一般公式为：

$$K = \dfrac{\sum \dfrac{x_i}{x_o} w_i}{\sum w_i} \qquad (3-5)$$

式中：x_i 为指标的实际值，x_o 为指标的标准值，w_i 为指标的权数。

例如，有甲乙两个企业的相关资料如表 3－6 所示。

表 3－6　甲乙两企业相关资料

指标名称	标准值	企业		权数	标准化 $\dfrac{x_i}{x_o}$		$\dfrac{x_i}{x_o} w_i$	
		甲企业	乙企业		甲企业	乙企业	甲企业	乙企业
1. 成本费用利润率（元/百元）	45	80	76	30	1.78	1.69	53.33	50.67
2. 资金利润率（元/百元）	60	68	70	15	1.13	1.17	17.00	17.50
3. 劳动生产率（元/人）	16000	15000	16500	30	0.94	1.03	28.13	30.94
4. 存货周转次数（次）	3	3.8	3.5	25	1.27	1.17	31.67	29.17
合计	—	—	—	100	—	—	130.13	128.27

运用上述公式可计算出：

$$\text{甲企业的经济效益指数} = K = \frac{\sum \dfrac{x_i}{x_o} w_i}{\sum w_i} = 130.13\%$$

$$\text{乙企业的经济效益指数} = K = \frac{\sum \dfrac{x_i}{x_o} w_i}{\sum w_i} = 128.27\%$$

表明甲企业的经济效益整体上要好于乙企业。

2. 功效系数法

步骤有二：

第一步，先计算出功效系数，计算公式为：

$$d_i = \frac{x_i - x_i^{(s)}}{x_i^{(k)} - x_i^{(s)}} \times 40 + 60 \qquad (3-6)$$

式中：d_i 为功效系数，x_i 为指标实际值，$x_i^{(s)}$ 为第 i 指标的不允许值，$x_i^{(k)}$ 为第 i 指标的满意值。

第二步，在此基础上再计算总分数，一般可用两种方法：

（1）加权算术平均：

$$D = \frac{\sum d_i w_i}{\sum w_i} \tag{3-7}$$

(2) 加权几何平均：

$$G = \sqrt[\sum w_i]{\prod d_i^{w_i}} \tag{3-8}$$

第二节 用离散系数确定权数

在多指标综合评价过程中，各指标所起的作用是不同的，就像在物价的变动中，粮食和副食品价格的变动对居民生活的影响要比其他种类价格变动的影响大得多一样。因此，为了多指标综合评价的科学性，通常需要对具有不同性质的指标赋予不同的权数。实际上，多指标综合评价中最关键也是最难解决的问题就是如何科学地确定每一指标的权数。对此，人们进行了长期的研究和探讨，提出了一系列关于权数的确定方法，如德尔菲法、指标比较法、比率标度法等，从而有力地促进了多指标综合评价理论和实践的发展，保证了综合评价结论的客观性、公允性和科学性。

但也应该看到，在实际应用中，上述这些方法都不同程度地存在着某些缺陷，其主要表现为：

(1) 主观因素影响成分较大。对同一问题，不同的人由于经验、知识结构的不同，其认识也会不同，从而会形成不同的权数。

(2) 可操作性差。表现在两方面：一方面是对指标的重要性状态难以把握和确定；另一方面是这些方法的应用受时空、人力、物力、财力等条件的制约过多，对于大多数的实际应用者来说，更多的是望"法"兴叹，如选定专家，请专家判断，恐怕就不是一般应用者能够轻易办到的。

为克服以上不足，我们提出一种新的权数确定方法——离散系数法。

现代概率统计理论告诉我们，一个随机变量（或指标）的方差如果用相对指标表示，则离散系数越大，该随机变量（指标）所包含的信息量就越多，其独立性就越强。由此决定，该随机变量（指标）的重要性就越大，所确定的权数值也就越大。反之，则越小。离散系数法正是根据上述原理而设计的。有关操

作步骤如下:

第一步,收集资料。设有 X_1, X_2, …, X_m 共 m 个评价指标,有 Y_1, Y_2, …, Y_n 共 n 个时间或空间状态,所收集到的原始数据以矩阵形式表示,如表 3-7 所示。

表 3-7 原始数据矩阵

状态＼数据	Y_1	Y_2	…	Y_i	…	Y_n
X_1	X_{11}	X_{21}	…	X_{i1}	…	X_{n1}
X_2	X_{12}	X_{22}	…	X_{i2}	…	X_{n2}
⋮	⋮	⋮	…	⋮	…	⋮
X_j	X_{1j}	X_{2j}	…	X_{ij}	…	X_{nj}
⋮	⋮	⋮	…	⋮	…	⋮
X_m	X_{1m}	X_{2m}	…	X_{im}	…	X_{nm}

第二步,对每一指标进行同度量处理,以消除不同量纲无法进行综合汇总的问题。其方法目前较常用的主要有下列三种:①相对化处理;②函数化处理;③标准化处理。在处理过程中需要引起注意的是要将"正指标"和"逆指标"区别对待。设进行同度量处理后所得数据矩阵如表 3-8 所示。

表 3-8 同度量处理后的新数据矩阵

状态＼数据	Y_1	Y_2	…	Y_i	…	Y_n
X_1	a_{11}	a_{21}	…	a_{i1}	…	a_{n1}
X_2	a_{12}	a_{22}	…	a_{i2}	…	a_{n2}
⋮	⋮	⋮	…	⋮	…	⋮
X_i	a_{1j}	a_{2j}	…	a_{ij}	…	a_{nj}
⋮	⋮	⋮	…	⋮	…	⋮
X_m	a_{1m}	a_{2m}	…	a_{im}	…	a_{nm}

第三步,计算同一指标不同时间或空间状态下的平均数和离散系数。设平均数为 $\bar{a}_j$,标准差为 σ;离散系数为 V_j,有关计算公式为:

$$\overline{a}_j = \sum_{i=1}^{n} a_{ij}/n$$

$$\sigma_j = \sqrt{\sum_{i=1}^{n} (a_{ij} - \overline{a}_j)^2/n}$$

$$V_j = \sigma_j/a_j \quad (j = 1, 2, \cdots, m) \tag{3-9}$$

第四步,对每一指标的离散系数(V_j)进行加总,并进行归一化处理,确定每一指标相对权数。设每一指标相对权数为W_j,有:

$$W_j = V_j/\sum V_j (j = 1, 2, \cdots, m) \tag{3-10}$$

显然有,$\sum W_j = 1$ 或 100%。

现举例说明离散系数法的运用。我们选择《全国统计专业技术中级资格甲种考试指定用书》之一《统计工作实务》中第3页的"1992年我国部分省市工业经济效益指标"数据,有关指标数据如表3-9所示。

表3-9　1992年我国部分省市工业经济效益指标

指标名称	单位	实际值				
		北京	天津	上海	江苏	广东
产品销售率	%	96.01	95.72	98.42	93.43	95.16
资金利税率	%	14.90	9.21	13.88	10.75	10.25
成本利润率	%	9.51	3.35	7.55	3.99	5.03
劳动生产率	元/人	14830	10004	15545	9708	14590
流动资金周转次数	次	1.68	1.79	1.80	2.21	1.87
净产值率	%	28.40	26.48	25.56	22.30	25.01

对上述数据进行相对处理,结果如表3-10第(2)、第(3)、第(4)、第(5)、第(6)各列所示。

表3-10　相对化处理及权数计算表　　　　　　　　　　单位:%

指标名称	标准值	地区					指标			
		北京	天津	上海	江苏	广东	平均值	标准差	离散系数	相对权数
(甲)	(1)	(2)	(3)	(4)	(5)	(6)	(7)	(8)	(9)	(10)
产品销售率	97.48	98.49	98.19	100.96	95.85	97.96	98.29	1.627	1.66	1.70

续表

指标名称	标准值	地区					指标			
		北京	天津	上海	江苏	广东	平均值	标准差	离散系数	相对权数
（甲）	（1）	（2）	（3）	（4）	（5）	（6）	（7）	（8）	（9）	（10）
资金利税率	13.55	109.96	67.97	102.44	79.34	75.65	87.07	16.22	18.63	19.30
成本利润率	8.41	113.08	39.83	89.77	47.44	59.81	69.99	27.46	39.23	40.60
劳动生产率	5863	260.95	176.03	273.54	170.83	256.73	227.62	44.62	19.23	20.30
流动资金周转次数	1.83	91.80	97.81	98.36	120.77	102.19	102.19	9.87	9.66	10.00
净产值率	29.01	97.90	91.28	88.11	76.87	86.21	88.07	6.87	7.80	8.10

在对相对化处理后的各指标值求其平均值、标准差、离散系数及相对权数。有关结果如表 3-10 第（7）、第（8）、第（9）、第（10）各列数字所示。所以，工业经济效益综合评价的六个指标的权数分别为 1.70%、19.30%、40.60%、20.30%、10.00%、8.10%。

根据表 3-10 相对化处理资料，利用国家统计局规定的权数和离散系数法所得权数，采用综合指数法计算各省市综合值并排序，如表 3-11 所示。

表 3-11　工业经济效益综合指数计算及排序

	北京	天津	上海	江苏	广东
国家规定权数平均	118.97	87.39	115.18	94.22	101.06
排序	1	5	2	4	3
离散系数法权数平均	138.89	83.87	130.43	89.18	109.87
排序	1	5	2	4	3

两者的结论是基本一致的，这从一定程度上说明了离散系数法运用的科学性、准确性及可行性。同时也可以看出，离散系数法具有客观性及可操作性诸特征。

第三节　用概率法确定权数

一、权数概率求法的基本思想

所谓权数的概率求法，就是用求概率的方法求得权数。其理论依据在于概率与权数两者之间具有同质性。众所周知，概率的大小反映着随机变量取值的可能性大小。而对于权数来说，它反映的是指标重要性程度的高低。权数大，则说明指标的重要性程度高；相反，则说明指标的重要性程度低。因此，从反映各自研究对象值的大小或高低来看，两者具有同质性。实际上，在统计学中，权数的大小就是由频率——概率的一种统计定义的大小来表示的。正因为如此，也就使用求概率的方法来求得权数成为可能。

二、权数概率求法的基本步骤

由概率论基本理论可知，当已知了一个随机变量（或指标）的概率分布以及所要取的值或所取值的区间时，就能求出相应的概率。依据这一重要思想，可将权数概率的求法的基本步骤归集如下：

第一步，讨论序列随机变量的概率分布。设序列随机变量为 Y_i，其取值为 $Y_{i,j}$。由于绝大多数序列的随机变量往往可以表示成大量独立随机变量的总和，且总和中的每一个单独的随机变量对于总和又不起主要作用，如产品产量，可看成是大量的单独生产工人的产品产量的总和，因此，根据李雅普诺夫中心极限定理，可以认为序列随机变量近似地服从正态分布，即 $Y_i \sim N(\mu, \sigma^2)$。

第二步，讨论序列随机变量的取值情况。对于序列随机变量的取值应符合两条原则：

其一，应能够充分反映样本信息。

其二，应充分考虑综合评价中指标的特点。在综合评价中，各指标是正指标，表现为越大越好。

根据这两条原则，我们将序列随机变量（Y_i）的取值（Y_{ij}）范围确定为 $Y_i \geq \max(Y_{ij})$。

第三步，将随机变量（Y_i）的取值（Y_{ij}）的范围与概率相联系。用概率表示，则有：

$$P(Y_i \geq \max(Y_{ij})) = \alpha_i \qquad (3-11)$$

第四步，讨论 α_i 的计算方法。由前面讨论可知，$Y_i \sim N(\mu, \sigma^2)$，则根据正态分布的性质，必有 $\dfrac{Y_i - \mu}{\sigma^2} \sim N(0, 1)$。为此，可按照标准正态分布概率的计算方法求出概率 α_i，即：

$$P(Y_i \geq \max(Y_{ij})) = P\left(\frac{Y_i - \mu}{\sigma} \geq \frac{\max(Y_{i,j}) - \mu}{\sigma}\right) = 1 - \Phi\left(\frac{Y_{i,j} - \mu}{\sigma}\right) = \alpha_i \qquad (3-12)$$

对于上式中的 $\Phi\left(\frac{Y_{i,j}-\mu}{\sigma}\right)$，可查正态分布表求得，从而最终求得概率 α_i。

有必要指出的是，虽然已知序列随机变量总体 $Y_i \sim N(\mu, \sigma^2)$，但参数 μ、σ^2 却是未知的，这样就需要根据样本对其作出估计。设 Y_{ij} 是来自 Y_i 的一个随机样本，则由数理统计可知，μ、σ^2 的估计量分别为：

$$\overline{Y}_i = \frac{\sum Y_{ij}}{n}, \quad s^2 = \frac{\sum(Y_{ij}-\overline{Y}_i)^2}{n} \tag{3-13}$$

因此，只要我们掌握了各指标值，就能够计算出样本均值和样本方差，并以此为基础，运用所给出的计算公式，计算出概率 α_i。

第五步，对每一指标的概率 α_i 进行加总，并进行归一化处理，确定每一指标的相对权数，设每一相对权数为 W_i，有：

$$W_i = \frac{\alpha_i}{\sum \alpha_i} \tag{3-14}$$

显然有：$\sum W_i = 1$ 或 100%。

三、权数概率求法的实际应用

现举例说明权数概率求法的实际应用。我们选择了华东地区某年七省市全部国有及规模以上非国有工业企业主要经济效益指标数据，有关具体数据如表3-12所示。

表3-12 华东地区某年七省市数据表

指标	单位	全国	上海	江苏	浙江	安徽	福建	江西	山东
（甲）	（乙）	（1）	（2）	（3）	（4）	（5）	（6）	（7）	（8）
工业增加值率	%	29.64	27.19	24.92	23.62	30.54	30.47	28.93	30.67
总资产贡献率	%	9	8.87	8.92	11.26	7.09	8.6	6.2	11.86
资产负债率	%	60.81	49.8	61.8	57.11	63.19	57.52	68.3	62.54
流动资产周转次数	次	1.62	1.56	1.91	2.02	1.43	1.89	1.27	2.07
成本费用利润率	%	5.56	6.43	3.87	5.77	2.4	4.76	1.43	7.31
全员劳动生产率	元/人	45679	82327	50259	48268	31203	51244	24780	48804
产品销售率	%	97.67	99.02	97.15	96.87	98.48	96.95	97.27	97.86

对上述各省市各指标数据进行相对化处理，结果如表3-13所示。

表 3-13 华东地区某年七省市数据表

指标	上海	江苏	浙江	安徽	福建	江西	山东
（甲）	（1）	（2）	（3）	（4）	（5）	（6）	（7）
工业增加值率	0.9173	0.8408	0.7969	1.0304	1.0280	0.9760	1.0348
总资产贡献率	0.9856	0.9911	1.2511	0.7878	0.9556	0.6889	1.3178
资产负债率	1.2211	0.9840	1.0648	0.9623	1.0572	0.8903	0.9723
流动资产周转次数	0.9630	1.1790	1.2469	0.8827	1.1667	0.7840	1.2778
成本费用利润率	1.1565	0.6960	1.0378	0.4317	0.8561	0.2572	1.3147
全员劳动生产率	1.8023	1.1003	1.0567	0.6831	1.1218	0.5425	1.0684
产品销售率	1.0138	0.9947	0.9918	1.0083	0.9926	0.9959	1.0019

设工业增加值率、总资产贡献率、资产负债率、流动资产周转次数、成本费用利润率、全员劳动生产率、产品销售率分别为 Y_1、Y_2、Y_3、Y_4、Y_5、Y_6、Y_7，则各指标的概率为：

$\alpha_1 = P(Y_1 \geq 1.0348) = 1 - \varphi(0.91) = 1 - 0.8186 = 0.1814$

$\alpha_2 = P(Y_2 \geq 1.13178) = 1 - \varphi(1.42) = 1 - 0.9222 = 0.0778$

$\alpha_3 = P(Y_3 \geq 1.12211) = 1 - \varphi(1.88) = 1 - 0.9699 = 0.0300$

$\alpha_4 = P(Y_4 \geq 1.2778) = 1 - \varphi(1.07) = 1 - 0.8577 = 0.1423$

$\alpha_5 = P(Y_5 \geq 1.3417) = 1 - \varphi(1.28) = 1 - 0.8997 = 0.1003$

$\alpha_6 = P(Y_6 \geq 1.8023) = 1 - \varphi(1.87) = 1 - 0.9693 = 0.0307$

$\alpha_7 = P(Y_7 \geq 1.0138) = 1 - \varphi(1.65) = 1 - 0.9505 = 0.0495$

对各 α_i 进行归一化处理，则 7 个指标的权数分别为 29.6、12.7、4.9、23.3、16.4、5.0 和 8.1，取整数分别为 30、13、5、23、16、5、8。

第四节 权数的可靠性研究

一、引言

根据研究，赋权方法已多达 20 多种。受此影响，即使是运用同一数据、同一无量纲化方法以及同一综合评价方法，而由于各人选择赋权方法的不同，也会致使综合评价的结论大相径庭。因此，如何对众多赋权方法所得权数的可靠性进行科学界定，就显得十分必要。

从现有文献看，关于权数的研究主要集中在以下几方面：①赋权方法的研究。这也是目前权数研究的主要内容。有主观赋权法、客观赋权法、组合赋权法等多达20多种（孙慧钧，2009）。②权数的性质研究。在权数具有重要性、模糊性、主观性、时序性的基础上，提出了空间性、时空性和函数性（孙利荣、崔峰，2014）等权数新的性质，进一步深化了对权数的理论思考。③权数的调整研究。包括对抽样调查分析中初始权数的调整（金勇进、张喆，2014）以及依据方差控制要求的权数调整（糜万俊，2013）。④对权数影响的研究。如无量纲化对属性权重的影响，之间存在一种传导机制（糜万俊，2013），等等。显然，上述研究进一步丰富和发展了权数的理论和实践体系。

然而也应该看到，在上述研究中，都忽略了权数研究的一个根本性问题，即权数的可靠性研究。事实上，只有当权数可靠了（同样，在无量纲化和综合评价方法方面也存在着可靠性的问题），才能带来综合评价结果的正确性。相反，这容易使人们对其产生"怀疑"，进而对综合评价结果也极易产生一种"不信服"感，从而严重影响综合评价的声誉。所以，在赋权方法的选择上，应以所得权数是否具有可靠性为标准。可靠，则该赋权方法可用，所得权数可用。否则，则不可用。显然，在权数研究中，应补上权数可靠性研究这一重要内容。但迄今为止，还没有有关权数可靠性研究的文献。也正是基于此，我们提出这一问题，并给予实例分析，以期弥补权数研究现有的不足。

我们的价值在于，不仅首次提出了权数可靠性这一概念，而且首次提供了仅就某种赋权方法所得一组权数的可靠性检验的统计量，从而在理论上初步建构起了一套权数可靠性的假设检验范式，这不仅有利于加深学界和业界对权数确定问题的理解，而且有助于人们更好地运用各种赋权法以得到权数，从而得出有效的计算结果和分析结论。

二、权数可靠性检验的统计量

所谓权数可靠性，从统计学的角度来说，就是指能以多大的概率保证依据某一赋权方法所得出的权数与评价者期望的权数相一致。显然，概率越大，则意味着依据某一赋权方法所得出权数的可靠性越好。在统计上，解决此问题的路径是进行权数可靠性的假设检验。

为便于理解,我们建立原假设 H_0:采用某一赋权法所得权数与总体权数没有显著差异(没有差异,则意味着所得权数具有可靠性),则有备选假设 H_1:采用某一赋权法所得权数与总体权数有显著差异(有差异,则意味着所得权数不具有可靠性)。

而做好权数可靠性假设检验的核心是确定检验所用的统计量。

考虑到权数具有计数的性质,可以运用 χ^2 检验,统计量如下:

$$\chi^2 = \sum \frac{(A-T)^2}{T} \tag{3-15}$$

式中,A 为实际数;T 为理论数。

总体权数是客观存在的,相当于公式中的实际数,而运用某一客观赋权方法所得出的权数则相当于公式中的理论数。显然,如果总体权数已知,则可以直接运用 $\chi^2 = \sum \frac{(A-T)^2}{T}$ 检验。但事实毕竟是,总体权数 $A = (A_1, A_2, \cdots, A_P)'$ 事先是未知的,这就使直接运用 $\chi^2 = \sum \frac{(A-T)^2}{T}$ 进行检验无法实现。那么,能否通过一定的变换,找到 $\chi^2 = \sum \frac{(A-T)^2}{T}$ 的替换变量,从而完成权数可靠性的假设检验呢?经过推导,证明这一想法是可行的。

$\chi^2 = \sum \frac{(A-T)^2}{T}$ 的替换变量的寻找过程如下:

设 $\max T - T = \lambda_i (\max T - \min T)$ \qquad (3-16)

λ_i 是指样本的最大权数与某一权数的离差占总离差(极差)的比例。

于是有:$T = \max T - \lambda_i (\max T - \min T) = (1 - \lambda_i) \max T + \lambda_i \min T$ \qquad (3-17)

进一步有:

$$\frac{A-T}{T} = \frac{A - (1-\lambda_i) \max T - \lambda_i \min T}{T} \tag{3-18}$$

分子两边平方:

$$\frac{(A-T)^2}{T} = \frac{[A - (1-\lambda_i) \max T - \lambda_i \min T]^2}{T} \tag{3-19}$$

由于 $[A - (1-\lambda_i) \max T - \lambda_i \min T]^2 \leq [(1-\lambda_i) \max T + \lambda_i \min T]^2 + A^2$ \qquad (3-20)

而 $[(1-\lambda_i) \max T + \lambda_i \min T]^2 \leq (\max T + \lambda_i \min T)^2 + \lambda_i^2 \max T^2$ \qquad (3-21)

所以：$\dfrac{(A-T)^2}{T} \leqslant \dfrac{(\max T + \lambda_i \min T)^2 + \lambda_i^2 \max T + A^2}{T}$ （3-22）

从而也有：$\sum \dfrac{(A-T)^2}{T} \leqslant \sum \dfrac{(\max T + \lambda_i \min T)^2 + \lambda_i^2 \max T + A^2}{T}$ （3-23）

在非负数的情况下，又有：$\sum \dfrac{A^2}{T} \leqslant \sum A^2 \leqslant (\sum A)^2$ （3-24）

由权数的性质可知，$\sum A = 1$，所以有：

$$\sum \dfrac{(A-T)^2}{T} \leqslant \sum \dfrac{(\max T + \lambda_i \min T)^2 + \lambda_i^2 \max T}{T} + 1 \quad (3-25)$$

取最大值，则有：

$$\sum \dfrac{(A-T)^2}{T} = \sum \dfrac{(\max T + \lambda_i \min T)^2 + \lambda_i^2 \max T}{T} + 1 \quad (3-26)$$

最终有：

$$\chi^2 = \sum \dfrac{(A-T)^2}{T} = \sum \dfrac{(\max T + \lambda_i \min T)^2 + \lambda_i^2 \max T}{T} + 1 \quad (3-27)$$

所以，对权数可靠性进行假设检验，其步骤如下：

（1）建立原假设 H_0：采用某一客观赋权法所得权数与总体权数没有显著差异。备选假设 H_1：采用某一客观赋权法所得权数与总体权数有显著差异。

（2）计算 χ^2 统计量：$\chi^2 = \sum \dfrac{(\max T + \lambda_i \min T)^2 + \lambda_i^2 \max T}{T} + 1$

自由度 $v = ($行数 $-1) \times ($列数 $-1)$ （3-28）

（3）给定显著性水平（α），查卡方界值表，找到 $\chi_\alpha^2(v)$。

（4）比较 χ^2 统计量与临界值 $\chi_\alpha^2(v)$，当 $\chi^2 \leqslant \chi_\alpha^2(v)$，则接受 H_0，拒绝 H_1，认为采用某一赋权法所得权数与总体权数没有显著差异；当 $\chi^2 \geqslant \chi_\alpha^2(v)$，则拒绝 H_0，接受 H_1，可以认为采用某一赋权法所得权数与总体权数有显著差异。

三、例证运用

例1和例2分别说明了权数可靠性检验接受原假设 H_0 和接受备选假设 H_1 的情况。结果表明，我们所提出的权数可靠性检验具有一般性。

例1：有6项指标，分别为 A、B、C、D、E、F，采用某种赋权法所求得的权数分别为0.2、0.15、0.16、0.18、0.11、0.2。那么，依据某种赋权法所得出的权数与总体权数之间是否有显著差异？计算过程如表3-14所示。

第三章　权数

表 3-14　权数假设检验计算过程

	A	B	C	D	E	F	合计
某种客观赋权法所得权数（T）	0.2	0.15	0.16	0.18	0.11	0.2	1
$\max T$	0.2	0.2	0.2	0.2	0.2	0.2	—
$\min T$	0.11	0.11	0.11	0.11	0.11	0.11	—
$\max T - \min T$	0.09	0.09	0.09	0.09	0.09	0.09	—
$\max T - T$	0	0.05	0.04	0.02	0.09	0	—
λ_i	0	0.556	0.444	0.222	1	0	—
$\lambda_i \min T$	0	0.06116	0.04884	0.02442	0.11	0	—
$\max T + \lambda_i \min T$	0.2	0.26116	0.24884	0.22442	0.31	0.2	—
$(\max T + \lambda_i \min T)^2$	0.04	0.06820	0.06192	0.05036	0.0961	0.04	—
$\lambda_i^2 \max T$	0	0.06182	0.03942	0.00985	0.2	0	—
$(\max T + \lambda_i \min T)^2 + \lambda_i^2 \max T$	0.04	0.13003	0.10134	0.06022	0.2961	0.04	—
$\dfrac{(\max T + \lambda_i \min T)^2 + \lambda_i^2 \max T}{T}$	0.2	0.86687	0.63342	0.33456	2.6918	0.2	4.92668
$\chi^2 = \sum \dfrac{(\max T + \lambda_i \min T)^2 + \lambda_i^2 \max T}{T} + 1$	5.92668							
$\alpha = 0.05$ 时 $\chi^2(V=5)$ 的临界值	11.07							
结论	无显著差异，意味着采用该方法所得出的权数可靠							

例 2：有 6 项指标分别为 A、B、C、D、E、F，采用某种赋权法所求得的权数分别为 0.16、0.13、0.11、0.14、0.18、0.28。那么，依据某种赋权法所得出的权数与总体权数之间是否有显著差异？计算过程如表 3-15 所示。

表 3-15　权数可靠性检验计算过程

	A	B	C	D	E	F	合计
某种客观赋权法所得权数（T）	0.16	0.13	0.11	0.14	0.18	0.28	1
$\max T$	0.28	0.28	0.28	0.28	0.28	0.28	—
$\min T$	0.11	0.11	0.11	0.11	0.11	0.11	—
$\max T - \min T$	0.17	0.17	0.17	0.17	0.17	0.17	—
$\max T - T$	0.12	0.15	0.17	0.14	0.10	0	—
λ_i	0.71	0.88	1.00	0.82	0.59	0.00	—

续表

	A	B	C	D	E	F	合计
$\lambda_i \min T$	0.0781	0.0968	0.11	0.0902	0.0649	0	—
$\max T + \lambda_i \min T$	0.3581	0.3768	0.39	0.3702	0.3449	0.28	—
$(\max T + \lambda_i \min T)^2$	0.12823	0.14197	0.1521	0.13704	0.11895	0.0784	—
$\lambda_i^2 \max T$	0.14114	0.21683	0.28	0.18827	0.09746	0	—
$(\max T + \lambda_i \min T)^2 + \lambda_i^2 \max T$	0.26938	0.35881	0.4321	0.3253	0.21642	0.0784	—
$\dfrac{(\max T + \lambda_i \min T)^2 + \lambda_i^2 \max T}{T}$	1.68364	2.76007	3.92818	2.32371	1.20235	0.28	12.1779
$\chi^2 = \sum \dfrac{(\max T + \lambda_i \min T)^2 + \lambda_i^2 \max T}{T} + 1$				13.17797			
$\alpha=0.05$ 时 χ^2（V=5）的临界值				11.07			
结论				有显著差异，意味着采用该方法所得出的权数不可靠			

需要指出的是，在实际运用时，要注意两个细节：一是权数的表现形式，不能采用 $\sum T = 100$ 这样的形式，而只能采用 $\sum T = 1$ 这样的形式，之所以如此，根本原因在于保持权数的和等于1这一性质不至于改变。二是在考虑列数或行数时，应将未知的总体权数的列数或行数考虑进去，否则会导致自由度是0而无法取得临界值。

总之，可以运用上述方法对某种赋权法所得权数的可靠性进行检验，从而从根本上解决综合评价中权数确定无假设检验的现象，以增强赋权法所得权数乃至综合评价的可信性。

第五节 Cov–AHP：层次分析法的一种改进

一、问题的提出

自美国学者 T. L. Saaty 于20世纪70年代初提出层次分析法（Analytic Hierarchy Process，AHP）以来，由于该方法拥有能把复杂系统的决策思维进行层次化，把决策过程中定性和定量因素有机地结合起来，并通过判断矩阵的建立、排序计算和一致性检验所得到的最后结果具有说服力等优势，已被广泛应用于各个领域，获得了广泛的应用价值。与此同时，在学者和实际应用者们的大力推动下，层次分析法的研究也取得了丰硕的成果。一是应用领域不断扩大。从现有文献看，几乎涵盖了所有领域。二是研究内容不断深入。目前已涉及判断矩阵的构造（Güngör Z 等，2009）、判断矩阵的一致性检验（朱茵等，1999）、1－9 标度法的改进（李彦等，2011）等核心问题，并形成了一系列新的方法；而且，面对层次分析法只适用于简单系统应用，无法真实反映决策问题具有依赖性和反馈性的情况，T. L. Saaty 教授于 1996 年又提出了一种适应复杂结构的决策科学方法，即网络层次分析法（Analytic Network Process，ANP），其理论更准确地描述了客观事物之间的联系，是一种更加有效实用的决策方法。三是结合研究不断涌现。与模糊数学理论相结合，形成模糊层次分析法（高新春、冯洪渊，2003）；与灰色系统理论相结合，形成层次灰色分析法（施泉生、涂娜娜，2005）。显然，这些研究成果的取得极大地丰富了层次分析法的理论和方法体系。

然而，也应该看到，上述研究中依然存在一些问题，其中最为关键的，就是没有从根本上解决人的主观性，尤其是定量指标的人的主观性确定标度的问题。而这也正是一系列问题无法得到真正解决的深层次原因：①由于客观事物的复杂性以及主观思维的模糊性，使 AHP 方法中用于提取推理判断信息的两两比较判断矩阵往往很难构造（Güngör Z 等，2009）。②判断矩阵有时连可接受的一致性检验也达不到（朱茵等，1999）。③定量数据较少，定性成分多，结果不易令人信服（杜栋等，2009）等。也是最终使经验、认识水平不同的人，由于选择标度的不同，得出不同的分析结果的根本原因。

我们所探讨的 Cov－AHP 的贡献在于，较好地解决了人的主观确定标度这一根本性问题，而且以协方差矩阵为基础，通过变换以构造判断矩阵，一是使判断矩阵的构造更为简单，二是使计算得到唯一的结果和排序，从而进一步提高了 AHP 的可操作性。

二、Cov－AHP 的基本思想和基本步骤

对于一个系统而言，其组成要素之间客观上存在一定的关联关系，表现在随机变量（或指标）之间，这种关联关系则可以用协方差表示。现代概率统计理论告诉我们，随机变量（或指标）之间的协方差越大，则随机变量（或指标）

之间所包含的信息量就越小，其独立性也越小，相应地，随机变量（或指标）的重要性就越小。反之，则越大。由此决定，可以利用协方差的大小来衡量各要素的相对重要性。因此，Cov-AHP 的基本思想是：以体现各要素本质特征的定量指标所形成的协方差矩阵为依据，通过变换、计算等手段，构造具有层次分析法特色的反映各要素相对重要性的判断矩阵，然后，根据层次分析要求，经过数学计算和检验，以获得某一层相对于高一层说明各定量指标相对重要性的权数。在此基础上，进而计算出各层次要素对于系统目标的组合权数，从而得出不同设想方案的权数，并进行排序。

与 AHP 方法相比，Cov-AHP 最大的优点在于，不再需要由若干专家根据他们自己的经验、学识来对系统各要素的相对重要性做出主观判断，从而较好地克服了专家的个人偏好，有利于提高决策的有效性，在多目标规划领域具有广泛的应用价值。

Cov-AHP 的基本步骤如下：

（一）明确问题

首先要对系统有明确的认识，包括弄清系统的范围、了解系统的组成要素，并能确定出要素之间的关联关系和隶属关系，等等。

（二）建立递阶层次结构

按照目标层、准则层、方案层（措施层）的递阶序列建立层次分析结构模型。递阶层次结构模型如图 3-1 所示。

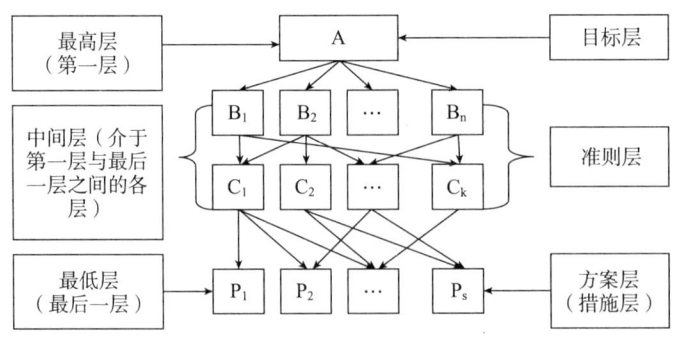

图 3-1 递阶层次结构模型

目标层为最高层。这一层是系统所要达到的总目标，总目标只有一个。

准则层为中间层。这一层是实现预定总目标所要采取的各项准则。需要注意的是,中间层可以有多层。

方案层或措施层为最低层。这一层是所要选用的各种可行方案、措施、手段等,它仅有一层。

(三) 根据要素所反映的定量指标数据,计算协方差矩阵

协方差矩阵如表3-16所示。

表3-16 协方差矩阵 A

要素	x_1	x_2	...	x_i	...	x_j	...	x_p
x_1	c_{11}	c_{12}	...	c_{1i}	...	c_{1j}	...	c_{1p}
x_2	c_{21}	c_{22}	...	c_{2i}	...	c_{2j}	...	c_{2p}
...	...	...	...	...	...	...	...	...
x_i	c_{i1}	c_{i2}	...	c_{ii}	...	c_{ij}	...	c_{ip}
...	...	...	...	...	...	...	...	...
x_p	c_{p1}	c_{p2}	...	c_{pi}	...	c_{pj}	...	c_{pp}

注:c_{ij} 为第 i 行与第 j 列的协方差,有 $c_{ij} = c_{ji}$。

(四) 对协方差矩阵进行变换和计算,构造判断矩阵

1. 变换协方差矩阵

用各列协方差 c_{ij} 除以协方差 c_{ii},将协方差矩阵变换为相对协方差矩阵,更重要的是将对角线上的协方差 c_{ii} 变换为1。经过变换后的协方差矩阵(A_1) 如表3-17所示。

表3-17 相对协方差矩阵 A_1

要素	x_1	x_2	...	x_i	...	x_j	...	x_p
x_1	1	a_{12}	...	a_{1i}	...	a_{1j}	...	a_{1p}
x_2	a_{21}	1	...	a_{2i}	...	a_{2j}	...	a_{2p}
...	...	...	...	...	...	...	...	...
x_i	a_{i1}	a_{i2}	...	1	...	a_{ij}	...	a_{ip}
...	...	...	...	...	...	...	...	...
x_p	a_{p1}	a_{p2}	...	a_{pi}	...	a_{pj}	...	1

2. 构造判断矩阵

判断一个矩阵是不是判断矩阵,要看该矩阵是否符合两个基本的性质,一是对角线上的数值都为1,二是两两所对应的数值的乘积应为1,即一个数值是所对应的数值的倒数。显然,之于 A_1 矩阵而言,还不是一个判断矩阵。为此,对所有两两相对应的数值作乘积应为1的变换。方法如下:对于 a_{ij},按照 $b_{ij} = \dfrac{a_{ij}}{\sqrt{a_{ij} \times a_{ji}}}$ 进行变换;对于 a_{ji},按照 $b_{ji} = \dfrac{a_{ij}}{\sqrt{a_{ij} \times a_{ji}}}$ 或 $b_{ji} = \dfrac{1}{b_{ij}}$ 进行变换。

最终构造出判断矩阵 β,如表 3-18 所示。

表 3-18 判断矩阵 β

要素	x_1	x_2	…	x_i	…	x_j	…	x_p
x_1	1	b_{12}	…	b_{1i}	…	b_{1j}	…	b_{1p}
x_2	b_{21}	1	…	b_{2i}	…	b_{2j}	…	b_{2p}
…	…	…	…	…	…	…	…	…
x_i	b_{i1}	b_{i2}	…	1	…	b_{ij}	…	b_{ip}
…	…	…	…	…	…	…	…	…
x_p	b_{p1}	b_{p2}	…	b_{pi}	…	b_{pj}	…	1

显然,b_{ij} 具有下列性质:

(1) $b_{ij} > 0$;

(2) $b_{ii} = 1$;

(3) $b_{ij} = \dfrac{1}{b_{ji}}$。

(五)计算各要素的权数

层次分析法的原理表明,判断矩阵 B 的最大特征根所对应的特征向量就是各要素的权数向量。这样,计算各要素的权数就归结为求矩阵 B 的最大特征根所对应的特征向量。求解这一特征向量的方法有很多,这里用方根法。

首先,计算判断矩阵 B 的每一行元素的积 M_i:

$$M_i = \prod_{j=1}^{p} b_{ij} \quad (i = 1, 2, \cdots, p) \tag{3-29}$$

其次,求各行 M_i 的 p 次方根:

$$w'_i = \sqrt[\beta]{M_i} \tag{3-30}$$

最后，对 w'_i 作归一化处理，即得各要素的权数：

$$w_i = \frac{w'_i}{\sum_{j=1}^{p} w'_j} \tag{3-31}$$

（六）对判断矩阵进行一致性检验

用层次分析法确定各要素的权数的重要前提是判断矩阵的数值要协调一致，不要出现相互矛盾的现象。所以，在使用层次分析法确定要素的权数时，要检验判断矩阵的一致性。判断矩阵 B 具有一致性的条件是矩阵 B 的最大特征根 λ_{max} 等于要素的个数。据此可设置一致性检验指标 CI 和 CR 来检验判断矩阵 B 偏离一致性的程度。

第一步，用 B 矩阵的权数向量 $w = (w_1, w_2, w_3, \cdots, w_p)'$ 右乘判断矩阵 B，得到一个 p 阶列向量 BW，再按公式：$\lambda_{max} = \frac{1}{p}\sum_{i=1}^{p}\frac{(BW)_i}{w_i}$ 可求得判断矩阵 B 的最大特征根 λ_{max}。公式中 $(BW)_i$ 代表列向量 BW 的第 i 个分量。

第二步，计算衡量判断矩阵偏离一致性的指标 CI，公式为：

$$CI = \frac{\lambda_{max} - p}{p - 1} \tag{3-32}$$

第三步，计算随机一致性比率 CR，即：

$$CR = \frac{CI}{RI} \tag{3-33}$$

式中，RI 为随机一致性标准，如表 3-19 所示。

表 3-19 随机一致性标准

P	1	2	3	4	5	6	7	8	9	10	11	12	…
RI	0.00	0.00	0.58	0.90	1.12	1.24	1.32	1.41	1.45	1.49	1.52	1.54	…

当 CR < 0.10 时，一般认为判断矩阵 B 具有满意的一致性，否则需要调整判断值，直至通过一致性检验为止。

（七）综合计算结果，对方案排序优选

假定中间层相对于最高层目标的权数分别为 $m_1, m_2, \cdots, m_n$，而各方案相对于中间层各要素的权数分别为 $w_{1i}, w_{2i}, \cdots, w_{pi}, p = \sum_{i=1}^{n} p_i$，则各方案相对于最高目标的权数为：

$$w_i = \sum_{j=1}^{n} w_{ij} m_j \quad (i = 1, 2, \cdots, p) \tag{3-34}$$

（八）总的一致性检验

设中间层第 i 个因素的一致性要素为 CI_j，随机性一致比率为 RI_j，则总的随机一致性检验指标为：

$$CR_{总} = \frac{CI_{总}}{RI_{总}} = \frac{\sum_{j=1}^{n} m_j CI_j}{\sum_{j=1}^{n} m_j RI_j} \tag{3-35}$$

如果 $CR_{总} < 0.10$，那么认为各方案排序优选具有合理性。否则，需要调整判断值。

三、Cov - AHP 的实际应用

某企业欲为其供应链寻找供应商。该企业根据自身和行业情况，在选择供应商时主要考虑了四个因素，即：

（1）供货时间（天）：供应商能够实现快速按时交货；

（2）价格（元）：供应商能够提供形成低成本制造优势的产品或服务的价格；

（3）质量：供应商能够提供满足企业功能、性质、技术水平的产品或者服务的程度；

（4）服务：供应商围绕所提供的产品或服务能够提供的相关配套服务的能力。

同时，在上述四个因素中，其优先顺序依次为质量、供货时间、服务和价格。

经过调研，三个供应商的有关情况如表 3 - 20 所示。

表 3 - 20 三个供应商的基本资料

供应商	供货时间（天）			价格（元）			质量			服务		
	最快	最慢	一般	最高	最低	一般	最高	最低	一般	最好	最差	一般
A	3	30	20	1380	1200	1300	100	95	98	7	15	10
B	7	30	10	1425	1250	1400	99	96	97	2	10	8
C	5	30	12	1370	1290	1300	98	93	95	5	18	10

注：质量是指100件物品中的合格数；服务是指100台中没有按时送达的物品数量（数据越小服务质量越好）。

那么，对于该企业，又该如何选择供应商呢？

运用 Cov – AHP 具体操作步骤如下：

第一步，明确问题。这是一个供应商的选择，它由供货时间、价格、质量、服务四个要素组成，其总目标是在 A、B 和 C 三个供应商中选择一个比较满意的。

第二步，建立递阶层次结构，如图 3 – 2 所示。

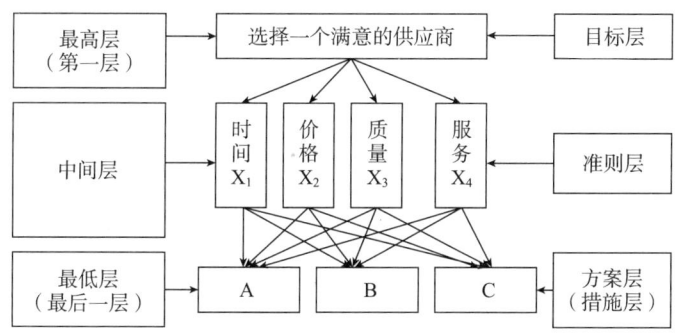

图 3 – 2　供应商选择递阶层次结构

第三步，建立协方差矩阵，分别如表 3 – 21、表 3 – 22、表 3 – 23 和表 3 – 24 所示。

表 3 – 21　供货时间（X_1）准则的协方差矩阵

(X_1)	A	B	C
A	124.2222	96.88889	108.2222
B	96.88889	104.2222	106.2222
C	108.2222	106.2222	110.8889

表 3 – 22　价格（X_2）准则的协方差矩阵

(X_2)	A	B	C
A	5422.222	5388.889	2333.333
B	5388.889	5972.222	1916.667
C	2333.333	1916.667	1266.667

表3-23 质量（X_3）准则的协方差矩阵

(X_3)	A	B	C
A	4.222222	2.444444	4.111111
B	2.444444	1.555556	2.555556
C	4.111111	2.555556	4.222222

表3-24 服务（X_4）准则的协方差矩阵

(X_4)	A	B	C
A	10.88889	10.22222	17.66667
B	10.22222	11.55556	16.66667
C	17.66667	16.66667	28.66667

注：服务指标是逆向指标，采用100-X_i方式变换为正向指标后，再求协方差。

除此之外，还要建立准则层对目标层的协方差矩阵，如表3-25所示。

表3-25 准则层对目标层的协方差矩阵

	供货时间	价格	质量	服务
供货时间	18.66667	-133.333	3.333333	-2.66667
价格	-133.333	2222.222	11.11111	44.44444
质量	3.333333	11.11111	1.555556	0.222222
服务	-2.66667	44.44444	0.222222	0.888889

注：该协方差矩阵按各要素一般水平计算；在计算判断矩阵时，应对负值取绝对值。

第四步，对协方差矩阵进行变换和计算，构造判断矩阵。

（1）变换协方差矩阵。

以供货时间（X_1）准则的协方差矩阵为例。

用各列协方差C_{ij}除以协方差C_{ii}，将协方差矩阵变换为相对协方差矩阵。相对协方差矩阵（A_1）如表3-26所示。

表 3-26 A_1 矩阵

(C_1)	A	B	C
A	1	0.929638	0.975952
B	0.779964	1	0.957916
C	0.871199	1.01919	1

（2）构造判断矩阵。

对于 a_{ij}，按照 $b_{ij} = \dfrac{a_{ij}}{\sqrt{a_{ij} \times a_{ji}}}$ 进行变换；对于 a_{ji}，按照 $b_{ji} = \dfrac{a_{ji}}{\sqrt{a_{ij} \times a_{ji}}}$ 或 $b_{ji} = \dfrac{1}{b_{ij}}$ 进行变换。最终构造出判断矩阵 B，如表 3-27 所示。

表 3-27 供货时间（X_1）准则判断矩阵 B

(C_1)	A	B	C
A	1	1.091741	1.058414
B	0.915968	1	0.969474
C	0.94481	1.031487	1

同理，可构造出价格、质量、服务等准则的判断矩阵以及准则层对目标层的判断矩阵，分别如表 3-28、表 3-29、表 3-30、表 3-31 所示。

表 3-28 价格（X_2）准则判断矩阵 B

(C_1)	A	B	C
A	1	0.952842	2.068986
B	1.049492	1	2.171385
C	0.483329	0.460536	1

表 3-29 质量（X_3）准则判断矩阵 B

(C_1)	A	B	C
A	1	1.647509	1
B	0.606977	1	0.606977
C	1	1.647509	1

表3-30 服务（X_4）准则判断矩阵 B

(C_1)	A	B	C
A	1	0.970725206	0.61631563
B	1.030157653	1	0.634902263
C	1.622545253	1.575045576	1

表3-31 准则层对目标层的判断矩阵 B

	供货时间	价格	质量	服务
供货时间	1	0.091652	3.464102	4.582576
价格	10.91089	1	37.79645	50
质量	0.288675	0.026458	1	1.322876
服务	0.218218	0.02	0.755929	1

第五步，计算各要素的权数。

运用方根法，计算供货时间（X_1）要素的权数，如表3-32所示。

表3-32 供货时间（X_1）要素权数计算表

(C_1)	A	B	C	M_i	w'_i	w_i
A	1	1.091741	1.058414	1.155514	1.049361	0.349555
B	0.915968	1	0.969474	0.888008	0.961182	0.320182
C	0.94481	1.031487	1	0.974559	0.991447	0.330263
合计	—	—	—		3.00199	1.000

同样，可计算出其他要素的权数，连同供货时间要素的权数列于表3-33。

表3-33 各要素的权数

	供货时间	价格	质量	服务
A	0.349555	0.394817	0.383586	0.27377
B	0.320182	0.414357	0.232828	0.282026
C	0.330263	0.190826	0.383586	0.444204

最后，计算出准则层对目标层的权数，如表3-34所示。

表 3-34　准则层对目标层的权数

	供货时间	价格	质量	服务	M_i	w'_i	w_i
供货时间	1	0.091652	3.464102	4.582576	1.454923	1.098272	0.08053
价格	10.91089	1	37.79645	50	20619.65	11.98313	0.87865
质量	0.288675	0.026458	1	1.322876	0.010104	0.317044	0.023247
服务	0.218218	0.02	0.755929	1	0.003299	0.239663	0.017573
合计	—	—	—	—	—	13.63811	1.000

第六步，对判断矩阵进行一致性检验。

以供货时间（X_1）判断矩阵的一致性检验为例。有：

(1) $BW = \begin{bmatrix} 1 & 1.091741 & 1.058414 \\ 0.915968 & 1 & 0.969474 \\ 0.94481 & 1.031487 & 1 \end{bmatrix} \begin{bmatrix} 0.349555 \\ 0.320182 \\ 0.330263 \end{bmatrix} \begin{bmatrix} 1.048666 \\ 0.960545 \\ 0.990790 \end{bmatrix}$

(2) $\lambda_{max} = \dfrac{1}{3}\left[\dfrac{1.048666}{0.349555} + \dfrac{0.960545}{0.320182} + \dfrac{0.330263}{0.990790}\right] = 3$

(3) $CI = \dfrac{3-3}{3-1} = 0$

(4) $RI = 0.58$

(5) $CR = \dfrac{0}{0.58} = 0 < 0.1$

说明供货时间（X_1）判断矩阵通过一致性检验，而由此计算得到的权数 $W = (0.349555, 0.320182, 0.330263)^T$ 可作为 A、B、C 三个供应商相对于供货时间（X_1）因素的重要度比较。同样，可对价格、质量、服务等要素判断矩阵进行一致性检验，结果如表 3-35 所示。

表 3-35　各要素判断矩阵一致性检验

	λ_{max}	CI	RI	CR
供货时间	3	0	0.58	0
价格	3	0	0.58	0
质量	3	0	0.58	0
服务	3	0	0.58	0
准则层对目标层	4	0	0.89	0

计算表明，价格、质量、服务等要素以及准则层对目标层的判断矩阵均通过

了一致性检验。

第七步,综合计算结果,对方案排序优选。

(1) 在不考虑供货时间(天)、价格、质量、服务等优先顺序的情况下,记 S_A、S_B、S_C 为三个供应商相对于选择一个满意供应商总目标的得分,则:

$$\begin{bmatrix} S_A \\ S_B \\ S_C \end{bmatrix} = \begin{bmatrix} 0.349555 & 0.394817 & 0.383586 & 0.27377 \\ 0.320182 & 0.414357 & 0.232828 & 0.282026 \\ 0.330263 & 0.190826 & 0.383586 & 0.444204 \end{bmatrix} \times \begin{bmatrix} 0.08053 \\ 0.87865 \\ 0.023247 \\ 0.017573 \end{bmatrix} = \begin{bmatrix} 0.38878381 \\ 0.40022763 \\ 0.21098856 \end{bmatrix}$$

(2) 在考虑上述 4 个因素有优先顺序依次为质量、供货时间、服务和价格的情况下,假设其权重分别为 4、3、2、1,并记 S_A、S_B、S_C 为三个供应商相对于选择一个满意供应商总目标的得分,则:

$$\begin{bmatrix} S_A \\ S_B \\ S_C \end{bmatrix} = \begin{bmatrix} 0.349555 \times 3 & 0.394817 \times 1 & 0.383586 \times 4 & 0.27377 \times 2 \\ 0.320182 \times 3 & 0.414357 \times 1 & 0.232828 \times 4 & 0.282026 \times 2 \\ 0.330263 \times 3 & 0.190826 \times 1 & 0.383586 \times 4 & 0.444204 \times 2 \end{bmatrix} \times$$

$$\begin{bmatrix} 0.08053 \times 3 \\ 0.87865 \times 1 \\ 0.023247 \times 4 \\ 0.017573 \times 2 \end{bmatrix} = \begin{bmatrix} 0.781416 \\ 0.722382 \\ 0.612158 \end{bmatrix} 作归一化处理,则有:\begin{bmatrix} S_A \\ S_B \\ S_C \end{bmatrix} = \begin{bmatrix} 0.369297 \\ 0.341398 \\ 0.289305 \end{bmatrix}$$

第八步,总检验。

(1) 在不考虑供货时间(天)、价格、质量、服务等优先顺序的情况下,相关检验指标为:

$CI_{部} = 0.08053 \times 0 + 0.87865 \times 0 + 0.02324 \times 0 + 0.017575 \times 0 = 0$

$RI_{部} = 0.08053 \times 0.58 + 0.87865 \times 0.58 + 0.02324 \times 0.58 + 0.017575 \times 0.58 = 0.58$

$CR = \dfrac{0}{0.58} = 0 < 0.1$

计算结果表明,对于该企业来说,在不考虑供货时间(天)、价格、质量、服务等优先顺序的情况下,所选择的三个供应商的优先次序应为:

B 供应商——权数最大,为 0.40022763。

A 供应商——权数其次,为 0.38878381。

C 供应商——权数最小,为 0.21098856。

（2）在考虑上述 4 个因素有优先顺序依次为质量、价格、供货时间和服务的情况下，相关检验指标为：

$CI_{部} = 0.08053 \times 3 \times 0 + 0.87865 \times 1 \times 0 + 0.02324 \times 4 \times 0 + 0.017575 \times 2 \times 0 = 0$

$RI_{部} = 0.08053 \times 3 \times 0.58 + 0.87865 \times 1 \times 0.58 + 0.02324 \times 4 \times 0.58 + 0.017575 \times 2 \times 0.58 = 0.74442$

$CR = \dfrac{0}{0.744442} = 0 < 0.1$

计算结果表明，对于该企业来说，在考虑上述四个因素有优先顺序依次为质量、价格、供货时间和服务的情况下，所选择的三个供应商的优先次序应为：

A 供应商——权数最大，为 0.369297。

B 供应商——权数其次，为 0.341398。

C 供应商——权数最小，为 0.289305。

可见，考虑和不考虑各因素的优先顺序，其排序结果会有所不同。

四、Cov – AHP 的特点和优势

与 AHP 以及其他同类研究相比，Cov – AHP 具有三个方面的优势：第一，变主观确定标度为客观确定标度，使 AHP 应用具有规范性的特征。因此，使用者只需要根据研究需要，在收集了原始数据的基础上，按照一定的程序规范操作，就可以得到相关的结果。第二，变多个计算结果为唯一一个计算结果，使 AHP 应用具有唯一性的特征。对于 Cov – AHP 使用者而言，只要原始数据是唯一的，那么，无论什么人，通过相关计算而获得的各要素判断矩阵也必然是唯一的，由此所得到的最终权重和排序结果也必然是唯一的。第三，变复杂操作为简单操作，使 AHP 应用具有简洁性的特征。AHP 之所以被认为复杂主要在于：一是难以请到业界众多的专家对各要素的重要性进行评判；二是对于众多专家的不一致的意见难以做出取舍。所以，对很多的普通学者和使用者来说，更多的是望法兴叹。但 Cov – AHP 则不然，使用者只需要依据所收集到的原始数据，计算出协方差矩阵，再做些简单的数学变换即可得到判断矩阵以及最终权重和排序结果。显然，这对于大多数运用者来说，就显得较为容易和方便。

总之，由于 Cov – AHP 从根本上克服了 AHP 所固有的"不同的人对各要素重要性的理解不同，其判断也会不一样，从而所计算出的结果和所作的排序也会不同"的弊端，所以，使 Cov – AHP 在实际应用中具有较好的优势和广泛的应用价值。

第四章 系数

第一节 引论

在统计学中,归结系数的用途,通常有三种:其一是作为统计指标数值的表现形式使用。一般认为,统计指标的数值有两种表现形式:①有名数,通常表现为有具体的计量单位,如总量指标的数值——2010年日本名义国内生产总值(GDP)折合美元为5.4万亿美元,而中国的这一数字为5.8万亿美元,至此,中国经济总量首次超过日本而成为世界"第二经济大国";再如相对指标中唯一表现为有名数形式的强度相对指标的数值——2010年中国人均GDP为3800美元,等等。②无名数,它是一种抽象化了的数值。相对指标的数值更多地用这种形式表现,主要有系数、倍数、成数、百分数、千分数等。关于系数,在实际应用中,其数值范围是基数为1且数值不小于0.1又不大于1的数值[小于0.1,可以用百分数表示;大于1,就可以用倍数表示(也有人将大于1小于2的数值用系数表示)]。其二是作为测量某种性质或特征的指标而使用。在这方面,用系数加以冠名的指标还是比较多的,如统计学自身所要研究的离散系数、相关系数、可决系数等,统计学应用所要研究的恩格尔系数、基尼系数、投资弹性系数、消费弹性系数、霍尔系数等。其三是在计算中作为一种数字因子而使用,如回归系数等。

一、系数与倍数、成数、百分数、千分数的区别

尽管系数、倍数、百分数、千分数都是无名数,这是它们的共同点,但毕竟它们之间还是有着各自所独有的表现形式和特定的适用场合,这构成它们之间的

根本区别。

（一）系数

正如前述，系数是基数为 1 且数值不小于 0.1 又不大于 1 的数值。在实际应用中，其数值范围有时要被超过。

（二）倍数

倍数也是基数为 1 的数值。但与系数不同的是其数值范围通常要超过 2，比如甲地区的 GDP 是乙地区 GDP 的 2 倍。

（三）百分数

百分数是基数为 100 的数值，在其数值后要加上%。系数也可用百分数表示，如系数为 0.7，则可表示为 70%；较小的倍数也可用百分数表示，比如甲地区的 GDP 是乙地区 GDP 的 2 倍，则可表示为甲地区的 GDP 是乙地区 GDP 的 200%，但倍数很大，则一般不用百分数表示，比如甲地区的 GDP 是乙地区 GDP 的 10 倍，如表示为甲地区的 GDP 是乙地区 GDP 的 1000%，则显然不够简洁。

（四）千分数

千分数是基数为 1000 的数值，在其数值后要加上‰。当数值为小数点前为 0，小数点后又多于两个 0 时，用千分数表示更为合适。如 2016 年，我国人口自然增长率为 5.86‰，如表示成 0.586% 或系数为 0.00586 都不太妥当。

在实际应用中，要正确使用系数、倍数、成数、百分数、千分数的表现形式，以正确地表达其数值所要表示的含义。

二、几个重要系数的计算

系数的基本表现形式是相对指标，其公式结构为：

$$相对指标 = \frac{分子}{分母} \tag{4-1}$$

而由于分子、分母的表现形式不一样，就会形成不一样的系数，其含义也不一样。其中，有三种系数值得关注。

（一）强度系数

其实质为强度相对指标，如房地产统计中的开发强度系数，它是指房地产开发投资与 GDP 或固定资产投资的比值，该指标反映了房地产开发投资与宏观经济协调发展的总体状况。国内外通常通过其来实现对房地产市场的检测和预警。

该指标的特点在于分子、分母皆为总量指标。

(二) 边际系数

边际系数又称为边际倾向。其实质依然为强度相对指标。但与强度系数不同的是，分子、分母皆为增量指标，如房地产开发边际系数，又称房地产开发边际倾向，是指房地产开发投资增加额与 GDP 或固定资产投资增加额的比值。它反映了 GDP 或固定资产投资增加一个单位导致房地产开发投资增加的数量。

(三) 弹性系数

弹性系数是一定时期内相互联系的两个经济指标增长速度的比率，它是衡量一个经济变量的增长幅度对另一个经济变量增长幅度的依存关系。如房地产开发弹性系数，就是经济增长率与房地产开发投资增长率之比，反映房地产开发投资增长对经济增长的弹性作用，表明房地产开发投资每增长一个百分点能带动经济增长多少个百分点。

所以，归结以上三种系数的计算公式，则分别为：

$$强度系数 = \frac{X}{GDP} \tag{4-2}$$

$$边际系数 = \frac{\Delta X}{\Delta GDP} \tag{4-3}$$

$$弹性系数 = \frac{\Delta GDP}{GDP} \Big/ \frac{\Delta X}{X} \tag{4-4}$$

式中：X 为房地产开发投资额，Δ 为增量。

第二节 平滑系数的定量确定

一、问题的提出

正确运用指数平滑法，关键在于科学地确定其平滑系数（α）。目前，平滑系数的确定通常是根据指数平滑法的创始人布朗所制定的有关规则进行的。布朗认为可参照以下情况确定平滑系数：当时间序列只受不规则变动影响，其发展趋势呈水平形状态时，预测趋势值与 α 的大小无关；当时间序列的波动很大，呈突然上升或突然下降变动时，α 的数值越小越好；当时间序列按相对稳定的发展速度上升或下降，其发展趋势呈斜坡形状态时，α 的数值越大越好，甚至接近于 1；

当时间序列的发展趋势在一定时期内相对稳定，然后上升或下降到一个新水平，呈阶梯形状态时，α的数值也是越大越好；而在不能做出很有把握的判断时，可分别用几个不同的α值加以试算比较，取其拟合误差较小者用之。显然，布朗的上述规则为我们正确地确定平滑系数提供了一定的科学依据和解决问题的方法。事实上，在实践中，我们也这样做了。然而，在实际的应用中，应用此法确定平滑系数仍表现出了某些严重的缺陷：

其一，对于时间序列所呈现出的不同形态，缺乏科学、可靠的判断标准，极易受到主观因素的影响，其结果会使经验、认识水平不同的人，选择不同的平滑系数，从而得出不同的预测结果。例如，在对"时间序列波动很大"的判断上，可能会由于各人在"时间序列的波动很大"的判断上，对于"时间序列的波动范围应是多大，比如是100个单位，还是1000个单位等，才算波动很大"等方面的认识不清楚，理解不一，而难以达成一致的、共同的看法，其结果势必会导致各人所选择的α值有所不同；再如，对"α的数值越小越好"或"α的数值越大越好"的判断，也会由于人们对于"小到何种程度"或"大到何种程度"才算"好"的认识不一，而难以形成统一的判断标准。

其二，即使分别用了几个不同的α值加以试算比较，选择了其拟合误差最小者作为平滑系数，也不能说明所选择的α值就是最好的，就是符合实际情况而已。这是因为，这个α并不是根据时间序列的数据计算得到的，而是建立在人的主观判断上的，缺乏客观性。如此，人们也就有理由对其所预测结果的科学性和准确性表示怀疑。

那么，能否根据时间序列所提供的数据，运用概率论的理论和方法，科学地确定出平滑系数呢？回答是肯定的。

二、研究思路和计算方法

确定平滑系数的基本思路是，首先确定出时间序列的研究对象，如销售量、产值等，也就是随机变量的概率分布，同时考察随机变量的取值状况，然后，运用现代概率论的理论和方法，最终确定出概率，即平滑系数。因为从其实质来说，就是反映随机变量取某一预测趋势值或某一范围内的预测趋势值可能性大小的数值，即概率。

计算方法如下：

首先，讨论时间序列随机变量的概率分布。设时间序列随机变量为 Y，其取

值为 Y_i, $i = 1, 2, \cdots, t, t+1$。由于绝大多数的时间序列随机变量往往可以表示成大量独立随机变量的总和,且总和中的每一个单独的随机变量又不起主要作用,如产品产量,可看成是大量的单独生产工人的产品产量的总和,因此,根据李雅普诺夫中心极限定理,可以认为时间序列随机变量近似地服从正态分布,即 $Y \sim N(\mu, \sigma^2)$。

其次,讨论时间序列随机变量的取值情况。与其他随机变量不同的是,对于时间序列随机变量来说,其取值表现为两种状态,一是实际观察值,表现为 Y_1, $Y_2, \cdots, Y_t$;二是预测趋势值,表现为 $\hat{Y}_{t+1}$,显然,就所要研究的问题而言,我们还是更为关心预测趋势值的取值情况。那么,其取值情况到底怎样呢?这可以从指数平滑法预测的基本公式来观察。指数平滑法预测的基本公式为:

$$\hat{Y}_{t+1} = \alpha Y_t + (1-\alpha) \hat{Y}_t \tag{4-5}$$

其中:α 为平滑系数,$0 \leq \alpha \leq 1$;Y_t 为第 t 期观察值;$\hat{Y}_t$ 为第 t 期观察值,$\hat{Y}_{t+1}$ 为第 $t+1$ 期观察值。

从以上基本公式可以看出指数平滑法的递推性质,它可以从观察值资料的第 1 期开始,不断地进行下去,直到推出所需要的预测值为止。即:

$$\begin{aligned}\hat{Y}_{t+1} &= \alpha Y_t + (1-\alpha)\hat{Y}_t = \alpha Y_t + [\alpha(1-\alpha)Y_{t-1} + (1-\alpha)(1-\alpha)\hat{Y}_{t-1}] \\ &= \alpha Y_t + \alpha(1-\alpha)Y_{t-1} + (1-\alpha)^2 Y_{t-2} + \alpha(1-\alpha)^3 Y_{t-3} + \cdots + \alpha \\ & \quad (1-\alpha)^{t-1} Y_1 + (1-\alpha)^t Y_1\end{aligned} \tag{4-6}$$

所以,当 $\alpha = 1$ 时,$\hat{Y}_{t+1} = Y_t$;当 $\alpha = 0$ 时,$\hat{Y}_{t+1} = Y_1$。换句话说,$\hat{Y}_{t+1}$ 的取值在 Y_t 与 Y_1 之间,或 $Y_t \leq \hat{Y}_{t+1} \leq Y_1$。

很明显,我们不只是要研究时间序列随机变量可能取哪些值,更重要的是要研究它以多大的概率取这些值或某一范围内的值。因此,将随机变量的取值与所对应的概率相联系,用概率表示,则有:

$$P(Y_1 \leq \hat{Y}_{t+1} \leq Y_t) = \alpha \text{ 或 } P(Y_t \leq \hat{Y}_{t+1} \leq Y_1) = \alpha \tag{4-7}$$

最后,讨论 α 计算方法。由前面讨论知,$Y \sim N(\mu, \sigma^2)$,则根据正态分布的性质,必有:$\dfrac{\hat{Y}_{t+1} - \mu}{\sigma^2} \sim N(0, 1)$。为此,可按照标准正态分布概率的计算方法,求出概率 α,即:

$$P\left(\frac{Y_1 - \mu}{\sigma} \leq \frac{\hat{Y}_{t+1} - \mu}{\sigma} \leq \frac{Y_t - \mu}{\sigma}\right) = \Phi\left(\frac{Y_t - \mu}{\sigma}\right) - \Phi\left(\frac{Y_1 - \mu}{\sigma}\right) = \alpha$$

或 $P(Y_t \leqslant \hat{Y}_{t+1} \leqslant Y_1) = P\left(\dfrac{Y_t - \mu}{\sigma} \leqslant \dfrac{\hat{Y}_{t+1} - \mu}{\sigma} \leqslant \dfrac{Y_1 - \mu}{\sigma}\right)$

$$= \Phi\left(\dfrac{Y_1 - \mu}{\sigma}\right) - \Phi\left(\dfrac{Y_t - \mu}{\sigma}\right) = \alpha \tag{4-8}$$

对于上式 $\Phi\left(\dfrac{Y_1 - \mu}{\sigma}\right)$、$\Phi\left(\dfrac{Y_t - \mu}{\sigma}\right)$ 的值,可查正态分布表求得,从而最终求得 α,也就是平滑系数。

以上就是我们所给出的用概率论的理论和方法确定指数平滑法中指平滑系数(α)的计算公式和方法。有必要指出的是,虽然已知随机变量总体 Y 服从正态分布 $N(\mu, \sigma^2)$,但参数 μ 和 σ^2 却是未知的,这样就需要根据样本对其做出估计。设 $Y \sim N(\mu, \sigma^2)$,$Y_1, Y_2, \cdots, Y_t$ 是来自随机样本,则由数理统计可知,μ 和 σ^2 的估计量分别为 $\overline{Y} = \dfrac{1}{t} \sum\limits_{i=1}^{t} Y_i$、$S_2 = \dfrac{1}{t-1} \sum\limits_{i=1}^{t} (Y_i - \overline{Y})^2$。因此,只要我们掌握了时间序列的有关资料,就能够计算出样本均值和样本方差,并以此为基础,运用所给出的计算方式,计算出平滑系数(α),进而应用指数平滑法进行预测了。

三、应用举例

某地区第 1 年至第 9 年的粮食产量资料如表 4-1 所示。

表 4-1 某地区第 1 年至第 9 年的粮食产量表　　　　单位：万吨

年份	1	2	3	4	5	6	7	8	9
粮食产量	52.4	67.9	79.3	89.8	91.6	100.3	112.1	118	123

经计算：

$\overline{Y} = \dfrac{1}{t} \sum\limits_{i=1}^{t} Y_i = 92.71$,$S_2 = \dfrac{1}{t-1} \sum\limits_{i=1}^{t} (Y_i - \overline{Y})^2 = 491.18$,即 $\mu = 92.71$,$\sigma = 22.16$

取初始值 $Y_1 = 52.4$,而 $Y_t = 123$,所以：$P(Y_t \leqslant \hat{Y}_{t+1} \leqslant Y_1) = P(52.4 \leqslant \hat{Y}_{t+1} \leqslant 123) = P\left(\dfrac{52.4 - 92.71}{22.16} \leqslant \dfrac{\hat{Y}_{t+1} - 92.71}{22.16} \leqslant \dfrac{123 - 92.71}{22.16}\right) = \Phi(1.37) - \Phi(-1.82) = \Phi(1.37) + \Phi(1.82) - 1 = \alpha$

查正态分布表：$\Phi(1.37) = 0.91466$,$\Phi(1.82) = 0.96485$

因此：$\alpha = 0.91466 + 0.96485 - 1 = 0.87951$

最后，取整数得：α＝0.9，从而最终得到平滑系数（α）为0.9。

对运用上述方法取得的平滑系数（α）的效果状况，我们可以通过估计标准误差来判断。分别取α＝0.8、α＝0.1、α＝0.3、α＝0.5，则依据这些平滑系数并运用指数平滑法所得的趋势预测值如表4－2第2、第4、第6、第8列所示。α＝0.9时的趋势预测值如表4－2第10列所示。而第3、第5、第7、第9、第11列则分别为各平滑系数的实际值与趋势预测值的离差平方和。

表4－2　估计标准误差计算表

年份t	粮食产量Y_t	α＝0.8		α＝0.1		α＝0.3		α＝0.5		α＝0.9	
		$\hat{Y}_t$	$(Y_t-\hat{Y}_t)^2$	$\hat{Y}_t$	$(Y_t-\hat{Y}_t)^2$	$\hat{Y}_t$	$(Y_t-\hat{Y}_t)^2$	$\hat{Y}_t$	$(Y_t-\hat{Y}_t)^2$	$\hat{Y}_t$	$(Y_t-\hat{Y}_t)^2$
甲	(1)	(2)	(3)	(4)	(5)	(6)	(7)	(8)	(9)	(10)	(11)
1	52.4										
2	67.90	52.40	240.25	52.40	240.25	52.40	240.25	52.40	240.25	52.40	240.25
3	79.30	64.80	210.25	53，95	642.62	57.05	495.06	60.15	366.72	66.35	167.70
4	89.80	76.40	179.56	56.49	1109.89	63.73	679.91	69.73	403.01	78.01	139.12
5	91.06	87.12	20.07	59.82	1010.19	71.55	402.10	79.76	140.13	88.62	8.88
6	100.30	90.70	92.08	62.99	1391.67	77.56	516.96	85.68	213.71	91.3	80.96
7	112.10	98.38	188.22	66.73	2058.86	84.38	768.16	92.99	365.17	99.40	161.28
8	118	109.36	74.72	71.26	2184.36	92.70	640.14	102.55	238.85	110.83	51.46
9	123	116.27	45.28	75.94	2214.97	100.29	515.78	110.27	161.99	117.28	32.68
Σ			1050.42		10852.82		4258.36		2129.81		882.29
S_Y			11.46		36.83		23.07		16.32		10.50

由表4－2最后一行S_Y看到，当α＝0.9时的估计标准误差最小。因此，我们可以选择α取0.9来进行该地区粮食产量的预测。同时，该结果也从另一方面证明了运用概率方法求平滑系数具有较好的客观性、科学性和有效性。

第三节　非负回归系数

一、引言

在许多的实际问题中，必须要求线性回归系数为非负，否则没有实际意义。

例如，在方开泰等（1982，1985）研究的配方问题中就是如此。在配方问题中，每个成分的线性回归系数相当于它在总配方中的比例，若线性回归系数为负就失去了物理意义。而事实上，在用线性回归模型反映实际经济问题时，我们也会常常遇到类似情况，就是线性回归模型的回归系数从经济意义上进行阐释，应为正数，但根据最小二乘法所确定出的线性回归模型的某一个或某几个回归系数却偏偏为负数，从而出现了其计算结果与经济分析相互矛盾的情形。对此种情况，通常的做法就是运用一定的方法将该变量从回归模型中消除。如果说，对于不太重要的变量，这样做还没有多大影响的话，那么对于一些非常重要的变量，这样做就可能会产生一些消极的影响，如回归模型失真等。那么，能否在遵守一定规则的前提下，通过某种科学的方法使负的回归系数转变为正的回归系数呢？这就是有关非负系数线性回归模型的构建问题。显然，我们有必要对这一问题进行研究，这将有助于人们更好地利用线性回归模型对实际物理问题和实际经济问题作出合理的阐述和解释。

对非负系数的线性回归模型的构建问题，Waterman 在 1974 年曾进行过讨论，他建议用一切可能回归的办法来求最小二乘估计。我国学者方开泰、王东谦、吴国富（1982）也对这一问题展开过研究，提出了立足于矩阵的消去变换方法。而后方开泰、贺曙东（1985）又对这一方法做了进一步的改进，使这一方法的应用更具有一般性。但也应该看到，这些方法在实际应用上还存在着一定的缺陷，最大的缺陷就是它们的计算过程还相当复杂，而这对于很多人来说，无疑是一道难以逾越的障碍。我们试图给出另一种解决方案，该方案对于熟悉统计学和稍有数学基础的人是容易接受和掌握的。

二、研究思路和方法

设原线性回归模型为：

$$\hat{Y}^* = b_0^* + b_1^* X_1 + b_2^* X_2 + \cdots + b_n^* X_n \tag{4-9}$$

对于上述线性回归模型来说，如果根据最小二乘法所求出的 b_1^*，b_2^*，…，b_n^* 能在经济意义上解释得通，则意味着上述模型符合要求，直接应用即可。而事实上，在许多实际的线性回归模型中，当某一个或者几个变量的回归系数表现为负数时，往往表现出与实际经济意义的解释并不相符的情形。换句话说，只有表现为非负时，才具有经济意义上的合理性。如果出现这种情况，则意味着该模型不符合非负系数线性回归模型的要求。此时，一个简单而自然的想法就是根据某些规则通过一些变换,将负的回归系数(注意:并不是所有的负的回归系数,而只是那部分不具有经济意义上的合理性的负的回归系数)转变为非负的回归系数。有关变换规则及过程如下:

(1) 将 $\hat{Y}^* = b_0^* + b_1^* X_1 + b_2^* X_2 + \cdots + b_n^* X_n$ 划分为三部分:① b_0^* 部分;② 不具有经济意义上合理性的负的回归系数部分,为简便计算,定义为 $+ b_1^* X_1 + b_2^* X_2 + \cdots + b_m^* X_m$,简计为 $\sum b_i^* X_i, i = 1, 2, \cdots, m$;③ 具有经济意义上合理性的回归系数部分,为简便计算,定义为:

$$b_{m+1}^* X_{m+1} + b_{m+2}^* X_{m+2} + \cdots + b_n^* X_n,$$

简记为 $\sum b_j^* X_j, j = m + 1, m + 2, \cdots, n$。于是,式(4-9)可表现为:

$$\hat{Y}^* = b_0^* + \sum b_i^* X_i + \sum b_j^* X_j \qquad (4-10)$$

(2) 对不具有经济意义上合理性的负的回归系数,即 b_i^* 乘以一个负的调整系数,使之变换为非负系数。设非负系数为 b_i,负的系数为 b_i^*,负的调整系数为 p_1,则:

$$b_i = p_1 b_i^*, \ i = 1, 2, \cdots, m \qquad (4-11)$$

(3) 由于 b_i^* 变换为 b_i,则必然引起具有经济意义上合理性的回归系数,即 b_j^* 的变动。设变动后的正的回归系数为 b_j,变动前的正的回归系数为 b_j^*,正的回归系数调整系数为 p_2,则:

$$b_j = p_2 b_j^*, \ j = m + 1, m + 2, \cdots, n \qquad (4-12)$$

(4) 同样,由于 b_i^* 变换为 b_i, b_j^* 变换为 b_j,也必然会引起截距项的变动。设变动后的截距项为 b_0,变动前的截距项为 b_0^*。

(5) 为保证 p_1 为负,p_2 为正,令 $\frac{p_1}{p_2} = -1$,即:

$$p_1 = -p_2 \qquad (4-13)$$

式(4-13)的意义在于对 $\sum b_i^* X_i$ 和 $\sum b_j^* X_j$ 部分做同幅度变动处理。

(6) 不管回归系数如何变化,总的要求变化后的剩余变差与变化前的剩余变差相等,即:

$$\sum (Y - \hat{Y})^2 = \sum (Y - \hat{Y}^*)^2 = \sum e^2 \qquad (4-14)$$

于是,非负数线性回归模型为:

$$\begin{cases} \hat{Y} = b_0 + \sum b_i X_i + \sum b_j X_j \\ b_i = p_1 b_i^* \quad i = 1, 2, \cdots, m \\ b_j = p_2 b_j^* \quad j = m+1, \cdots, n \\ b \geq 0 \end{cases} \quad (4-15)$$

用最小二乘法,则要求:

$$\min(Q) = \sum (Y - b_0 - \sum b_i X_i - \sum b_j X_j)^2 \quad (4-16)$$

于是,式(4-16)就可变换为下列模型:

$$\begin{cases} \min(Q) = \sum (Y - b_0 - \sum b_i X_i - \sum b_j X_j)^2 \\ b_i - p_1 b_i^* = 0 \quad i = 1, 2, \cdots, m \\ b_j - p_2 b_j^* = 0 \quad j = m+1, \cdots, n \\ b \geq 0 \end{cases} \quad (4-17)$$

式(4-17)的含义是在式(4-11)、式(4-12)条件下求式(4-16)的最小值。显然,对于式(4-17)可以用拉格朗日乘数求条件极值的方法求出该模型的解。

构成函数:

$$\min(Q) = \sum (Y - b_0 - \sum b_i X_i - \sum b_j X_j)^2 + \sum \lambda_i (b_i - p_1 b_i^*) + \sum \lambda_j (b_j - p_2 b_j^*) \quad (4-18)$$

求其对 b_0、b_i、b_j 的偏导数,并使之为零,得到:

$$\frac{\partial Q}{\partial b_0} = (-2) \sum (Y - b_0 - \sum b_i X_i - \sum b_j X_j) = 0$$

$$\frac{\partial Q}{\partial b_i} = (-2) \sum (Y - b_0 - \sum b_i X_i - \sum b_j X_j)(X_i) + \lambda_i = 0$$

$$\frac{\partial Q}{\partial b_j} = (-2) \sum (Y - b_0 - \sum b_i X_i - \sum b_j X_j)(X_j) + \lambda_j = 0 \quad (4-19)$$

分别对上述各式进行整理得:

$$\sum Y - n b_0 - \sum (b_i \sum X_i) - \sum (b_j \sum X_j) = 0 \quad (4-20)$$

$$\sum X_i Y - b_0 \sum X_i - \sum (b_i \sum X_i X_{i+1}) - \sum (b_j \sum X_i X_j) - \frac{\lambda_i}{2} = 0 \quad (4-21)$$

$$\sum X_i Y - b_0 \sum X_i - \sum (b_i \sum X_i X_j) - \sum (b_j \sum X_j X_{j+e}) - \frac{\lambda_j}{2} = 0 \quad (4-22)$$

式 (4-21) 和式 (4-22) 中，$l = 0, 1, 2, \cdots$；$e = 0, 1, 2, \cdots, n-1$。显然，要求出 b_0、b_i、b_j 的值，关键在于求出 p_1、p_2。

由式 (4-14) $\sum(Y - \hat{Y})^2 = \sum e^2$，即：

$$\sum Y_2 - b_0 \sum Y - \sum(b_i \sum X_i Y) - \sum(b_j \sum X_j Y) = \sum e_2 \quad (4-23)$$

将式 (4-11) 和式 (4-24) 代入上式得：

$$\sum e^2 = \sum Y^2 - b_0 \sum Y - p_1 \sum(b_i^* \sum X_i Y) - p_2 \sum(b_j^* \sum X_j Y) \quad (4-24)$$

将式 (4-13) 代入式 (4-24)，并进一步整理，则有：

$$\sum e^2 = \sum Y^2 - b_0 \sum Y - p_1 [\sum(b_i^* \sum X_i Y) - \sum(b_j^* \sum X_j Y)] \quad (4-25)$$

解式 (4-25) 得：

$$b_0 = \frac{\sum Y^2 - \sum e^2 - p_1 [\sum b_i^* \sum X_i Y) - \sum(b_j^* \sum X_j Y)]}{\sum Y} \quad (4-26)$$

将式 (4-11)、式 (4-12) 和式 (4-26) 代入式 (4-20) 得：

$$\sum Y - n \cdot \frac{\sum Y^2 - \sum e^2 - p_1[\sum b_i^* \sum X_i Y) - \sum(b_j^* \sum X_j Y)]}{\sum Y} -$$

$$p_1 [\sum(b_i^* \sum X_i) - \sum(b_j^* \sum X_j)] = 0 \quad (4-27)$$

移项并整理得：

$$n(\sum Y^2 - \sum e^2) - (\sum Y)^2$$
$$= p_{1n}[\sum(b_i^* \sum X_i Y) - \sum(b_j^* \sum X_j Y) - p_1[\sum(b_i^* \sum Y \sum X_i) - \sum(b_j^* \sum Y \sum X_j)] \quad (4-28)$$

进一步整理得：

$$n(\sum Y^2 - \sum e^2) - (\sum Y)^2$$
$$= p_{1n}\{[\sum b_i^*(n \sum X_i Y) - \sum Y \sum X_i)][\sum b_j^*(n \sum X_j Y) - \sum Y \sum X_j)]\} \quad (4-29)$$

所以：

$$p_1 = \frac{n(\sum Y^2 - \sum e^2) - (\sum Y)^2}{\{[\sum b_i^*(n \sum X_i Y - \sum Y \sum X_i)] - [\sum b_j^*(n \sum X_j Y - \sum Y \sum X_j)]\}} \quad (4-30)$$

相应地：

$$p_2 = \frac{n(\sum Y^2 - \sum e^2) - (\sum Y)^2}{\{[\sum b_i^*(n\sum X_i Y - \sum Y \sum X_i)] - [\sum b_j^*(n\sum X_j Y - \sum Y \sum X_j)]\}}$$

(4-31)

将 p_1、p_2 代入式（4-11）、式（4-12），即可求得 b_i、b_j；将 b_i、b_j 代入相应的方程，即可求得 λ_i、λ_j。

最后，将 p_1、p_2、b_i、b_j 再代入式（4-20），求得 b_0。

三、非负线性回归模型的检验

(1) 非负数线性回归模型的多重判定系数 R^2 和调整后的多重判定系数 $\bar{R}^2$。无论是非负线性回归模型，还是原线性回归模型，其总变差（TSS）都是不变的，即都等于 $\sum (Y - \bar{Y})^2$，而我们又假定两者的剩余变差（BSS）也是不变的，因而其有解释的变差（ESS）也是不变的。由此决定，两者的多重判定系数 R^2 和调整后的多重判定系数 $\bar{R}^2$ 也必定相等。

(2) F 检验。同理，非负线性回归模型与原线性回归模型的 F 统计量也必定相等。

(3) 对非负线性回归模型的单个回归系数的显著性检验（t 检验）。由于 $b_i = p_1 b_i^*$，$b_j = p_2 b_j^*$，所以：

$$Var(b_i) = Var(p_1 b_i^*) = p_1^2 Var(b_i^*) \qquad (4-32)$$

计算 t 统计量：

$$|t| = \left|\frac{b_i}{\sqrt{Var(b_i)}}\right| = \left|\frac{p_1 b_i^*}{\sqrt{p_1^2 Var(b_i^*)}}\right| = \left|\frac{b_i^*}{\sqrt{Var(b_i^*)}}\right| \qquad (4-33)$$

可见，非负系数回归模型的单个回归系数（b_i）的 t 统计量与原线性回归模型的单个回归系数（b_i^*）的 t 统计量也是相等的。同理，（b_j）与（b_j^*）的 t 统计量也是相等的。

综上所述，尽管非负线性回归模型与原模型有所不同，但原模型的各种显著性检验的结果同样对非负线性回归模型有效。

四、实例应用

实例详细数据如表 4-3 所示。

表4-3 原始数据表

年份	Y	X_1	X_2	X_3	X_4	X_5
1	231	3010	1888	81491	14.89	180.92
2	298	3350	21958	86389	16.0	420.39
3	343	3688	2531	92204	19.53	570.25
4	401	3941	2799	95300	21.82	776.71
5	445	4258	3054	99922	23.27	792.43
6	391	4736	3358	106044	22.91	947.7
7	554	5652	3905	110353	26.02	1285.22
8	744	7020	4879	112110	27.72	1783.3
9	997	7859	5552	108579	32.43	2281.95
10	1310	9313	6386	112429	38.91	22690.23
11	1442	11738	8038	122645	37.38	3169.48
12	1283	13176	9005	113807	47.19	2450.14
13	1660	14384	9663	95712	50.68	2749.52
14	2178	16557	10969	95081	55.91	3335.65
15	2886	20223	12985	99693	83.66	3311.5
16	3383	24882	15949	105458	96.08	4152.7

资料来源：何晓群、刘文卿编著：《应用回归分析》，中国人民大学出版社2001年版。

表4-3中，Y表示民航客运量（万人），X_1表示国民收入（亿元），X_2表示消费额（亿元），X_3表示铁路客运量（万人），X_4表示民航航线里程（万千米），X_5表示来华旅游入境人数（万人）。以Y为因变量，X_1、X_2、X_3、X_4、X_5为自变量，运用SPSS软件，对上述原始数据做回归分析，有关输出结果如表4-4、表4-5所示。

表4-4 Model Summary

Model	R	R Square	Adjusted R Square	Std. Error of the Estimate
1	0.999	0.998	0.997	49.4924

注：A Predictors：(Constant)，X_5，X_4，X_3，X_2，X_1。

表 4-5 ANOVA

Model		Sum of Square	df	Mean Square	F	Sig
1	Redression	13818876.769	5	2763775.354	1128.303	0.000
	Residual	24494.981	10	2449.48		
	Total	13843371.5	15			

注：A Predictors：(Constant)，X_5，X_4，X_3，X_2，X_1，B Dependent Variable：Y。

由表 4-6 可见，X_2 的回归系数是负的，为 -0.561，X_2 是消费额，负的回归系数显然是不合理的。但 X_3 的回归系数 -0.007258 却是合理的，X_3 是铁路客运量，一般认为铁路客运量和民航客运量之间应呈负相关关系。那么，又该如何保持 X_2 的回归系数的合理性呢？显然，我们可以采用构建非负系数的线性回归模型的方法对此进行一定的技术处理。

表 4-6 Coefficients

	Unstandardized Coefficients		Standardized Coefficients	t	Sig
	B	Std. Error	Beta		
(Constant)	450.909	178.078		2.532	0.030
X_1	0.354	0.085	2.447	4.152	0.002
X_2	-0.561	0.125	-2.485	-4.478	0.001
X_3	-7.254e-03	0.002	-0.083	-3.510	0.006
X_4	21.578	4.030	0.531	5.354	0.000
X_5	0.435		0.564	8.440	0.000

根据表 4-3，可计算出如下数据：

$\sum Y = 18546$ $\overline{Y} = 1159.125$

$\sum X_1 = 153787$ $\overline{X_1} = 9611.6875$

$\sum X_2 = 103156$ $\overline{X_2} = 6447.25$

$\sum X_3 = 1637217$ $\overline{X_3} = 102326.0625$

$\sum X_4 = 614.4$ $\overline{X_4} = 38.4$

$\sum X_5 = 1930.923125$ $\overline{X_5} = 120.6826953$

$$\sum Y^2 = 35340504 \quad \sum X_1Y = 272984036$$

$$\sum X_2Y = 179952578 \quad \sum X_3Y = 1.934E+09$$

$$\sum X_4Y = 1048142 \quad \sum X_5Y = 52378630$$

$$\sum e^2 = 24494.981$$

将上述数据代入 p_1、p_2 的计算公式得：

$p_1 = -0.143637018$，$p_2 = 0.143637018$

再代入式（4-20）和式（4-11）及式（4-12）得：

$b_0 = 130.8745791$，

$b_1 = 0.0508475$，

$b_2 = 0.0805804$，

$b_3 = -0.001041$，

$b_4 = 3.0993996$，

$b_5 = 0.0624821$

最后求得新构建非负系数的回归模型为：

$$Y = 130.87 + 0.051X_1 + 0.081X_2 - 0.001X_3 + 3.099X_4 + 0.062X_5 \quad (4-34)$$

正如前述，原回归模型的所有检验数均对新回归模型有效。同时，新回归模型的剩余变差为：

$$\sum Y^2 - b_0\sum Y - b_1\sum X_1Y - b_2\sum X_2Y - b_3\sum X_3Y - b_4\sum X_4Y - b_5\sum X_5Y$$
$$= 35340504 - 130.87 \times 18564 - 0.051 \times 272984036 - 0.081 \times 179952578 + 0.001$$
$$\times 1.934E+9 - 3.099 \times 1048142 - 0.062 \times 52378630 = 24494.981$$

新回归模型的剩余变差与原回归模型的剩余变差相等。

总之，与原回归模型相比，新构建的非负系数的回归模型中的 X_2 的回归系数为正，其经济意义和现实意义也显得更为合理。而且在计算方法上，也较之方开泰等所提出的方法更为简单和更容易操作，因而具有一定的应用价值。

第四节 工业产品质量综合系数

工业产品质量综合系数是用以评定工业产品质量状况的重要指标。当有些工业产品的质量用一个主要技术经济参数不能说明其高低时,往往需要用几个技术经济参数来综合评定,其方法则是计算工业产品质量综合系数。

工业产品质量综合系数是关于若干质量系数的算术平均数。考虑到实际运用中的具体问题,往往用简单平均法计算,有关公式如下:

$$工业产品质量综合系数 = \frac{\sum 某产品某项质量系数}{项数} \tag{4-35}$$

而:$$工业产品质量系数 = \frac{产品某项技术经济参数的实际值}{产品某一技术经济参数的标准值} \tag{4-36}$$

然而,在实际应用中,按此公式计算,却表现出一个明显的缺陷,即其计算结果与新评定的产品质量类别并不完全一致,其情形常常是,按工业产品质量综合系数值来评定,却是不合格,从而形成了工业产品质量评定过程中的双重标准,即不利于科学、准确地评定工业产品的质量状况,更不利于工业产品质量的提高。从下例便可看出这一点。

例1:某一轻系统所属三个灯泡厂,有关产量及质量资料如表4-7所示。

表4-7 有关产量及质量资料

所属质量	产量（万支）	使用期限（小时）		光能输入率（光源/瓦特）	
		实际值	质量系数	实际值	系列系数
一厂	10	450	0.90	22	1.10
二厂	13	500	1.00	20	1.00
三厂	20	550	1.10	18	0.90

白炽灯泡国家质量标准,使用期限为500小时,光能输出率为20光源/瓦特。依据上述公式,于是有:

一厂:$$灯泡质量综合系数 = \frac{0.90 + 1.10}{2} = 1.00$$

二厂:$$灯泡质量综合系数 = \frac{1.00 + 1.00}{2} = 1.00$$

三厂:$$灯泡质量综合系数 = \frac{1.10 + 0.90}{2} = 1.00$$

一轻系统:$$灯泡质量综合系数 = \frac{1.00 + 1.00 + 1.00}{3} = 1.00$$

由上述计算结果,我们似乎可以得出下列两个结论:

(1) 三个企业生产的白炽灯泡的综合质量一样,且均达到了国家标准要求,应都视为合格产品。

(2) 总的来说,一轻系统也达到了国家标准的要求。

事实果真如此吗?只要我们仔细分析一下,便可发现上述两个结论是难以成立的:

首先,就三个企业来说,尽管其质量综合系数都为1.00,但三个企业生产的白炽灯泡的质量状况却存在着较大的差异;二厂灯泡的两项技术经济参数均符合国家质量标准要求,而一厂和三厂的灯泡却各有一项技术经济参数未达到国家质量标准要求。根据合格品和不合格品的概念来判定,二厂的灯泡是合格品,而一厂和三厂的灯泡却都是不合格品。合格品、不合格品,可谓是天壤之别,自然也就无法得到"三个企业生产的白炽灯泡的综合质量一样"的结论了。

其次,就一轻系统而言,正如上面所分析的那样,三个企业中只有二厂的产品是合格品,占一轻系统产品产量的30.2%,而一厂和三厂的产品均为不合格品,其比重为69.8%。既然如此,又如何得出"总的来说,也达到了国家质量标准要求"这一结论呢?显然是不可能的。

那么,造成这种结果的症结又在哪里呢?我们认为主要有以下两点:

(1) 忽视了产品质量特征性之间"不可替代"这一重要特征。产品质量有多方面的特性,不仅有内在的质量特性,而且有外观的质量特征。但各特性之间却是不可替代的。例如,灯泡既不能以高的光源输出率来替代低的使用期限,而延长其使用期限,也不能以超过质量标准的使用期限来替代未达质量标准的光源输出率,而增强其光源输出率。然而上述计算恰恰忽视了"不可替代"这一特征的存在,其结果只能是"差之千里"了。

(2) 忽视了统计研究的"具体性"这一重要特征。统计研究事物的数量特征,必须与事物的质密切结合,研究在一定质的规定下具体的而不是抽象的数量表现。工业产品质量统计也不例外,必须根据工业产品质量的质的规定性,确定工业产品质量的研究内容和方法,科学地、准确地反映工业产品质量的状况。因此,在具体计算工业产品质量综合系数时,就必须充分地关注产品质量特性之间的"不可替代"这一具体特征,并以此为出发点。相反,忽视了统计研究的"具体性",忽视了工业产品质量研究的"具体性",导致的只能是数学意义上的平均,而不是统计意义上的平均。应该说,上述计算正是犯了这一错误。所以,产生其计算结果与所评定的质量类别不完全一致这样的事情也就不足为怪了。

那么，又该如何解决这一问题呢？我们认为，可采取"不抵补原则"来进行，要点有两个：①未达到质量标准要求的，其产品的某项质量系数按实际值；②超过质量标准要求的，其超过部分不能计入，即不能以超标准部分补其不足。很显然"不抵补原则"符合产品质量特征之间"不可替代"这一重要特征的基本要求。这样，有关工业产品质量综合系数新的计算公式为：

$$\frac{\text{工业产品质量}}{\text{综合系数}} = \frac{\sum \text{某产品某项质量系数(超标准部分不计)}}{\text{项数}} \quad (4-37)$$

仍以上例为例，按新公式计算，其结果如表4-8所示。

表4-8　按新公式计算结果

所属产业	产量（万支）	使用期限（小时）		光能输入率（光源/瓦特）		工业产品质量综合系数
		实际值	质量系数	实际值	质量系数	
一厂	10	450	0.90	22	1.10	0.95
二厂	13	500	1.00	20	1.00	1.00
三厂	20	550	1.10	18	0.90	0.95
一轻系统	43	—	—	—	—	0.967

显然，在这里，上述所揭示的"不完全一致性"消失了，所表现出的是两者的统一。因而能够更准确地反映出产品的质量状况，有利于工业产品质量的提高。

第五节　长期计划检查方法（水平法）

用水平法检查长期计划完成情况时，长期计划完成程度相对指标的计算公式为：

$$\text{长期计划完成程度相对指标}(\%) = \frac{\text{长期计划期末实际完成数}}{\text{长期计划期末计划完成数}} \times 100\% \quad (4-38)$$

通过该指标可以说明长期计划的完成情况。与此同时，对于超额完成或刚好完成长期计划的情况，还要计算计划提前完成时间，其计算公式为：

计划提前完成时间＝连续一年长期计划的实际完成数与长期计划期末计划完成数相等时以后所余下的时间　　　　　　　　　　　　　　　　　　　　（4－39）

长期以来，人们总是运用上述方法以检查长期计划完成情况和计算计划提前完成时间。

然而，在实际应用中，当我们运用上述方法时，却出现了长期计划完成程度相对指标与计划提前完成时间指标这两者的结果相互矛盾的情形。

从理论上讲，上述两指标所表现出的结果应是一致的，也就是说，只有超额完成计划或刚好完成计划的，才有计划提前完成时间可言，而没有完成计划的，其计划提前完成时间也就无从谈起。但实际的情况却是，长期计划没有完成，却能够计算出计划提前完成时间指标。有下例为证：

例2：甲企业"十二五"计划规定在2015年末时，A产品的产量应达到10000件，实际完成情况如表4－9所示。

表4－9　"九五"期间A产品产量各年实际完成情况表　　　　　　单位：件

年份	2011	2012	2013	2014				2015			
				1	2	3	4	1	2	3	4
产量	8000	8500	9000	2200	2300	2400	2500	2500	2500	2500	2400

依据上述资料，甲企业A产品产量"十二五"计划完成程度相对指标（％）为：

（2500＋2500＋2500＋2400）/10000×100％＝99％

其指标值表明，A产品产量未完成"十二五"计划。然而，仔细观察便可发现，自2014年第四季度起至2015年第三季度止的连续一年的时间内，该企业A产品产量的实际完成数为（2500＋2500＋2500＋2500）＝10000（件），正好与其2015年末的计划完成数相等，按照计划提前完成时间指标计算方法之规定，则A产品产量的计划提前完成时间应为一个季度，也就是说，A产品于2015年第三季度末提前一个季度完成了"十二五"规定的产量计划。比较长期计划完成程度相对指标和计划提前完成时间指标这两者的结果，前者显示的是未完成计划，后者表明的则是提前完成计划，显然，两者之间是相互矛盾的。

那么，发生这种矛盾的根源又何在呢？我们认为，其根源在于长期计划完成程度相对指标和计划提前完成时间指标两者计算的依据不一致。长期计划完成程度相对指标计算的依据是长期计划期末实际完成的情况，考察的侧重点是"期末"，而计划提前完成时间指标计算的依据则是连续一年实际完成的情况，考察的侧重点是"连续一年"。这两个指标表现为计算口径不一，两者之间存在着"时间差"，明显缺乏可比性。事实上，只有当"连续一年"恰好是"期末"这一年时，"连续一年"与"期末"两者之间才没有"时间差"，其余任何情况下，两者之间都必然存在着"时间差"。应该说，正是由于两个指标之间所存在的这种"时间差"，才最终导致了一个是未完成计划，而另一个却是提前完成计划这样的相互矛盾的结果发生。

那么，又该如何有效地解决这一矛盾呢？我们认为，有效而正确的方法是，消除两个指标之间所存在的"时间差"，也就是将两个指标的计算依据统一起来。考虑到长期计划检查的目的在于检查整个长期计划内的计划完成情况，而不是仅仅检查长期计划期内最后一年的计划完成情况，因此，我们认为还是将这两个指标的计算依据统一于"连续一年"，以保证两个指标计算口径的一致性和可比性。于是，长期计划完成程度相对指标和计划提前完成时间指标的计算公式分别为：

$$长期度划完成程度相对指标(\%) = \frac{长期计划连续一年的实际完成数}{长期计划连续一年计划完成数} \times 100\%$$

(4-40)

计划提前完成时间 = 连续一年长期计划的实际完成数与长期计划期末计划完成数相等时以后所余下的时间

对于该方法，我们不妨将其称为"连续一年水平法"。

需要特别指出的是，在运用"连续一年水平法"这一方法时，要不断比较连续一年长期计划完成的情况，只有当连续一年的长期计划完成情况是刚好完成或超额完成长期计划时，才可以直接运用该方法。如果是未完成长期计划，则必须不断进行比较，直至期末。

最后，让我们回到例2的问题上来。运用"连续一年水平法"计算的结果如下：

由于甲企业A产品产量自2014年第四季度至2015年第三季度止的连续一年时间内长期计划的实际完成数为(2500 + 2500 + 2500 + 2500) = 10000，恰好等于

2015年末的计划数,于是:

甲企业A产品产量"十三五"规划完成程度相对指标(%) = (2500 + 2500 + 2500 + 2500)/10000 × 100% = 100%

该指标值表明,A产品产量刚好完成"十三五"规划。

甲企业A产品产量的计划提前完成时间 = 一个季度

该指标值表明,A产品产量提前一个季度完成了"十三五"规划。

比较长期计划完成程度相对指标和计划提前完成时间指标的结果,两者所显示的都是完成计划。在这里,原有的矛盾也就不存在了。

第五章 模 型

第一节 引 论

这里讨论更多的是包括经济、数学、统计三者的模型,其实质是用数学方法描述系统变量之间相互作用和因果关系的模型,具体表现为各种数学符号(变量)和数值组成的数学表达式。如营销利润模型为:

$$u = az + c(x - z) - bx \tag{5-1}$$

式中:a 表示商品的销售单价;b 表示商品的采购单价;c 表示商品遇到滞销时,可以允许降低的价格($c < a$);u 表示营销利润;z 表示销售量;x 表示采购量。

在实践中,销售量的高低取决于市场需要量的大小。设市场需要量为 y,则销售量 z 可用下式表示:

当 $y \leqslant x$,则 $z = y$

当 $y > x$,则 $z = x$

以上两式可归纳写成下式:

$$z = \min(x, y) \tag{5-2}$$

营销利润模型中,等号右边第一项是正常售价时的销售收入;第二项是在某一时间内剩余产品的销售收入;第三项为总采购费用。在这个模型中,随着需要量 y 的增加,为使利润增加,从而决定出采购量 x 的值。

一、系统数学模型化过程

所谓系统数学模型化,是指将所要研究的问题按照一定的规则转化为用数学模型表达的一个过程。系统数学模型化的过程如图5-1所示。

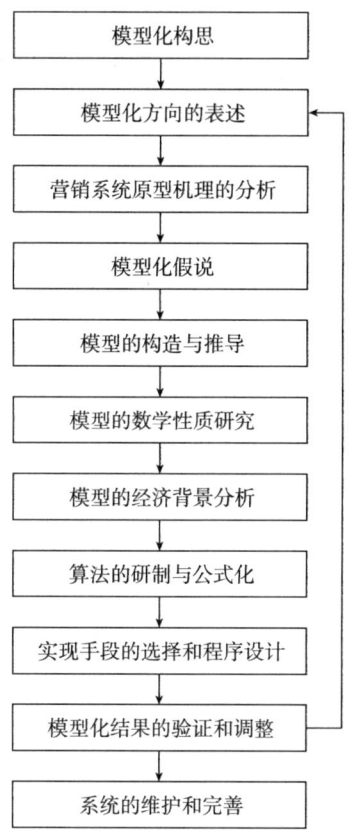

图5-1 系统数学模型化的过程

图5-1中有关含义简述如下：

（1）模型化方向的表述。主要是将构造模型的目的、对模型的期望、系统原型的轮廓和可行的模型"空间"表述清楚。表述构造模型的目的，就是对模型化的动机和模型的用途进行表述。表述对模型的期望，就是对模型解决问题的程度、范围以及模型性质进行表述。它是模型化目的的深化。表述系统原型的轮廓，就是对系统原型的横向与纵向、内涵与外延、内部、边界和外界的区分等方面的表述。表述可行的模型"空间"，就是对模型可能是什么样的类型的表述。

（2）营销系统原型机理的分析。包括三个步骤：第一，系统原型的外部及边界的机理分析。即分析原型外部和边界的状况，它们中哪些因素对原型的存在和发展影响较大，它们是怎样发生作用的等。第二，原型的内部机理分析。即分析原型的结构和要素间的相互关系，分析要素的特性、作用、存在和变异的条件等。第三，综合分析。即对原型的内部、外部和边界的依存关系、原型发展变化的形式和趋势以及运行的规律等的分析。它是我们进行简化和抽象的关键。

（3）模型化假说。表现为由经济假说到数学假设的过程。经济假说是指依据客观经济事实和普遍规律，结合一定的经济概念、原理和科学知识，对系统原型所作的推断和解释。假说是系统分析常用的方式，如经济学中关于"经济人"的假说等。经实践检验是正确的假说，就形成了理论。关于经济假说的范围大致应有两方面：其一是对经济概念的假说。一般对一个经济概念有多种解释，这对模型化往往不利。因此，在假说中应明确一切有关的经济概念，前后一致，以统一口径。此外，假说时，应尽量使用量纲或定量化的经济概念。其二是对原型经济规律的假说。必须选择其关键的逻辑关系、普遍性的变异形式加以假说，排除一切不明确的或小概率的情况。对经济假说的基本要求是合理性。合理性包括假说中的有关信息是否可以获得、是否可靠、能否定量化；经济假说是否有恰当的依据、能否检验、是否符合原型的客观背景；经济假说是否为数学假设奠定了足够坚实的研究基础；等等。在确定了经济假说后，就需要运用数学语言来对其进行表达了。这一方式和过程就是数学假设。数学假设是经济假说的精确化。

（4）模型的构造与推导。数学模型的构造和推导就是针对关于系统原型的特征规律和基本量的模型化假说，结合数学概念与方法，建立各经济因素之间的描述关系的数学结构。

（5）模型的数学性质研究和经济背景分析。前者是指利用数学理论和方法对已构造好的数学模型中的参数的稳定性、解的存在性和唯一性等基本性质予以数学证明。后者则是说明已构造好的数学模型是否符合系统原型的本质、是否能解释现实的经济现象等。

（6）算法的研制与公式化。前者是指根据已有的数据和数学模型，计算或解出未知或待定的数值解或函数解的方法。后者则是指把算法的具体步骤用严谨的、标准的、可直接计算的数学公式表示出来。

(7) 实现手段的选择和程序设计。对于复杂的数学模型，可运用计算机来实现。有些数学模型的算法可以通过程序设计使之程序化。计算机的大量运用为系统数学模型化创造了条件，使数学模型的实际应用成为可能。

(8) 模型化结果的验证和调整。对数学模型要进行统计检验和经济计量检验。只有通过统计检验和经济检验的数学模型才是值得信赖的。此外，由于系统本身是动态的，随着时间的变化，要素以及系统也会发生变化，此时，原有的数学模型也将不再适用，其结果也会有所不同。因此，要随时注意系统的变化，对数学模型进行不断的调整。

二、构造模型的方法

构造模型是一个创造性的工作和过程，并没有固定模式，但仍不乏一些构模方法值得借鉴。这里介绍几种构造模型的方法，以供参考。

（一）直接分析法

直接分析法就是按问题性质直接进行分析而构造模型的方法，这是最常用而又比较简单的方法。例如，网络公司的收入模型。对于一个网络公司而言，收入（设为 A）主要来源于广告收入（A_1）、赞助收入（A_2）、联盟收入（A_3）、会员费和订阅收入（A_4）、信息费收入（A_5）、产品和服务的销售收入（A_6）、交易佣金和费用（A_7）、市场调研/信息费（A_8）、介绍收入（A_9），如此，则网络公司收入模型为：

$$A = \sum_{i=1}^{9} A_i \qquad (5-3)$$

直接分析法适用于系统比较简单和问题比较明确的场合。系统分析中所运用的模型，多数都可以运用这种方法构造出来。

直接分析法构模有七步：①明确目标；②用图示说明变量间的关系；③明确系统的约束和环境条件；④规定模型所用的符号、代号；⑤用数学符号、数学公式表达变量间的关系；⑥简化数学公式，并检查它是否代表所要分析的问题；⑦模型求解。

（二）模拟法

有些系统是很复杂的，难以建立精确的数学模型，即使建立数学模型也不能得到满意的解。对于这类系统可采用模拟法求出近似最优解。所谓模拟，就是对实际情况的模仿。运用这种方法有两个要点：一是设计。设计出一个与现实系统或过程相似的模型，其目的是通过模型间接地研究现实状况或过程的动态变化。二是模拟试验。首先给模型规定各种不同的输入条件，然后对模型的输出进行观察。通过观察，可了解到各种条件的变化对现实过程的实际影响。现在，这种模拟更多地在计算机上实现，称为计算机模拟法。

（三）数据分析法

数据分析法就是利用数据作多元分析，如相关分析、回归分析、聚类分析、主成分分析、因子分析等，最后推断出数量之间的结构关系。数据分析法适用于对系统结构尚不清楚或结构已定但参数未定的情况。这也是一种常用的构造模型的方法。

（四）模型简化法

与其说它是一种构造模型的方法，不如说它是一种修正模型的方法更恰当些。当模型的参数或数据难以取得，或模型过于复杂，或模型求解太困难时，可用此法对已构造出的模型进行修正。主要做法有：

（1）合并变量。就是把有些性质相同或相近的变量合并成少数具有代表性的变量。当然，这种合并会产生一定的误差，因此，在修正模型时应力求使误差尽可能的小。

（2）改变变量性质。可以从三个方面考虑：将变量看成常量；将连续变量看成离散变量；将离散变量看成连续变量等。

（3）改变变量之间的函数关系。最常用的手法就是将非线性函数关系转变为线性函数关系。

（4）改变约束条件。或增加一些约束条件，或去掉一些约束条件。但要注意，此时所求得的解都不是真正的解。增加约束条件后，求得的解一般偏低，为保守解；去掉约束条件后，求得的解往往偏高，为冒进解。但无论怎样，它们对于确定解的范围是有一定作用的。

（五）模型借鉴法

在数理经济学中，已经对常用的生产函数、需求函数、消费函数、投资函数等模型的数学形式进行广泛的研究，在实际中可以较好地借鉴这些研究成果。

第二节 线性回归系数随机模型

一、问题的提出

在线性回归模型建立后，对未来进行预测时，一个重要的依据就是各变量的回归系数。而且，无论是在何种状态下，进行预测时都表现为运用同一的回归系数。例如，在张龙、王文博、曹培慎等编著的《计量经济学》[①] 中，依据 1978～2007 年相关数据所构建的中国居民家庭每人每年消费函数为：$\hat{Y} = 182.2003 + 0.7394X_t$，由此预测 2008 年中国居民家庭每人每年消费支出的预测值为：

$$\hat{Y}_{2008} = 182.2003 + 0.7394X_t = 182.2003 + 0.7394 \times 10341.6743 = 7829.1521$$

预测 2009 年中国居民家庭每人每年消费支出的预测值为：

$$\hat{Y}_{2009} = 182.2003 + 0.7394X_t = 182.2003 + 0.7394 \times 10750.1528 = 8131.1937$$

其依据都是相同的 182.2003 和 0.7394。各种状态下的预测都是基于同样的回归系数（b_i）（$i = 0, 1, 2, \cdots, n$），其结果使各种状态下的预测差异只来自 X，而不来自 b_i。究其原因在于 b_i 是一个平均数，仅仅是一个代表值，它掩盖了各个具体数值之间的差异性。显然，这是不符合现实情况的。当实际的回归系数低于 b_i 时，其预测值将偏高；而当实际的回归系数高于 b_i 时，其预测值将偏低，而无论哪种情况出现，都将有失偏颇。显然，有必要对各种状态下的 b_i 进行估计。而一种有效的方法就是构建线性回归系数的随机模型。我们以 $\hat{Y} = b_0 + b_1X_1 + b_2X_2 + \varepsilon_i$ 为基础，根据 b_0、b_1、b_2 服从正态分布的性质，构建了线性回归系数随机模型，具有较好的方法创新；同时，该方法也具有较好的简易型和可操作性。

二、线性回归系数随机模型的构建

以二元线性回归模型为例。

样本回归估计模型为：

$$\hat{Y} = b_0 + b_1X_1 + b_2X_2 + \varepsilon_i \tag{5-4}$$

其估计的回归方程式为：

$$\hat{Y} = \hat{b}_0 + \hat{b}_1X_1 + \hat{b}_2X_2 \tag{5-5}$$

显然，利用最小二乘法可以得到 $\hat{b}_0$、$\hat{b}_1$、$\hat{b}_2$，即 b_0、b_1、b_2。

但正如前述，所估计出的 $\hat{b}_0$、$\hat{b}_1$、$\hat{b}_2$，其实质是平均数，而不是能反映某一具体状态的实际数。那么，又如何得到能反映某一具体状态的实际数呢？

根据数理统计理论可知：对于式（5-4），假设 $\varepsilon_i \sim N(0, \sigma^2)$，则：

[①] 张龙、王文博、曹培慎：《计量经济学》，清华大学出版社、北京交通大学出版社 2010 年版。

$$\hat{b}_0 \sim N(b_0, s_{b0}^2);\ \hat{b}_1 \sim N(b_1, s_{b1}^2);\ \hat{b}_2 \sim N(b_2, s_{b2}^2) \tag{5-6}$$

式中：s_{b0}、s_{b1}、s_{b2} 分别为 $\hat{b}_0$、$\hat{b}_1$、$\hat{b}_2$ 的估计标准误，是 $\hat{b}_0$、$\hat{b}_1$、$\hat{b}_2$ 标准差 σ_{b0}、σ_{b1}、σ_{b2} 的估计值。

由于 $\hat{b}_1$ 为随机变量，对任意实数 b_{1i}，则有：

分布函数 $F(b_{1i}) = P(\hat{b}_1 \leq b_{1i}) = \dfrac{1}{\sqrt{2\pi}\sigma}\displaystyle\int_{-\infty}^{b_{1i}} e^{-\frac{(t-b_1)^2}{2}}dt = \varPhi\left(\dfrac{b_{1i}-b_1}{s_{b1}}\right)$

$$\tag{5-7}$$

现假设随机变量 $\hat{b}_1$ 落在各区间 $(-\infty, b_{11})$，(b_{11}, b_{12})，…，(b_{1i}, b_{1i+1})，…，(b_{1n-1}, b_{1n})，$(b_{1n}, +\infty)$ 上的概率为 p_{1i}。

所以：

$$F(b_{1i}) = P(\hat{b}_1 \leq b_{1i}) = \dfrac{1}{\sqrt{2\pi}\sigma}\int_{-\infty}^{b_{1i}} e^{-\frac{(t-b_1)^2}{2}}dt = \varPhi\left(\dfrac{b_{1i}-b_1}{s_{b1}}\right) = \sum p_{1i}$$

$(i = 1, 2, \cdots, n)$

$$\tag{5-8}$$

显然，可以通过查正态分布表，求得 b_{1i}。

实质上，$F(b_{1i}) = P(\hat{b}_1 \leq b_{1i}) = \dfrac{1}{\sqrt{2\pi}\sigma}\displaystyle\int_{-\infty}^{b_{1i}} e^{-\frac{(t-b_1)^2}{2}}dt = \varPhi\left(\dfrac{b_{1i}-b_1}{s_{b1}}\right) = \sum p_{1i}$

$(i = 1, 2, \cdots, n)$ 即为求得 b_{1i} 的随机模型。

同理，可得 b_{2i} 的随机模型：

$$F(b_{2i}) = P(\hat{b}_2 \leq b_{2i}) = \dfrac{1}{\sqrt{2\pi}\sigma}\int_{-\infty}^{b_{2i}} e^{-\frac{(t-b_2)^2}{2}}dt = \varPhi\left(\dfrac{b_{2i}-b_2}{s_{b2}}\right) = \sum p_{2i}$$

$(i = 1, 2, \cdots, n)$

$$\tag{5-9}$$

b_{0i} 的随机模型：

$$F(b_{0i}) = P(b_0 \leq b_{0i}) = \dfrac{1}{\sqrt{2\pi}\sigma}\int_{-\infty}^{b_{0i}} e^{-\frac{(t-b_0)^2}{2}}dt = \varPhi\left(\dfrac{b_{0i}-b_0}{s_{b0}}\right) = \sum p_{0i}$$

$(i = 1, 2, \cdots, n)$

$$\tag{5-10}$$

三、概率（p_i）的求法

由 b_{0i}、b_{1i}、b_{2i} 的随机模型可以看出，要求出各随机变量的值，关键在于已知各随机变量，如 $\hat{b}_1$ 落在各区间 $(-\infty, b_{11})$，(b_{11}, b_{12})，…，(b_{1i}, b_{1i+1})，…，(b_{1n-1}, b_{1n})，$(b_{1n}, +\infty)$ 上的概率 p_{1i}，而事实上，p_{1i} 事先是未知的。因此，有必要求出 p_{1i}。这里给出 p_{1i} 的两种求法。

第一种求法,我们称为等概率法。

假设随机变量,如 $(\hat{b}_1)$ 落在各区间 $(-\infty, b_{11})$,(b_{11}, b_{12}),$\cdots$,(b_{1i}, b_{1i+1}),$\cdots$,(b_{1n-1}, b_{1n}),$(b_{1n}, +\infty)$ 上的概率相等,即:

$$P(\hat{b}_1 \leq b_{11}) = \frac{1}{n+1}, \quad P(b_{11} \leq \hat{b}_1 \leq b_{12}) = \frac{1}{n+1}, \cdots, P(b_{1i} \leq \hat{b}_1 \leq b_{1i+1}) = \frac{1}{n+1}, \cdots,$$

$$P(b_{1n-1} \leq \hat{b}_1 \leq b_{1n}) = \frac{1}{n+1}, \quad P(\hat{b}_1 \geq b_{1n}) = \frac{1}{n+1}$$

所以:

$$F(b_{1i}) = P(\hat{b}_1 \leq b_{1i}) = \frac{1}{\sqrt{2\pi}\sigma} \int_{-\infty}^{b_{1i}} e^{-\frac{(t-b_1)^2}{2}} dt = \Phi\left(\frac{b_{1i} - b_1}{s_{b1}}\right) = \frac{i}{n+1}$$

$(i = 1, 2, \cdots, n)$
 (5-11)

第二种求法,我们称为自变量概率法。

以自变量,如 X_1 落在各区间的概率作为对应回归系数如 $\hat{b}_1$ 的概率。自变量,如 X_1 落在各区间的概率求法如下:

设 X_1 近似地服从正态分布,即 $X_1 \sim N(\mu, \sigma^2)$,$X_{11}, X_{12}, \cdots, X_{1i}, \cdots, X_{1n}$ 是来自 X_1 的随机样本,则由数理统计可知,μ 和 σ^2 的估计量分别为 $\overline{X}_1 = \frac{1}{n}\sum_{i=1}^{n} X_{1i}$,$S^2 = \frac{1}{n-1}\sum_{i=1}^{n}(X_{1i} - \overline{X}_1)^2$,则有 $\frac{X_{1i} - \overline{X}_1}{S} \sim N(0, 1)$。为此,可按照标准正态分布概率的计算方法,求出概率 p_{1i},即:

$$P(X_{1i} \leq X_1 \leq X_{1i+1}) = P\left(\frac{X_{1i} - \overline{X}_1}{S} \leq \frac{X_1 - \overline{X}_1}{S} \leq \frac{X_{1i+1} - \overline{X}_1}{S}\right) = \Phi\left(\frac{X_{1i} - \overline{X}_1}{S}\right) - \Phi\left(\frac{X_{1i+1} - \overline{X}_1}{S}\right) = p_{1i}$$
 (5-12)

用分布函数表示,即为:

$$F(X_{1i}) = P(X_1 \leq X_{1i}) = P\left(\frac{X_1 - \overline{X}_1}{S} \leq \frac{X_{1i} - \overline{X}_1}{S}\right) = \Phi\left(\frac{X_{1i} - \overline{X}_1}{S}\right) = \sum p_{1i}$$
 (5-13)

对于上式中 $\Phi\left(\frac{X_{1i} - \overline{X}_1}{S}\right)$ 的值,可查正态分布表求得,从而最终求得 p_{1i}。

类似地,p_{2i}、p_{0i} 也可同样求出。

四、线性回归系数随机模型的应用

这里以张龙、王文博、曹培慎等编著的《计量经济学》中的 2.5.3 节为例说明线性回归系数随机模型的应用。

张龙等利用 1978～2007 年居民家庭平均每人每年消费支出（Y）和城市居民人均可支配收入（X）相关数据所构建的中国居民家庭每人每年消费函数为：$\hat{Y} = 182.2003 + 0.7394 X_t$，对于 $\hat{b}_0$，其估计标准误 $s_{b0} = 33.82764$，对于 $\hat{b}_1$，其估计标准误 $s_{b1} = 0.006134$。

（一）等概率法确定

由于建立模型的样本期是 1978～2007 年，预测期是 2008 年和 2009 年，则整个时期为 1978～2009 年共 32 年，假设各随机变量落在各个区间的概率相等，则各个区间的概率为：$\dfrac{1}{32+1} = 0.03030$。运用式（5-8）和式（5-10），最终求得各年的 b_{0i}、b_{1i} 如表 5-1 所示。

表 5-1 b_{0i}、b_{1i} 计算表

年份	$\dfrac{i}{n+1}$	$\dfrac{b_0 - b_{0i}}{s_{b0}}$（*）或 $\dfrac{b_{0i} - b_0}{s_{b0}}$	b_0	s_{b0}	b_1	s_{b1}	b_{0i}	b_{1i}
1978	0.0303	1.87	182.2003	33.82764	0.7394	0.006134	118.9426	0.727929
1979	0.0606	1.55	182.2003	33.82764	0.7394	0.006134	129.7675	0.729892
1980	0.0909	1.34	182.2003	33.82764	0.7394	0.006134	136.8713	0.731180
1981	0.1212	1.17	182.2003	33.82764	0.7394	0.006134	142.6220	0.732223
1982	0.1515	1.03	182.2003	33.82764	0.7394	0.006134	147.3578	0.733082
1983	0.1818	0.91	182.2003	33.82764	0.7394	0.006134	151.4171	0.733818
1984	0.2121	0.8	182.2003	33.82764	0.7394	0.006134	155.1382	0.734493
1985	0.2424	0.7	182.2003	33.82764	0.7394	0.006134	158.5210	0.735106
1986	0.2727	0.6	182.2003	33.82764	0.7394	0.006134	161.9037	0.735720
1987	0.303	0.52	182.2003	33.82764	0.7394	0.006134	164.6099	0.736210
1988	0.3333	0.44	182.2003	33.82764	0.7394	0.006134	167.3161	0.736701
1989	0.3636	0.35	182.2003	33.82764	0.7394	0.006134	170.3606	0.737253
1990	0.3939	0.27	182.2003	33.82764	0.7394	0.006134	173.0668	0.737744
1991	0.4242	0.19	182.2003	33.82764	0.7394	0.006134	175.7730	0.738235
1992	0.4545	0.12	182.2003	33.82764	0.7394	0.006134	178.1410	0.738664

续表

年份	$\dfrac{i}{n+1}$	$\dfrac{b_0-b_{0i}}{s_{b0}}^{(*)}$ 或 $\dfrac{b_{0i}-b_0}{s_{b0}}$	b_0	s_{b0}	b_1	s_{b1}	b_{0i}	b_{1i}
1993	0.4848	0.04	182.2003	33.82764	0.7394	0.006134	180.8472	0.739155
1994	0.5151	0.04	182.2003	33.82764	0.7394	0.006134	183.5534	0.739645
1995	0.5454	0.12	182.2003	33.82764	0.7394	0.006134	186.2596	0.740136
1996	0.5757	0.19	182.2003	33.82764	0.7394	0.006134	188.6276	0.740565
1997	0.6060	0.27	182.2003	33.82764	0.7394	0.006134	191.3338	0.741056
1998	0.6363	0.35	182.2003	33.82764	0.7394	0.006134	194.0400	0.741547
1999	0.6666	0.44	182.2003	33.82764	0.7394	0.006134	197.0845	0.742099
2000	0.6969	0.52	182.2003	33.82764	0.7394	0.006134	199.7907	0.742590
2001	0.7272	0.60	182.2003	33.82764	0.7394	0.006134	202.4969	0.743080
2002	0.7575	0.70	182.2003	33.82764	0.7394	0.006134	205.8796	0.743694
2003	0.7878	0.80	182.2003	33.82764	0.7394	0.006134	209.2624	0.744307
2004	0.8181	0.91	182.2003	33.82764	0.7394	0.006134	212.9835	0.744982
2005	0.8484	1.03	182.2003	33.82764	0.7394	0.006134	217.0428	0.745718
2006	0.8787	1.17	182.2003	33.82764	0.7394	0.006134	221.7786	0.746577
2007	0.9090	1.34	182.2003	33.82764	0.7394	0.006134	227.5293	0.747620
2008	0.9393	1.55	182.2003	33.82764	0.7394	0.006134	234.6331	0.748908
2009	0.9696	1.87	182.2003	33.82764	0.7394	0.006134	245.4580	0.750871

注：(*) 表示 1978～1993 年为 $\dfrac{b_0-b_{0i}}{s_{b0}}$；1994～2009 年为 $\dfrac{b_{0i}-b_0}{s_{b0}}$。

所以，2008 年的点预测值为：

$\hat{Y}_{2008}=234.6331+0.748908X_t=234.6331+0.748908\times10341.6743=7979.593$

2009 年的点预测值为：

$\hat{Y}_{2009}=245.458+0.750871X_t=245.458+0.750871\times10750.1528=8317.431$

（二）自变量概率法确定

运用式（5-13），求出自变量的概率如表 5-2 第（1）列所示，并以此作

为回归系数 $\hat{b}_1$ 的概率，再运用式（5-8）和式（5-10），最终求得各年的 b_{0i}、b_{1i} 如表 5-2 所示。

表 5-2 b_{0i}、b_{1i} 计算表

年份	$F(X_1 \leq X_{1i})$	$\dfrac{b_0 - b_{0i}}{s_{b0}}$ (*) 或 $\dfrac{b_{0i} - b_0}{s_{b0}}$	b_0	s_{b0}	b_1	s_{b1}	b_{0i}	b_{1i}
（甲）	（1）	（2）	（3）	（4）	（5）	（6）	（7）	（8）
1978	0.1587	1.00461	182.2003	33.82764	0.7394	0.006134	148.2168	0.733238
1979	0.1611	0.98817	182.2003	33.82764	0.7394	0.006134	148.7730	0.733339
1980	0.1635	0.97150	182.2003	33.82764	0.7394	0.006134	149.3367	0.733441
1981	0.166	0.96798	182.2003	33.82764	0.7394	0.006134	149.4559	0.733462
1982	0.1685	0.95942	182.2003	33.82764	0.7394	0.006134	149.7453	0.733515
1983	0.1711	0.95020	182.2003	33.82764	0.7394	0.006134	150.0571	0.733571
1984	0.1762	0.92871	182.2003	33.82764	0.7394	0.006134	150.7842	0.733703
1985	0.1814	0.90704	182.2003	33.82764	0.7394	0.006134	151.5172	0.733836
1986	0.1922	0.867480	182.2003	33.82764	0.7394	0.006134	152.8556	0.734079
1987	0.2005	0.842190	182.2003	33.82764	0.7394	0.006134	153.7111	0.734234
1988	0.2119	0.798010	182.2003	33.82764	0.7394	0.006134	155.2054	0.734505
1989	0.2266	0.750560	182.2003	33.82764	0.7394	0.006134	156.8106	0.734796
1990	0.2358	0.716960	182.2003	33.82764	0.7394	0.006134	157.9471	0.735002
1991	0.2514	0.670030	182.2003	33.82764	0.7394	0.006134	159.5348	0.735290
1992	0.2776	0.589670	182.2003	33.82764	0.7394	0.006134	162.2532	0.735783
1993	0.3264	0.453890	182.2003	33.82764	0.7394	0.006134	166.8461	0.736616
1994	0.4090	0.227410	182.2003	33.82764	0.7394	0.006134	174.5076	0.738005
1995	0.4880	0.033460	182.2003	33.82764	0.7394	0.006134	181.0685	0.739195
1996	0.5398	0.103573	182.2003	33.82764	0.7394	0.006134	185.7039	0.740035
1997	0.5714	0.182799	182.2003	33.82764	0.7394	0.006134	188.3840	0.740521
1998	0.5987	0.248073	182.2003	33.82764	0.7394	0.006134	190.5920	0.740922
1999	0.6368	0.353798	182.2003	33.82764	0.7394	0.006134	194.1685	0.741570
2000	0.6772	0.458809	182.2003	33.82764	0.7394	0.006134	197.7207	0.742214

续表

年份	$F(X_1 \leq X_{1i})$	$\dfrac{b_0 - b_{0i}}{s_{b0}}^{(*)}$ 或 $\dfrac{b_{0i} - b_0}{s_{b0}}$	b_0	s_{b0}	b_1	s_{b1}	b_{0i}	b_{1i}
(甲)	(1)	(2)	(3)	(4)	(5)	(6)	(7)	(8)
2001	0.7257	0.601682	182.2003	33.82764	0.7394	0.006134	202.5538	0.743091
2002	0.7881	0.809534	182.2003	33.82764	0.7394	0.006134	209.5849	0.744366
2003	0.8413	0.999194	182.2003	33.82764	0.7394	0.006134	216.0007	0.745529
2004	0.8907	1.233224	182.2003	33.82764	0.7394	0.006134	223.9174	0.746965
2005	0.9332	1.497328	182.2003	33.82764	0.7394	0.006134	232.8514	0.748585
2006	0.9649	1.809524	182.2003	33.82764	0.7394	0.006134	243.4122	0.750500
2007	0.9896	2.309014	182.2003	33.82764	0.7394	0.006134	260.3088	0.753563
2008	0.9279	1.460025	182.2003	33.82764	0.7394	0.006134	231.5895	0.748356
2009	0.9406	1.560717	182.2003	33.82764	0.7394	0.006134	234.9957	0.748973

注：(*) 表示 1978~1995 年为 $\dfrac{b_0 - b_{0i}}{s_{b0}}$；1996~2009 年为 $\dfrac{b_{0i} - b_0}{s_{b0}}$。

所以，2008 年的点预测值为：

$\hat{Y}_{2008} = 231.5895 + 0.748356 X_t = 231.5895 + 0.748356 \times 10341.6743 = 7970.841$

2009 年的点预测值为：

$\hat{Y}_{2009} = 234.9957 + 0.748973 X_t = 234.9957 + 0.748973 \times 10750.1528 = 8286.575$

(三) 预测精度评价

表 5-3 显示了三种方法回归结果的比较。

表 5-3 三种方法回归结果比较

年份	Y	传统方法回归结果	等概率法回归结果	自变量概率法回归结果	传统方法回归结果与 Y 的离差	等概率法回归结果与 Y 的离差(*)	自变量概率法回归结果与 Y 的离差(**)
(甲)	(1)	(2)	(3)	(4)	(5)	(6)	(7)
1978	311	436.0363	368.8406257	399.9373	125.0363	57.84063	88.9373
1979	387	485.3543	429.02322	449.4418	98.3543	42.02322	62.4418

续表

年份	Y	传统方法回归结果	等概率法回归结果	自变量概率法回归结果	传统方法回归结果与Y的离差	等概率法回归结果与Y的离差(*)	自变量概率法回归结果与Y的离差(**)
(甲)	(1)	(2)	(3)	(4)	(5)	(6)	(7)
1980	439	535.3377	486.082868	499.628	96.3377	47.08287	60.628
1981	456.80	545.9112	502.8024937	510.2461	89.1112	46.00249	53.4461
1982	471	571.5683	533.3987812	536.0142	100.5683	62.39878	65.0142
1983	505.90	599.2219	565.290452	563.7914	93.3219	59.39045	57.8914
1984	559.40	663.6976	633.4400416	628.5718	104.2976	74.04004	69.1718
1985	673.20	728.6908	701.8378446	693.8956	55.4908	28.63784	20.6956
1986	799	847.3645	823.757412	813.2329	48.3645	24.75741	14.2329
1987	884.40	923.227	902.439562	889.5604	38.827	18.03956	5.1604
1988	1104	1055.727	1037.654661	1022.95	-48.273	**-66.3453**	**-81.05**
1989	1211	1198.062	1183.272497	1166.347	-12.938	**-27.7275**	**-44.653**
1990	1278.90	1298.842	1287.207789	1267.947	19.942	8.307789	-10.953
1991	1453.80	1439.624	1431.215441	1409.969	-14.176	**-22.5846**	**-43.831**
1992	1671.70	1680.668	1675.117462	1653.391	8.968	3.417462	**-18.309**
1993	2110.80	2087.93	2085.945297	2065.4	-22.87	**-24.8547**	**-45.4**
1994	2851.30	2767.291	2769.500249	2754.721	-84.009	-81.7998	**-96.579**
1995	3537.57	3349.051	3356.262088	3347.04	-188.519	-181.308	**-190.53**
1996	3919.47	3760.083	3772.147579	3766.661	-159.387	-147.322	-152.809
1997	4185.64	3997.726	4015.405077	4009.696	-187.914	-170.235	-175.944
1998	4331.61	4193.519	4217.00663	4210.166	-138.091	-114.603	-121.444
1999	4615.90	4510.648	4541.332046	4535.32	-105.252	-74.568	-80.58
2000	4998	4825.632	4863.2559	4858.827	-172.368	-134.744	-139.173
2001	5309.01	5254.189	5299.728468	5299.859	-54.821	-9.28153	-9.151
2002	6029.88	5877.651	5934.405743	5943.285	-152.229	-95.4743	-86.595
2003	6510.94	6446.545	6515.180165	6532.272	-64.395	4.240165	21.332
2004	7182.10	7148.531	7231.905911	7261.519	-33.569	**49.80591**	**79.419**
2005	7942.88	7940.725	8041.861774	8087.75	-2.155	**98.98177**	**144.87**
2006	8696.55	8877.175	9001.150832	9068.913	180.625	**304.6008**	**372.363**
2007	9997.47	10375.42	10534.0691	10648.78	377.95	**536.5991**	**651.31**
均方根误差	—	124.9766	138.9369	164.3273	—	—	—

注：(*)(**)列中粗体部分为预测结果与实际值之间的离差大于传统方法的年份。

从均方根误差看,是传统方法小,等概率法次之,自变量概率法较大。然而三者在预测精度上是否有显著差异呢?

计算:$F_1 = \dfrac{138.9369^2}{124.9766^2} = 1.235883$;$F_2 = \dfrac{164.3273^2}{124.9766^2} = 1.728868$;$F_3 = \dfrac{164.3273^2}{138.9369^2} = 1.398892$

$n_1 = 30$,$n_2 = 30$,取显著性水平 $\alpha = 0.05$,查 $F_{\frac{\alpha}{2}}(n_1 - 1, n_2 - 1) = F_{0.025}(29, 29) = 2.09$

$F_{1-\frac{\alpha}{2}}(n_1 - 1, n_2 - 1) = \dfrac{1}{F_{0.025}(n_2 - 1, n_1 - 1)} = \dfrac{1}{F_{0.025}(29, 29)} = \dfrac{1}{2.09} = 0.478469$

由于 $F_{1-\frac{\alpha}{2}}(n_1 - 1, n_2 - 1) = 0.478469 \leq F_1, F_2, F_3 \leq F_{\frac{\alpha}{2}}(n_1 - 1, n_2 - 1) = 2.09$,从而可以认为等概率法与传统方法、自变量概率法与传统方法、等概率法与自变量概率法在预测精度上并没有显著差异。

其实,还可以从各年预测结果与实际值之间的离差来看,表5-3第(6)、第(7)列显示,等概率法有22年、自变量概率法有19年的预测结果与实际值之间的离差(绝对值)要小于传统方法,这从另一个角度也说明了等概率法、自变量概率法所具有的可靠性。

总之,采用线性回归系数的随机模型进行预测,不仅可以分析预测结果来自 X 的差异,而且可以分析来自 b_i 的差异。同时,不同时期的 b_i 不同,也使回归模型的应用更具有真实性和现实性。

第三节 索洛增长方程的改进

自1957年罗伯特·索洛发表那篇著名的论文《技术变化与总量生产函数》以来,索洛增长方程被广泛应用于经济增长分析过程,并在测定科技进步对经济增长的贡献率方面取得了显著的成效。然而人们也发现,索洛增长方程本身也存在一些缺陷:第一,在内容上,利用索洛增长方程,从经济增长总份额中扣减要素投入增长的贡献份额后的"增长余值"并不完全是科学技术进步的内容,虽然科技进步是"增长余值"的重要源泉,但并不是唯一源泉,"增长余值"的构成内容比较复杂，其中包含着不属于科技进步的内容，而只能称其为"科学技术进步及其他"；第二，在方法上，还不能利用索洛增长方程直接度量出当今世界各国产业结构调整所带来的对于经济增长的积极影响，即结构效益，换句话说，应用索洛增长方程只能直接度量出劳动力、资本等投入要素的总量增长对经济增长的贡献份额，而不能直接度量出由于劳动力结构变动，以及资本结构变动所引起的投入要素结构变动对经济增长的贡献份额。显然，这也限制了索洛增长方程的进一步应用。因此，如何推导出能单独且完整地反映劳动力结构变动，以及资本结构变动所引起的结构效益的测定公式，也就成为经济理论和方法研究中的一个重要课题。

索洛增长方程的具体形式为：

$$\frac{\Delta Y}{Y} = \frac{\Delta A}{A} + \alpha \frac{\Delta K}{K} + \beta \frac{\Delta L}{L} \tag{5-14}$$

式中：Y 为系统的总产出，K 为资本使用总量，L 为劳动力使用总量，A 为科技进步水平，Δ 为增量，α 为资本弹性系数，β 为劳动力弹性系数，$\frac{\Delta Y}{Y}$、$\frac{\Delta A}{A}$、$\frac{\Delta K}{K}$、$\frac{\Delta L}{L}$ 分别为总产出、科技进步水平、资本使用量以及劳动力使用量的增长率。

以 o 代表统计基期，t 代表统计报告期，并考虑到各个经济部门，有：

$$\frac{\Delta K}{K} = \frac{K_t - K_o}{K_o} = \frac{\sum K_{it} - \sum K_{io}}{K_o} = \frac{\sum K_{it}}{K_o} - \frac{\sum K_{io}}{K_o} = \sum \left(\frac{K_{it}}{K_o} - \frac{K_{io}}{K_o} \right)$$

$$= \sum \left(\frac{K_{it}}{K_t} \times \frac{K_t}{K_o} - \frac{K_{io}}{K_o} \right) \tag{5-15}$$

现定义第 i 部门资本结构：

$$K_s = \frac{K_i}{K} \tag{5-16}$$

第 i 部门劳动力结构：

$$L_s = \frac{L_i}{L} \tag{5-17}$$

资本结构变化率为：

$$e_{is} = \frac{\frac{K_{it}}{K_t} - \frac{K_{io}}{K_o}}{\frac{K_{io}}{K_o}} \tag{5-18}$$

劳动力结构变化率：

$$h_{is} = \frac{\frac{L_{it}}{L_t} - \frac{L_{io}}{L_o}}{\frac{L_{io}}{L_o}} \quad (5-19)$$

于是有：

$$\frac{K_{it}}{K_t} = (e_{is}+1) \times \frac{K_{io}}{K_o} \quad (5-20)$$

将式（5-20）代入式（5-15）得：

$$\frac{\Delta K}{K} = \sum \left[(e_{is}+1) \times \frac{K_{io}}{K_o} \times \frac{K_t}{K_o} - \frac{K_{io}}{K_o} \right]$$

化简得：

$$\frac{\Delta K}{K} = \frac{\Delta K}{K} \sum \left(e_{is} \frac{K_{io}}{K_o} \right) + \frac{\Delta K}{K} \quad (5-21)$$

比较式（5-21），显然有：$\sum \left(e_{is} \frac{K_{io}}{K_o} \right) = 0$

之所以如此，是因为报告期和基期的总构成都为 1 或 100% 的缘故。如果仅从一般的数学意义上考察，其结论无疑是正确的。但事实毕竟是，经济意义上的结构变动并不简单地等同于数学意义上的数量增减，其深刻性还在于表现为由于结构变化而引起的经济增长质量的变化，从这个意义上说，$\sum \left(e_{is} \frac{K_{io}}{K_o} \right)$ 应是一个非零值。

因此，为避免 $\sum \left(e_{is} \frac{K_{io}}{K_o} \right)$ 所具有的数学特性而带来的正负值抵消，有必要进行相应的统计处理。按照通行的做法，这里我们采用平方和的形式进行处理，其结果为 $\sqrt{\sum \left(e_{is}^2 \frac{K_{io}}{K_o} \right)}$。与此同时，式（5-21）左边的 $\frac{\Delta K}{K}$ 和右边的 $\frac{\Delta K}{K}$ 的含义也就不尽相同了。令式（5-21）右边的 $\frac{\Delta K}{K}$ 为 $\frac{\Delta K'}{K'}$，于是，式（5-21）又可变换为：

$$\frac{\Delta K}{K} = \frac{\Delta K'}{K'} \sqrt{\sum \left(e_{is}^2 \frac{K_{io}}{K_o} \right)} + \frac{\Delta K'}{K'} \quad (5-22)$$

式（5-22）中，第一项表示由于资本结构变动而带来的总体资本增长，第二项表示由于资本总量变动而带来的总体资本增长。式（5-22）表明，全部的资本增长实为资本结构和资本总量两个因素的变动而引起的资本增长之和。

同理，全部的劳动力增长也表现为劳动力结构和劳动力总量两个因素的变动而引起的劳动力增长之和。用公式表示：

$$\frac{\Delta L}{L} = \frac{\Delta L'}{L'} \sqrt{\sum \left(h_{is}^2 \frac{L_{io}}{L_o} \right)} + \frac{\Delta L'}{L'} \tag{5-23}$$

将式（5-22）和式（5-23）代入式（5-14），有：

$$\frac{\Delta Y}{Y} = \frac{\Delta A}{A} + \alpha \left(\frac{\Delta K'}{K'} \sqrt{\sum \left(e_{is}^2 \frac{K_{io}}{K_o} \right)} + \frac{\Delta K'}{K'} \right) + \beta \left(\frac{\Delta L'}{L'} \sqrt{\sum \left(h_{is}^2 \frac{L_{io}}{L_o} \right)} + \frac{\Delta L'}{L'} \right)$$

$$= \frac{\Delta A}{A} + \alpha \frac{\Delta K'}{K'} + \beta \frac{\Delta L'}{L'} + \alpha \frac{\Delta K'}{K'} \sqrt{\sum \left(e_{is}^2 \frac{K_{io}}{K_o} \right)} + \beta \frac{\Delta L'}{L'} \sqrt{\sum \left(h_{is}^2 \frac{L_{io}}{L_o} \right)} \tag{5-24}$$

令资本结构弹性系数为 α^*，即：

$$\alpha^* = \frac{\Delta Y}{Y} \Big/ \sqrt{\sum (e_{is}^2)} \tag{5-25}$$

令劳动力结构弹性系数为 β^*，即：

$$\beta^* = \frac{\Delta Y}{Y} \Big/ \sqrt{\sum (h_{is}^2)} \tag{5-26}$$

将式（5-25）和式（5-26）代入式（5-24），并整理得：

$$\frac{\Delta Y}{Y} = \frac{\Delta A}{A} + \alpha \frac{\Delta K'}{K'} + \beta \frac{\Delta L'}{L'} + \alpha^* \sqrt{\sum (e_{is}^2)} \sqrt{\sum \left(e_{is}^2 \frac{K_{io}}{K_o} \right)} +$$

$$\beta^* \sqrt{\sum (h_{is}^2)} \sqrt{\sum \left(h_{is}^2 \frac{L_{io}}{L_o} \right)} \tag{5-27}$$

由于 $\sum \frac{K_{io}}{K_o} = 1$ 或 100%，所以从性质上看：

$\sum \left(e_{is}^2 \frac{K_{io}}{K_o} \right)$ 是一个 $\sum \frac{K_{io}}{K_o} = 1$ 或 100% 的关于 e_{is}^2 的加权算术平均数，而 $\sum (e_{is}^2)$ 则是一个 $\sum \frac{K_{io}}{K_o} = 1$ 或 100% 的关于 e_{is}^2 的简单算术平均数。

因此，在一定程度上，两者近似相等，即有：

$$\sum \left(e_{is}^2 \frac{K_{io}}{K_o} \right) = \sum (e_{is}^2) \tag{5-28}$$

于是，上式可进一步整理为：

大统计中的小问题研究

$$\frac{\Delta Y}{Y} = \frac{\Delta A}{A} + \alpha \frac{\Delta K'}{K'} + \beta \frac{\Delta L'}{L'} + \alpha^* \sum (e_{is}^2) + \beta^* \sum (h_{is}^2) \qquad (5-29)$$

由于习惯上采用 $\frac{\Delta K}{K}$ 表示资本使用量增长率，$\frac{\Delta L}{L}$ 表示劳动力使用量增长率，因而将上式中的 $\frac{\Delta K'}{K'}$ 以及 $\frac{\Delta L'}{L'}$ 仍改写为 $\frac{\Delta K}{K}$ 和 $\frac{\Delta L}{L}$，于是最后得出改进后的索洛增长方程如下：

$$\frac{\Delta Y}{Y} = \frac{\Delta A}{A} + \alpha \frac{\Delta K}{K} + \alpha^* \sum (e_{is}^2) + \beta \frac{\Delta L}{L} + \beta^* \sum (h_{is}^2) \qquad (5-30)$$

比较式（5-14）和式（5-30）可见，索洛增长方程是在不涉及资本结构及其劳动力结构因素变动的情况下的结果。由此不难认清索洛增长方程所存在的局限。应该说，改进后的索洛增长方程较之原来的索洛增长方程有了明显的进步，这就是不仅能够通过改进后的增长方程直接度量资本、劳动力、科技进步等要素投入总量的增长对经济增长的贡献份额，而且可以直接度量出资本、劳动力等投入要素结构的变动对经济增长的贡献，即资本结构效益和劳动力结构效益。显然，这对于人们科学、准确地分析和说明什么是引起现代经济增长的重要因素等一系列带有根本性的重大问题，进一步为国家和地区制定科学的经济政策提供依据，都具有重要的现实意义。

根据式（5-30），可对资本、劳动力等要素投入，在总量和结构层次上，测定其对经济增长的贡献份额，有关公式如下：

资本使用量增长对经济增长的贡献份额：

$$\alpha \frac{\Delta K}{K} \bigg/ \frac{\Delta Y}{Y} \times 100\% \qquad (5-31)$$

资本结构变动对经济增长的贡献份额：

$$\alpha^* \sum (e_{is}^2) \bigg/ \frac{\Delta Y}{Y} \times 100\% \qquad (5-32)$$

劳动力使用量增长对经济增长的贡献份额：

$$\beta \frac{\Delta L}{L} \bigg/ \frac{\Delta Y}{Y} \times 100\% \qquad (5-33)$$

劳动力结构变动对经济增长的贡献份额：

$$\beta^* \sum (h_{is}^2) \bigg/ \frac{\Delta Y}{Y} \times 100\% \qquad (5-34)$$

全部投入要素结构效益为资本结构效益和劳动力结构效益的总和，即：

$$\left[\alpha^* \sum (e_{is}^2) \Big/ \frac{\Delta Y}{Y} + \beta^* \sum (h_{is}^2) \Big/ \frac{\Delta Y}{Y}\right] \times 100\% \tag{5-35}$$

科技进步对经济增长的贡献份额:

$$\left[\frac{\Delta Y}{Y} - \alpha \frac{\Delta K}{K} - \alpha^* \sum (e_{is}^2) - \beta \frac{\Delta L}{L} - \beta^* \sum (h_{is}^2)\right] \Big/ \frac{\Delta Y}{Y} \times 100\% \tag{5-36}$$

第四节 用经济发展方程替代增长方程

在经济增长因素分析方法的选择方面,目前最为流行也是最为简单实用的方法依然是采用道格拉斯生产函数求导后的公式,即产出增长率等于综合要素生产率的增长率加上劳动增长率和资本增长率的加权之和。而综合要素生产率则表现为产出增长率减去劳动增长率和资本增长率加权之和后的余额。然而在研究及应用中,我们发现,该方法虽然简单,但至少存在两个大的缺陷:

第一,该方法只考虑了投入要素数量的增长对经济增长的影响及贡献;或者是将投入要素质量增长的影响及贡献完全包含在了综合要素生产率增长之中。显然,无论是前者还是后者都是片面的,都是与现实经济情况不相符的。事实毕竟是,投入要素增长对经济增长的影响不仅表现在其数量的增长方面,而且还表现在其质量的增长方面,正是两者的共同作用对经济增长产生影响。因此,在分析中,如果仅仅只考虑其投入要素数量增长而忽略了其质量增长对经济增长的作用,那么应该说这种分析是不全面的,最终会导致分析结论失之偏颇。而将投入要素质量增长的影响及贡献完全包含在综合要素生产率增长之中,一方面会高估综合要素生产率增长的贡献率,另一方面会使综合要素生产率不是一个"纯量",而是一个"混合量"——其间包含投入要素(质量)增长的贡献份额,这也是违背综合要素生产率规定性的。

第二,在具体应用时,当经济增长率为负值,而投入要素增长率或为负值或为正值时,其所计算出的结果却与实际情况大相径庭,难以令人信服。如某年某省的 GDP 增长率为 -0.93%,资本增长率为 -2.81%,劳动增长率为 2.18%,资本弹性系数为 0.6,劳动率弹性系数为 0.1,据此计算,各投入要素增长对经济增长的贡献率分别为:资本 183.23%,劳动力 -106.67%,综合要素生产率增长对经济增长的贡献率为23.11%。在这里，对经济增长起着促进作用的资本因素的贡献却是正的，而起促进作用的劳动力因素的贡献率却是负的，这在理论上显然是无法解释通的。

正是由于存在着上述一些严重缺陷，也使该方法的应用受到了影响。因此，有必要对经济增长因素分析方法进行重新构造——不仅要加入投入要素质量增长因素，而且要消除其计算结果与理论解释以及现实经济情况不相符的情形，为此我们提出了如下新的设想：

首先，在生产函数中加入投入要素质量因素。所谓投入要素质量是指单位投入要素的产出量。在劳动要素方面，则是劳动生产率；在资本要素方面，则是资本生产率。我们加入投入要素质量，即劳动生产率和资本生产率两个因素，由生产函数的一般形式表示为：

$$Y = F(K, K_V, L, L_V, t) \tag{5-37}$$

式中：Y表示总产出（GDP），K表示资本投入量，K_V表示资本生产率，L表示劳动投入量，L_V表示劳动生产率，t表示时间，F表示K、K_V、L、L_V与Y之间的函数关系。

假定生产函数所表示技术的变化只通过时间因素t表现出来而不影响要素投入，这就是"技术中性"。于是，式（5-37）的时间因素t就可以独立出来，表示成单独的因子，则有：

$$Y = A(t) \cdot F(K, K_V, L, L_V) \tag{5-38}$$

对式（5-38）两边取对数，再求时间导数，可得：

$$\frac{dY/dt}{Y} = \frac{dA/dt}{A} + \frac{1}{F} \cdot \frac{\partial F}{\partial K} \cdot \frac{dK}{dt} + \frac{1}{F} \cdot \frac{\partial F}{\partial K_V} \cdot \frac{dK_V}{dt} + \frac{1}{F} \cdot \frac{\partial F}{\partial L} \cdot \frac{dL}{dt} + \frac{1}{F} \cdot \frac{\partial F}{\partial L_V} \cdot \frac{dL_V}{dt}$$

$$\tag{5-39}$$

将式（5-40）改写，则为：

$$\frac{\dot{Y}}{Y} = \frac{\dot{A}}{A} + \frac{\partial Y/Y}{\partial K/K} \cdot \frac{\dot{K}}{K} + \frac{\partial Y/Y}{\partial K_V/K_V} \cdot \frac{\dot{K_V}}{K_V} + \frac{\partial Y/Y}{\partial L/L} \cdot \frac{\dot{L}}{L} + \frac{\partial Y/Y}{\partial L_V/L_V} \cdot \frac{\dot{L_V}}{L_V} \tag{5-40}$$

式中：$\frac{\dot{Y}}{Y}$表示经济增长率，$\frac{\dot{A}}{A}$表示综合要素生产率增长率，$\frac{\dot{K}}{K}$表示资本投入量增长率，$\frac{\dot{K_V}}{K_V}$表示资本生产率增长率，$\frac{\dot{L}}{L}$表示劳动投入量增长率，$\frac{\dot{L_V}}{L_V}$表示劳动生产率增长率，$\frac{\partial Y/Y}{\partial K/K}$、$\frac{\partial Y/Y}{\partial K_V/K_V}$、$\frac{\partial Y/Y}{\partial L/L}$、$\frac{\partial Y/Y}{\partial L_V/L_V}$则分别是资本投入量、资本生产率、

劳动投入量以及劳动生产率的弹性系数,为简单起见,分别记为 α'_1、α'_2、β'_1、β'_2。

于是式(5-37)又可表示成:

$$\frac{\dot{Y}}{Y} = \frac{\dot{A}}{A} + \alpha'_1 \frac{\dot{K}}{K} + \alpha'_2 \frac{\dot{K}_V}{K_V} + \beta'_1 \frac{\dot{L}}{L} + \beta'_2 \frac{\dot{L}_V}{L_V} \tag{5-41}$$

但正如在前面所提到的那样,当经济增长率表现为负数时,用增长率的方式往往会表现出计算结果与理论解释和实际情况不相符的情形。因此,为了避免这类情况发生,有必要对式(5-41)做进一步的改造。其方法就是将增长率变换为发展速度。

为达到这一目的,我们不妨令各要素增长率的系数之和等于1。注意,这里不是假设生产函数是一阶齐次的,即生产的规模报酬不变,$\alpha'_1 - \alpha'_2 + \beta'_1 + \beta'_2 = 1$,而是令包含综合要素生产率增长率在内的所有要素的系数之和等于1。而在实践中,$1 + \alpha'_1 + \alpha'_2 + \beta'_1 + \beta'_2$ 并不等于1,因而有必要对其作正则化处理。设 $1 + \alpha'_1 + \alpha'_2 + \beta'_1 + \beta'_2 = \sum$,为此则有:

$$\gamma = \frac{1}{\sum}; \alpha_1 = \frac{\alpha'_1}{\sum}; \alpha_2 = \frac{\alpha'_2}{\sum}; \beta_1 = \frac{\beta'_1}{\sum}; \beta_2 = \frac{\beta'_1}{\sum}$$

于是:
$$\frac{\dot{Y}}{Y} = \gamma \frac{\dot{A}}{A} + \alpha_1 \frac{\dot{K}}{K} + \alpha_2 \frac{\dot{K}_V}{K_V} + \beta_1 \frac{\dot{L}}{L} + \beta_2 \frac{\dot{L}_V}{L_V} \tag{5-42}$$

在式(5-42)两边分别加上1,则式(5-42)可变换为式(5-43):

$$\frac{Y_t}{Y_{t-1}} = \gamma \frac{A_t}{A_{t-1}} + \alpha_1 \frac{K_t}{K_{t-1}} + \alpha_2 \frac{K_{Vt}}{K_{Vt-1}} + \beta_1 \frac{L_t}{L_{t-1}} + \beta_2 \frac{L_{Vt}}{L_{Vt-1}} \tag{5-43}$$

式中:$\frac{Y_t}{Y_{t-1}}$、$\frac{A_t}{A_{t-1}}$、$\frac{K_t}{K_{t-1}}$、$\frac{K_{Vt}}{K_{Vt-1}}$、$\frac{L_t}{L_{t-1}}$、$\frac{L_{Vt}}{L_{Vt-1}}$ 分别为总产出、综合要素生产率、资本生产率、劳动投入量、劳动生产率的发展速度。且有:$\gamma + \alpha_1 + \alpha_2 + \beta_1 + \beta_2 = 1$。

至此,式(5-43)已不再是一个增长方程,而是一个发展方程了。

通过式(5-43),我们可以进一步分析:

资本投入量发展速度对经济发展速度的贡献率:$\alpha_1 \frac{K_t}{K_{t-1}} / \frac{Y_t}{Y_{t-1}} \times 100\%$

$$\tag{5-44}$$

资本生产率发展速度对经济发展速度的贡献率：$\alpha_2 \dfrac{K_{Vt}}{K_{Vt-1}} \Big/ \dfrac{Y_t}{Y_{t-1}} \times 100\%$

$$(5-45)$$

上述式（5-44）与式（5-45）之和即为资本投入要素的综合贡献率。

劳动投入量发展速度对经济发展速度的贡献率：$\beta_1 \dfrac{L_t}{L_{t-1}} \Big/ \dfrac{Y_t}{Y_{t-1}} \times 100\%$

$$(5-46)$$

劳动生产率发展速度对经济发展速度的贡献率：$\beta_2 \dfrac{L_{Vt}}{L_{Vt-1}} \Big/ \dfrac{Y_t}{Y_{t-1}} \times 100\%$

$$(5-47)$$

上述式（5-46）与式（5-47）之和即为劳动投入要素的综合贡献率。

而综合要素生产率发展速度对经济发展的贡献率则为：

$$\gamma \dfrac{A_t}{A_{t-1}} \Big/ \dfrac{Y_t}{Y_{t-1}} \times 100\% = 100\% - (5-44) - (5-45) - (5-46) - (5-47)$$

$$(5-48)$$

第五节　储蓄与投资在部门之间的分配效应模型

储蓄与投资在部门之间的分配效应是指储蓄和投资在部门之间相互变化的关系所引起的对部门经济以及整个国民经济增长的影响。显然，深入研究这一问题，对于全面提升国民经济结构水平，不断提高国民经济增长质量具有重要的现实意义。

一、模型构建

试图从储蓄和投资在不同部门之间的比例出发，对储蓄和投资在部门之间的分配效应模型进行构建，并说明该模型的经济意义。

首先，使用投资系数 C 这一概念。$C = I/\Delta Y$，其中，I 为投资供给额，ΔY 为产出的增量。再引入经济（产出）增长量 G 这一概念。$G = \Delta Y/Y$，其中，Y 为总产出。于是：

$GC = I/\Delta Y \times \Delta Y/Y = I/Y$ (5-49)

很明显，I 是保持一定经济增长所必要的投资，用 S 表示储蓄量。当投资与储蓄相等，即 $I=S$ 时，则整个国民经济就能以 G 这一增长率平衡发展。而当 $I>S$ 时，经济上就要出现供给不足；相反，当 $I<S$ 时，经济上则要出现需求不足。而无论何种情况，都会影响经济的发展。因此，在一个开放的经济中，总是积极地去寻求投资与储蓄相等的途径，从而使 $I=S$，以保持经济的顺利发展。

用小写的 s 表示储蓄率，则 $s=S/Y$，如果储蓄与投资是相等的，则式（5-49）可写为：

$GC = s$ (5-50)

在整个国民经济的层次上，必须使 $I=S$，只有这样，整个国民经济才能顺利发展。但是在各部门中，其投资量与储蓄量一般是不平衡的，有的部门是投资超过储蓄，而有的部门则是储蓄超过投资，因此，各部门之间的资本余缺调剂就要通过金融交易来完成。而且，由储蓄向投资转移，从而达到整体经济的平衡发展。

为研究方便，我们将资本市场上的供给方称为资本的流出部门，而将需求方称为资本的流入部门，其中，流出部门有 m 个，流入部门有 n 个，整个国民经济部门共有 $m+n$ 个。

不妨设：流出部门中的第 i 个部门的经济增长率为 G_i，投资系数为 C_i，储蓄率为 s_i；流入部门中的第 j 个部门的经济增长率为 C_j，投资系数为 C_j，储蓄率为 s_j。于是，流出部门中第 i 个部门对投资的需求量为 G_iC_i，流入部门中第 j 个部门对投资的需求量为 G_jC_j。将 C_iG_i 和 s_i、G_jC_j 和 s_j 相比较，如果 $G_iC_i = s_i$，$G_iC_i = s_j$，则表明第 i 个部门和第 j 个部门的储蓄和投资是不平衡的，对于流出部门来说，所存在的是资本的剩余，假设第 i 个部门的资本剩余为 NEI_i，相对于其产出的比率为 α_i，即 $\alpha_i = NFI_i/Y_i$；而对于流入部门来说，所存在的是资本的缺口，假设第 j 个部门的资本缺口为 NEI_j/Y_j。于是，我们可用下面的式子表示：

第 i 个流出部门 $G_iC_i = s_i - \alpha_i$

移项得：$\alpha_i = s_i - G_iC_i$ (5-51)

第 j 个流入部门 $G_jC_j = s_j + \alpha_j$

移项得：$\alpha_i = C_iG_i - s_j$ (5-52)

那么，α_i 与 α_j 之间又是一种怎样的关系呢？假设第 i 部门的资本剩余全部流出，即第 i 部门流出的资本总量也为 NFI_i，则所有流出的资本总量为 $\sum_{i=1}^{m} NFI_i$。与此同时，第 j 部门的资本缺口全部依靠流入资本来弥补，即第 j 部门流入的资本总量为 NFI_j，则所有流入部门流入的资本总量为 $\sum_{i=1}^{n} NFI_i$。显然，在整个资本市场上，所有流出的资本总量与所有流入的资本总量总是相等的，也就是：

$$\sum_{i=1}^{m} NFI_i = \sum_{j}^{n} NFI_j \tag{5-53}$$

式（5-53）两边同时除以 Y，并作相关变换，可得：

$$\sum_{i=1}^{m}\left(\frac{NFI_i}{Y_i} \times \frac{Y_i}{\sum_{i=1}^{m} Y_i} \times \frac{\sum_{i=1}^{m} Y_i}{Y}\right) = \sum_{j=1}^{m}\left(\frac{NFI_j}{Y_j} \times \frac{Y_j}{\sum_{j=1}^{n} Y_j} \times \frac{\sum_{j=1}^{n} Y_j}{Y}\right) \tag{5-54}$$

如果用 ω_1 作为 Y_1 对 $\sum_{i=1}^{m} Y_i$ 的比率，ω 为 $\sum_{i=1}^{m} Y_i$ 对 Y 的比率；Y_j 对 $\sum_{j=1}^{n} Y_j$ 的比率用 ω_j 表示，则 $\sum_{j=1}^{m} Y_i$ 对 Y 的比率为（$1-\omega$），并用 $\sum_{i=1}^{m} \omega_i = 1$。式（5-54）可变换为：

$$\omega \sum_{i=1}^{m} \alpha_j \omega_j = (1-\omega) \sum_{i=1}^{n} \alpha_j \omega_j \tag{5-55}$$

式（5-55）中，$\sum_{i=1}^{m} \alpha_j \omega_j$ 是指整个流出部门所流出的资本总量与其产出总量的平均比率，它是关于各流出部门所流出的资本总量与其产出总量之比的加权平均数。考虑到以后计算方便，不妨将其记为 $\overline{\alpha_i}$。而 $\sum_{j=1}^{n} \alpha_j \omega_j$ 则是指整个流入部门所流入的资本总量与其产出总量的平均比率，它是关于各流入部门所流入的资本总量与其产出总量之比的加权平均数，也记为 $\overline{\alpha_j}$。$\sum_{i=1}^{m} \alpha_i \omega_i$ 与 $\sum_{j=1}^{n} \alpha_j \omega_j$ 两者并不相等，相差一个系数（$1-\omega$）$/\omega$。

将式（5-51）、式（5-52）代入式（5-55）得：

$$\sum_{i=1}^{m}(S_i - G_i C_1)\omega_i = \frac{1-\omega}{\omega}\sum_{i=1}^{n}(G_j C_j - S_j)\omega_j \tag{5-56}$$

先考察流出部门的情况。

显然，对于流出部门中的某一具体部门，如 K 部门而言，由式（5-56）可推导出下式：

$$(S_k - G_k C_k)\omega_k = \frac{1-\omega}{\omega}\sum_{j=1}^{n}(G_j C_j - S_j)\omega_j - \sum_{i=1}^{m-1}(S_i - G_i C_i)\omega_i \quad (5-57)$$

两边同除以 C_k 和 ω_k，得：

$$\frac{S_k}{C_k} - G_k = \frac{1-\omega}{\omega}\sum_{j=1}^{n}\frac{(G_j C_j - s_j)}{C_k \omega_k} - \sum_{i=1}^{m-1}\frac{(S_i - G_i C_i)\omega_i}{C_k \omega_k}$$

$$= \frac{1-\omega}{\omega}\sum_{j=1}^{n}\frac{\alpha_i \omega_i}{C_k \omega_k} - \sum_{i=1}^{m-1}\frac{\alpha_i \omega_i}{C_k \omega_k} \quad (5-58)$$

式（5-58）中，$\sum_{i=1}^{m-1}\alpha_i\omega_i$ 又到底指的是什么呢？对 $\sum_{i=1}^{m-1}\alpha_i\omega_i$ 做变换如下：

$$\sum_{i=1}^{m-1}\alpha_i\omega_i = \sum_{i=1}^{m-1}\frac{\alpha_i\omega_i}{\sum_{i=1}^{m-1}\omega_i} \times \sum_{i=1}^{m-1}\omega_i \quad (5-59)$$

由式（5-59）不难发现，其中 $\dfrac{\sum_{i=1}^{m-1}\alpha_i\omega_i}{\sum_{i=1}^{m-1}\omega_i}$ 表现为不包含 k 部门在内的其他流出部门（$i-1$ 个流出部门）所流出的资本总量与其产出总量的平均比率，它是关于 $i-1$ 个流出部门所流出的资本总量与其产出总量之比的加权平均数，可记为 $\overline{\alpha_{i-k}}$。值得注意的是，其权数不是 ω_i，而是 $\omega_i / \sum_{i=1}^{m-1}\omega_i$。而 $\sum_{i=1}^{m-1}\omega_i = 1 - \omega_k$。由前面定义，我们又知 $\sum_{i=1}^{m-1}\alpha_i\omega_i = \overline{\alpha_i}$。

所以式（5-58）又可变换为：

$$\frac{S_k}{C_k} - G_k = \frac{1-\omega}{\omega}\frac{\overline{\alpha_i}}{C_k \omega_k} - \frac{\overline{\alpha_{i+k}}}{C_k \omega_k}(1-\omega_k) \quad (5-60)$$

这里有必要分析一下 S_k/C_k 比值的经济含义。对于 K 流出部门，如果没有将 α_k 部门的资本转移出去，而是用于本部门的再投资。换句话说，就是本部门的储蓄全部用于本部门的投资，其结果将会是怎样的呢？显然，本部门的经济增长率将会得到进一步的提高。因此，就其实质而言，S_k/C_k 比值反映的是 K 部门使用本部门的全部储蓄而达到的可能的经济增长率的情况。对这种使用本部门的全部储蓄而达到的可能的经济增长率，用 $\overline{G_k}$ 表示，即 $\overline{G_k} = S_k/C_k$。与其相对应，G_k 则称为 K 本部门的实际经济增长率。

所以，式（5-59）又可表示成：

$$\overline{G_k} - G_k = \frac{1-\omega}{\omega} \frac{\overline{\alpha_i}}{C_k \omega_k} - \frac{\overline{\alpha_{i-k}}}{C_k \omega_k}(1-\omega_k) \tag{5-61}$$

式（5-61）表明，一方面，由于有 α_k 部门的资本流出，使 K 部门自身的经济增长率从可能达到的 $\overline{G_k}$ 下降到 G_k，下降了 $\overline{G_k} - G_k$；另一方面，其下降幅度 $(\overline{G_k} - G_k)$ 的大小，受到两个因素的影响：一是按 K 部门投资系数（C_k）计算的整个流入部门提高的经济增长率 $\frac{1-\omega}{\omega}\frac{\overline{\alpha_i}}{C_k \omega_k}$，二是按 K 部门投资系数（C_k）计算的不包括 K 部门在内的（-1）个流出部门降低的经济增长率 $\left[\frac{\overline{\alpha_{i-k}}}{C_k \omega_k}(1-\omega_k)\right]$。正是两者的共同作用，使 K 部门由可能增长率 $\overline{G_k}$ 下降为实际增长率 G_k。

然而，上述分析并不是问题的全部。对于我们来说，不仅要考察某一流出部门，如 K 部门流出资本的多少以及由此而引起的经济增长率的下降情况，而且更重要的还要了解该部门，如 K 部门所流出的资本对整个流入部门经济增长率提高的贡献率的大小以及对各流入部门经济增长率提高的贡献率的大小。为此，由式（5-60），我们可分析出 K 部门所流出的资本对整个流入部门经济增长率提高的贡献率为：

$$\left[(\overline{G_k} - G_k) \bigg/ \left(\frac{1-\omega}{\omega}\frac{\overline{\alpha_i}}{C_k \omega_k}\right)\right] \times 100\% \tag{5-62}$$

而 K 部门所流出的资本对某个流入部门经济增长率的提高的贡献率为：

$$\left[(\overline{G_k} - G_k) \bigg/ \left(\frac{1-\omega}{\omega}\frac{\overline{\alpha_i}}{C_k \omega_k}\right)\right] \omega_j \times 100\% \tag{5-63}$$

再考察流入部门的情形。

同理，由式（5-56）也可推导出某一具体的流入部门，如 P 部门的一般表达式：

$$G_p - \overline{G_p} = \frac{\omega}{1-\omega}\frac{\alpha_j}{C_p \omega_p} - \frac{\alpha_{j-p}}{C_p \omega_p}(1-\omega_p) \tag{5-64}$$

式中：G_p 表示 P 流入部门自身可能的增长率，$\overline{G_p}$ 表示 P 部门的实际经济增长率，α_{j-p} 表示不包含 P 部门在内的其他流入部门（$j-1$ 个流入部门）所流入的资本总量与其产出总量的平均比率，它是关于（$j-1$）个流入部门所流入的资本总量与其产出总量之比的加权平均数。

式（5-64）表明，一方面，由于有 α_p 部分的资本流入，使 P 部门自身的经济增长率从可能达到的 $\overline{G_p}$ 提高到 G_p，提高了 $G_p - \overline{G_p}$；另一方面，其提高幅度

$(G_p - \overline{G_p})$ 的大小也受到两个因素的影响，一是按 P 部门投资系数（C_p）计算的整个流出部门降低的经济增长率 $\left(\dfrac{1-\omega}{\omega}\dfrac{\overline{\alpha_j}}{C_p\omega_p}\right)$，二是按 P 部门投资系数（C_p）计算的不包括 P 部门在内的（$j-1$）个流入部门提高的经济增长率 $\dfrac{\overline{\alpha_{j-p}}}{C_p\omega_p}(1-\omega_p)$。在两者的作用下，$P$ 部门有可能增长率（$\overline{G_p}$）上升为实际增长率（G_p）。

同样，我们也可分析出 P 部门所流入的资本对整个流出部门经济增长率下降的贡献率为：

$$\left[(G_p - \overline{G_p})\Big/\left(\dfrac{1-\omega}{\omega}\dfrac{\overline{\alpha_i}}{C_p\omega_p}\right)\right]\times 100\% \tag{5-65}$$

而 P 部门所流入的资本对某个流出部门经济增长率下降的贡献率为：

$$\left[(G_p - \overline{G_p})\Big/\left(\dfrac{1-\omega}{\omega}\dfrac{\overline{\alpha_i}}{C_p\omega_p}\right)\right]\omega_j \times 100\% \tag{5-66}$$

我们从部门层面上分析了某一具体的流出部门（如 K 部门）或流入部门（如 P 部门）的储蓄与投资在部门之间的分配效应情况。那么，在总体层次上，整个的流出部门或流入部门的储蓄与投资在部门之间的分配效应状况又会是怎样呢？根据上述分析思路和方法，我们不难推导出关于总体流出部门或总体流入部门的储蓄与投资在部门之间的分配效应模型，如下：

对于总体流出部门，有：

$$\overline{G_{出}} - G_{出} = \dfrac{1-\omega}{\omega}\dfrac{\overline{\alpha_j}}{C_{出}} = \dfrac{1-\omega}{\omega}\dfrac{\overline{\alpha_j}}{C_{入}}\dfrac{\overline{C_{入}}}{C_{出}} \tag{5-67}$$

式中：$G_{出}$、$\overline{G_{出}}$、$C_{出}$、$\overline{C_{入}}$ 分别表示整个流出的实际经济增长率、自身可能的经济增长率和整个流出部门的投资系数以及整个流入部门的投资系数。该式表明，对于整个流出部门来说，由于储蓄的 $\overline{\alpha_i}$ 部分被转移出去，其自身的经济增长率由 $\overline{G_{出}}$ 下降到 $G_{出}$，下降的程度取决于本部门的投资系数和产出量的高低。

对于总体流入部门，有：

$$G_{入} - \overline{G_{入}} = \dfrac{\omega}{1-\omega}\dfrac{\overline{\alpha_j}}{G_{入}} = \dfrac{\omega}{1-\omega}\dfrac{\overline{\alpha_j}}{C_{出}}\dfrac{\overline{C_{出}}}{G_{入}} \tag{5-68}$$

式中：$C_{入}$、$\overline{C_{入}}$ 分别表示整个流入部门的实际经济增长率和自身可能的经济增长率。它表明，对于整个流入部门，正是由于有超过储蓄部分的投资（超过部分为 $\overline{\alpha_j}$）的进入，才使自身的经济增长率从 $\overline{C_{入}}$ 上升到 $C_{入}$，其提高的程度则由本部门的投资系数和产出量的大小决定。

同时，式（5-66）、式（5-67）还表明，整个流出部分下降的经济增长率 $(\overline{G_{出}} - G_{出})$ 并不足以抵补整个流入部门提高的经济增长率 $\left(\dfrac{\alpha_{I}}{C_{入}}\right)$，两者之比等于系数 $\dfrac{1-\omega}{\omega}$ 与 $\dfrac{\overline{C_{入}}}{C_{出}}$ 的乘积。

以上就是我们所推导出的部门和总体两个层次上的储蓄与投资在部门之间的分配效应模型。

二、模型的经济意义

由上述各模型我们可以知道：

第一，正是各部门的储蓄与投资在不同部门之间的转移改变着本部门和其他部门的经济增长率。对 K 部门，一方面，由于 K 流出部门储蓄的 α_k 部分投入到其他流入部门，从而使自身的经济增长率从可能达到的 $\overline{G_k}$ 下降到 G_k；另一方面，也由此引起了整个流入部门经济增长率的提高，贡献率为 $\left[(\overline{G_k} - G_k) \Big/ \left(\dfrac{1-\omega}{\omega} \dfrac{\alpha_i}{C_k \omega_k}\right)\right] \times 100\%$。相反，在 P 流入部门，由于有 α_p 部分投资的增加，自身的经济增长率从 $\overline{G_p}$ 上升到 G_p，但也引起了整个流出部门经济增长率的下降，贡献率为 $\left[(G_p - \overline{G_p}) \Big/ \left(\dfrac{1-\omega}{\omega} \dfrac{\alpha_i}{C_p \omega_p}\right)\right] \times 100\%$。在总体层次上，也表现出了这样的过程。由此可见，各个部门的储蓄与投资在不同部门之间的转移，不仅对本部门经济增长率的改变起着决定性的作用，而且对其他部门经济增长率的改变也起着决定性的作用。

第二，各部门经济增长率改变差异的大小，不仅取决于储蓄与投资在不同部门之间转移（或流出或流入）量的多少，而且取决于不同部门投资系数的高低。由于投资系数的倒数即为投资效率，因此，投资系数小也就意味着投资效率高。所以，一般情况下，投资系数小的，其经济增长率变动程度大。

第三，从上述两点我们所能获得的有益启示是，要保持整个国民经济持续稳定的增长，从储蓄和投资的角度来说，就必须做好以下工作：一是加快储蓄向投资的转移，尤其是要加快储蓄向投资效率高的投资部门的转移。唯有如此，才能使储蓄资源最终转化为实际资本，并在社会再生产过程中发挥作用，促进整个国民经济以及各部门经济的发展。二是要大力提高各部门的投资效率。这是因为，资本的增加不只是表现为数量上的增加，更重要的还取决于资本的质量和投资使用的效率。只有资本使用效率的真正提高，才能真正实现经济增长方式的根本转变，提高经济增长质量。总之，努力促进储蓄和投资在各部门之间的不断增长和合理分配，对于国民经济稳定而持续的增长具有重要的积极意义。

三、储蓄与投资在机构部门之间分配效应的实证分析

由 1993～1999 年的资金流量表（实物交易部分）可以看出资本的净借入机构部门为非金融企业机构部门，而金融企业机构部门和政府机构部门以及住户机构部门则为资本的净借出机构部门。资本净借入机构部门和资本净借出机构部门 1993～1999 年的各项指标数据如表 5-4 所示。

表 5-4　资本净借入机构部门和资本净借出机构部门 1993～1999 年的各项指标数据

项目		年份	1993	1994	1995	1996	1997	1998	1999
资本流入部门	实际增长率（$G_入$,%）		36.17	31.44	29.94	13.49	9.16	1.98	3.76
	投资系数（$\bar{C}_入$）		1.35	1.84	1.85	3.92	5.51	24.34	12.96
	储蓄率（S_j,%）		21.22	24.63	25.50	25.50	20.78	23.64	23.30
	资本流入率（α_j,%）		27.51	33.21	29.91	27.34	29.64	24.44	25.48
	各机构部门所占比例（$1-\omega$,%）		58.15	60.90	59.30	61.60	60.23	59.93	58.09
	自身增长率（$\bar{G}_入$,%）		15.75	13.39	13.78	6.51	3.77	0.97	1.80
资本流出部门	实际增长率（$G_出$,%）		21.47	40.56	17.96	20.25	10.50	10.06	6.12
	投资系数（$\bar{C}_出$）		0.87	0.51	1.14	1.06	2.21	2.33	3.66
	储蓄率（S_i,%）		56.94	72.39	64.04	65.42	68.05	60.02	57.68
	资本流入率（α_i,%）		38.23	51.72	43.56	43.86	44.89	36.56	35.32
	各机构部门所占比例（ω,%）		41.85	39.10	40.70	38.40	39.77	40.07	41.91
	自身增长率（$\bar{G}_出$,%）		65.32	142.07	56.15	61.44	30.85	25.74	15.78

注：表中结果根据《中国统计年鉴》（1998～2002）资金流量表（实物交易）部分中的相关数据计算而成。

我们运用上述各模型对我国 1993～1999 年储蓄与投资在机构部门之间的分

配效应进行测算,结果如表 5-5 所示。

表 5-5 我国 1993~1999 年储蓄与投资在机构部门之间的分配效应

项目 \ 年份	1993	1994	1995	1996	1997	1998	1999
国民经济增长率（G）	30.01	35.01	25.06	16.08	9.7	5.21	4.75
$\overline{G} - G$	16.95	54.76	16.07	22.69	10.12	9.00	4.78
$G_入 - \overline{G}_入$	20.42	18.05	16.16	6.98	5.38	1.0	1.97
$\overline{G}_出 - G_出$	43.85	101.51	38.19	41.19	20.35	15.68	9.66
经济增长转化率 $(G_入 - \overline{G}_入) / (\overline{G}_出 - G_出)$	46.57	17.78	42.31	16.94	26.44	6.38	20.39
资本流出对净借入机构部门经济增长的贡献率 $\dfrac{\alpha_i / \overline{C}_入}{G_入}$	78.29	89.40	78.64	82.94	88.94	75.87	72.49
其中：(1) 金融机构部门	6.92	8.28	6.31	5.82	6.29	4.34	4.11
(2) 政府机构部门	17.16	20.95	18.35	18.80	18.16	16.68	16.89
(3) 住户机构部门	54.21	60.17	53.98	58.32	64.49	54.85	51.49
资本流出对国民经济增长的贡献率 $\dfrac{(1-\omega) \overline{\alpha_i / C_入}}{G}$	54.88	48.90	55.71	42.87	50.59	17.28	33.32
其中：(1) 金融机构部门	4.85	4.53	4.47	3.01	3.58	0.99	1.89
(2) 政府机构部门	12.03	11.46	13.00	9.72	10.33	3.80	7.76
(3) 住户机构部门	38.00	32.91	38.24	30.14	36.68	12.49	23.67

由表 5-5 得到以下五点启示:

(1) 无论是资本净借入机构部门,还是资本净借出机构部门,其自身经济增长率与实际经济增长率之间的差距均表现出日益缩小的趋势。在其共同作用下,整个国民经济的增长也表现出相同的运行轨迹。

在资本净借入机构部门方面,1993 年自身经济增长率从 $\overline{G}_入$ 提高到 $G_入$ 的幅度为 20.42%,而到 1999 年则不到 2%,1999 年比 1993 年下降了 18.45 个百分点,年均下降了 3 个多百分点;在资本净借出机构部门方面,1993 年自身经济增长率由 $\overline{G}_出$ 下降到 $G_出$ 的幅度为 43.85%,而到 1999 年,则下降不到 10%,1999

第五章 模 型

年比 1993 年下降了 44.20 个百分点,年均下降 7 个多百分点。其结果使整个国民经济自身经济增长率与实际经济增长率之间差距由 1993 年的约为 17% 缩小为 1999 年的近 5%,1999 年比 1993 年缩小了 12 个百分点,年均缩小 2 个百分点。这一结果表明,在我国,无论是机构部门,还是整个国民经济,其潜在的经济增长能力正得到有效的挖掘和充分的发挥,经济增长质量正得到明显的改观和显著的提高。但是,在资本流出率变化并不太大的情况下(与 1993 年的资本流出率 38.23% 相比,1999 年为 35.32%,仅下降了不到 3 个百分点),各机构部门以及整个国民经济的自身经济增长率与实际经济增长率之间的差距却表现出不断缩小的趋势,进一步说明投资效率正处在一种不断滑坡的状态。各机构部门投资系数的变化也证实了这一点。由于投资系数的倒数即为投资效率,因此,投资系数小也就意味着投资效率高。与 1993 年相比,1999 年资本净借出机构部门和资本净借入机构部门的投资效率仅相当于 1993 年的 23.77%(0.87/3.66)和 10.42%(1.35/12.96),下滑速度之快令人吃惊。由此,将投资效率的大幅度下滑和自身经济增长率与实际经济增长率之间差距的不断缩小结合起来考察,我们可以得到的一个基本结论是,以粗放型投资需求拉动为主要特征的中国经济增长,随着时间的推移,其增长的空间将变得越来越狭窄,其增长的速度将变得越来越缓慢,其增长的机制将变得越来越脆弱,其增长的能力也将变得越来越低下。因此,如何尽快地走出一条新型的中国经济增长之路也就显得越为迫切和重要。

(2)资本净借入机构部门对资本净借出机构部门的"经济增长转化率"正日益减弱。就其实质而言,资本净借出机构部门输出的并不仅仅是其所拥有的资本,更重要的是其资本所代表的经济增长率;同理,资本净借入机构部门输入的也是其资本所代表的经济增长率。因此,从这个意义上说,资本由资本净借出机构部门向资本净借入机构部门转移的过程也就表现为经济增长率由资本净借出机构部门向资本净借入机构部门转移的过程。显然,在这一过程中,资本净借入机构部门所能输入的经济增长率的大小取决于两个方面:一是资本净借出机构部门能够输出的经济增长率是多少?二是资本净借入机构部门的"经济增长转化率"有多大?在这两个因素中,"经济增长转化率"的高低将对"经济增长率"转移的多少起决定性的作用。因此,应努力提高资本净借入机构部门的"经济增长转化率",这是实现本机构部门经济增长,进而进一步推动国民经济增长的一条重要途径。然而,在实际的经济运行过程中,资本净借入机构部门的"经济增长转化率"不仅不高,而且正在迅速减弱。表 5-5 数据显示,在 1993~1999 年,

· 121 ·

"经济增长转化率"在40%~50%的有2年,在15%~30%的有4年,不到10%的有1年,也就是说,在资本净借出机构部门所输出的经济增长率中,2个年份有一半以上、4个年份有七八成以上没有能够转化为资本净借入机构部门的经济增长率,更有甚者,1998年"经济增长转化率"竟然不及一成。不仅如此,"经济增长转化率"还在迅速减弱。1993年,该指标为46.57%,而到了1999年,则减弱为20.39%,还不及1993年转化率的一半,其减弱的速度为年均近4.5个百分点。"经济增长转化率"水平不高和迅速的减弱,表明在我国的经济增长过程中,储蓄向投资转移的机制还存在着效率低下之类的严重缺陷,这种缺陷最直接的结果就是导致了大量资本的浪费,使经济增长的有效性存在明显的不足,从而大大削弱了经济增长的活力和潜力。显然,这一状况还可能维持很长时间,直至中国经济增长方式真正从粗放型转为集约型。

(3) 资本净借出机构部门的资本流出是资本净借入机构部门经济增长的主要推动因素。1993~1999年,在资本净借入机构部门的经济增长中,来自资本流出的贡献率最低的年份在70%以上,最高的年份则接近90%。事实是,由资本净借出机构部门流出而流入资本净借入机构部门的大量资本,从两个方面对资本净借入机构部门的经济增长发挥作用:一方面,它不断扩大了资本净借入机构部门的资本规模,从而能充分地吸收该经济体系中剩余的劳动力,减少人力资源的浪费,最大限度地发挥其廉价优势,降低产品成本,增强企业竞争力;另一方面,它不断加强了对资本净借入机构部门发展所需的设备、工艺、管理水平以及员工科技素质等方面的资本支持力度,使该经济体系中的各种资源配置得到了优化,从而进一步提高了劳动生产率。由此可见,加大资本流出总量,加快资本流出速度,对于经济的增长以及经济增长质量的改善具有重要的意义。

(4) 资本净借出机构部门的资本流出是整个国民经济增长的一个重要因素,但其贡献作用正有逐步减弱的倾向。资本净借出机构部门的资本流出不仅是资本净借入机构部门经济增长的主要推动因素,而且也是推动整个国民经济增长的一个重要因素。表5-5资料显示,在1993~1999年,除1998年外,其余各年份的资本流出对整个国民经济增长的贡献率均在30%以上,其中,有3个年份的贡献率超过50%,2个年份超过40%。这一结果说明,对于我国来说,经济增长的重要源泉依然是资本投入的增加。因此,特别是在现阶段,我国劳动力处于无限供给的条件下,能否迅速有效地增加资本积累和加快资本流动就成为实现经济增长的关键所在。但值得注意的一个倾向是，资本流出对整个国民经济增长的贡献作用正在逐步减弱，与1993年相比，1998年下降了近38个百分点，1999年下降了近22个百分点。这也是1998年、1999年整个国民经济增长率下降较快的重要原因之一。

（5）住户机构部门的资本流出无论是对资本净借入机构部门的经济增长来说，还是就整个国民经济的经济增长而言，其贡献率都是最大的。对于前者，住户机构部门资本流出的贡献率均超过50%，最高的达64.49%；而金融机构部门则均不到10%，最低的还不到5%；政府机构部门除1994年超过20%以外，其余年份也均没有突破20%。对于后者，住户机构部门资本流出的贡献率绝大多数在30%以上，最低的也在10%以上，而金融机构部门则均不到5%，最低的还不到1%；政府机构部门除1998年为3.8%以外，其余年份则基本维持在10%上下。究其原因，这与住户机构部门1993~1999年保持储蓄总额年均15%的高增长率以及60%~77%的高储蓄率有关。

由此我们可得出的结论是：

各机构部门的储蓄与投资在不同机构部门之间的转移，对各机构部门和整个国民经济增长率的改变、潜在经济增长能力的提高和经济增长质量的改善均起着决定性的作用。但由于投资效率和"经济增长转化率"的低下，使这种决定性作用的成效受到明显的影响，一方面，各机构部门和整个国民经济自身经济增长的能力变得越来越弱；另一方面，资本流出对各机构部门和整个国民经济增长的贡献作用也变得越来越小。所有这些都将对未来中国经济持续稳定的增长和发展产生严重的危害。

因此，要保持整个国民经济持续稳定的增长，从储蓄和投资的角度必须做好以下工作：

一是要加快储蓄向投资的转移，尤其是要加快储蓄向投资效率高和"经济增长转化率"高的投资机构部门转移。

二是要大力提高各机构部门的投资效率和"经济增长转化率"。因为资本的增加不只表现为数量上的增加，更重要的还取决于资本的质量和资本使用的效率。只有资本使用效率的真正提高，才能真正实现经济增长方式的根本转变，提高经济增长质量。

第六节 货币供应增长率控制模型

一、问题的提出：思路与假设

（一）思路

货币供应量的控制不仅表现在总量的控制上，而且还表现在结构的控制上。只有对两者同时进行控制，使两者都达到平衡，才能真正实现宏观调控的目标，那么，如何做到这一点呢？其基本思路是，将货币供应量的控制和货币供应结构控制置于一个整体中进行，表现在数量经济方法的运用上，就是将影响货币供应量的主要因素——包括影响货币供应总量主要因素以及影响货币供应结构的主要因素——作为外生变量置于同一数量模型中，以考察当这些因素发生变动时，对货币供应量或货币供应增长率的影响程度，进而达到控制的目的。

同时，在研究手法上也做了相应的变通，即在研究由于影响货币供应总量的主要因素的变化而引起的货币流通量的变化时，是从货币需要量方面着眼的，在研究由于影响货币供应结构的主要因素的变化而引起的货币流通量的变化时，却是从货币供应量方面入手的，其目的在于研究方便——应用我们的重要假设条件以及按数学规则构建其数学模型的方便而已。

（二）假设

正如所有的经济理论均建立在假设条件上而推导出来一样，在我们的研究中，也将遇到众多的假设条件，而其中最为重要的包括：

（1）货币供应量与货币需要量相适应。设货币供应量为 M，货币需要量为 S，则有恒等式：$M = S$。可以说，我们的一切研究都是建立在此基础上的。

（2）影响货币供应总量的主要因素和影响货币供应结构的主要因素两者之间是相互独立的。换句话说，两者之间并不互相影响、互相作用。

（3）我们的研究是在一个封闭的经济体系中进行的，也就是说，并没有考虑外汇收支状况对我国货币供应量的影响。

二、影响货币供应量因素分析：目标函数的确定

在探寻影响货币供应量的主要因素时，不难发现，它有两类：一类是影响

货币供应总量的主要因素,包括经济增长率、商品价格水平和货币流通速度等,它们的变化会不时地引起货币需要量,进而引起货币供应量的变化,或增加或减少;另一类是影响货币供应结构的主要因素,包括积累基金增长率、消费基金增长率等,它们任一方增长的或快或慢,都会导致就总量来说,货币流通量与商品流通量大体适应的货币流通出现此多彼少、此通彼塞的结构性失调。

(一)影响货币需要(供应总量)的主要因素

1. 经济增长率

先看经济增长与货币需要量之间的数量关系。设劳动生产率提高程度为 L,如果其他条件不变,则意味着市场商品可供量的增长比例也是 L。考虑到劳动生产率提高程度经济年相对增长率(设为 r)之间的相互关系:$(1+r)=(1+L)(1+P)$(式中,P 为劳动力的年相对增长率),则有 $L=\dfrac{r-P}{1+P}$,也就是说,市场商品可供量的增长比例为 $\dfrac{r+P}{1+P}$。再假定价格水平不变,流通速度也不变,如果用 S 表示原有的货币需要量,则货币需要量就要增大到 $\left(1+\dfrac{r-P}{1+P}\right)S$,其增量 $\Delta S_1=\dfrac{r-P}{1+P}S$,这就是说,由于经济增长了 r,其货币需要量将增加 $\Delta S_1=\dfrac{r-P}{1+P}S$。

2. 商品价格水平

假定价格的年相对上涨率为 i,其他条件仍维持原有的水平,则货币需要量就要增大到 $(1+i)S$,其增量为 $\Delta S_2=iS$,也就是说,在其他条件不变的情况下,由于价格上涨了 i,其货币需要量将增加 $\Delta S_2=iS$。

3. 货币流通速度

设货币流通速度的变化率为 Q,在其他条件不变的条件下,货币需要就要变化到 $\dfrac{1}{1+Q}S$,其增量为 $\Delta S_3=\left(\dfrac{1}{1+Q}-1\right)S$。

综上所述,有:$\Delta S=\Delta S_1+\Delta S_2+\Delta S_3=\left(\dfrac{r+P}{1+P}+i+\dfrac{1}{1+Q}-1\right)S$ (5-69)

式中:ΔS 为货币需要量的全部增量,以 s 表示货币需要量的年相对增长率,则:

$$s=\frac{r}{1+p}+\frac{r}{1+Q}-\frac{r}{1+p}+i \qquad (5-70)$$

(二) 影响货币供应结构的主要因素

1. 积累基金

如果积累基金发生变化时,货币供应量是如何变化的呢? 不妨设:积累基金年相对增长率为 m, a 为积累基金需要的货币供应量的年相对增长率与积累基金年相对增长率的比例系数,x_1、x_0 分别为计算期和基期的积累基金需要的货币供应量,于是有下列数学表达式:

$$x_1 = (1 + am)x_0; \text{其增量为} \Delta x = amx_0 \tag{5-71}$$

2. 消费基金

这里,我们探讨一下当消费基金发生变化时,货币供应量的变化情况。假定消费基金年相对增长率为 n,b 为消费基金需要的货币供应量的年相对增长率与消费基金年相对增长率的比例系数,y_1、y_0 分别为计算期和基期的消费基金需要的货币供应量,这样,也有一个数学表达式,如下:

$$y_1 = (1 + bn)y_0; \text{其增量为} \Delta y = bny_0 \tag{5-72}$$

所以,货币供应结构总量设为 M_1(M_0 为基期的货币供应结构总量),为:

$$M_1 = x_1 + y_1 = (1 + am)x_0 + (1 + bn)y_0 \tag{5-73}$$

如果设货币供应年相对增长率与国民收入年相对增长率的比例系数为 K,那么,K 与 a、b 之间的关系又是如何呢? 规定:

(1) $\begin{cases} x_0 + y_0 = M_0 \\ x_0 : y_0 = q \end{cases}$

$q: x_0$ 与 y_0 之间比例系数。

(2) $x_1 : y_1 = q$,也就是说,计算期 x_1 与 y_1 间比例系数仍维持在原有的水平。

(3) c、d、v 分别为基期的消费基金、积累基金、国民收入,则有:$c + d = v$。

最后,我们可得出:

$$M_1 = \left(1 + k\frac{md + nc}{v}\right)m_0 \tag{5-74}$$

用积累率$\left(\text{设为} u = \dfrac{d}{v}\right)$表示:

$$M_1 = [1 + Kum + k(1 - u)n]M_0 \tag{5-75}$$

也就是说,当积累基金、消费基金分别增长了 m 和 n 时,所需要的货币供应量为:

$$M_1 = [1 + Kum + k(1 - u)n]M_0 \tag{5-76}$$

其增量为：
$$\Delta M = [1 + Kum + k(1-u)n]M_0 \tag{5-77}$$
用 t 表示货币供应量的年相对增长率，则有：
$$t = kum + k(1-u)n \tag{5-78}$$
由于 $M = S$，表现在相对数上，必存在：$t = s$，以 t 代替 s，并整理有：
$$t = \frac{1}{2}\left[\frac{r}{1+P} + \frac{1}{1+Q} + i - 1 - \frac{P}{1+P} + kum + k(1-u)n\right] \tag{5-79}$$

显然，货币供应增长率越小越好，也就是说，目标函数值（t）应达到最小，即：
$$\min(t) = \frac{1}{2}\left(\frac{r}{1+P} + \frac{P}{1+P} + i + \frac{1}{1+Q} - 1 + kum + k(1-u)n\right) \tag{5-80}$$

式中：t 为内生变量；r、i、Q、m、n 为外生变量；P、k、u 为参数。

三、制约因素分析：约束条件的确定

有关经济关系择其要者，如下：

（1）货币供应量应与货币需要量相适应。

（2）国民经济增长率与价格上涨率之间应保持一个合理的比例关系，以保证取得最大的国民经济效益。

（3）在计算期间国民收入总量已定的情况下，积累基金只能在基金的最高限和最低限内确定；消费基金只能在消费基金的最高限和最低限内确定。

（4）国民收入使用额等于积累基金与消费基金之和。

（5）消费基金增长应低于国民收入（或国民经济）增长。

将上述各种经济关系化为数学关系式，可得到一组约束条件，如下：

$$\begin{cases} r + \frac{1+p}{1+Q} + (1+p)i - k\mu(1+p)m - k(1-\mu)(1+p)n = 1 \\ r - Ei = 0 \\ r - \alpha\mu m \geq \alpha(1-\mu)f + \beta(1-\alpha) \\ r - \alpha(1-\mu)n \geq \alpha\mu p + \beta(1-\alpha) \\ r - n \geq 0 \\ r - m \leq 0 \\ r - \mu m - (1-\mu)n = 0 \\ r、Q、i、m、n \geq 0 \end{cases} \tag{5-81}$$

式中：α 为国民收入占社会总产值的比重；β 为物质消耗增长率；μ 为积累率；E 为国民经济增长率与价格上涨率的比例系数；k 为货币供应增长率与国民经济增长率的比例系数；f 为人口增长率；p 为劳动增长率。

四、模型应用：1994 年经济走势判断

（一）参数输入

以"七五"期间各参数的平均值作为输入，有关数值如表 5-6 所示。

表 5-6　有关输入数值

参数	α	β	μ	E	k	f	p
数值	0.139	0.198	0.34	0.75	1.613	0.015	0.026

资料来源：根据《中国统计年鉴》（1993）有关资料整理。

（二）结果输出

将各参数值代入模型并应用"决策支持系统软件 IQSB 软件"计算，得各变量值及目标函数值如表 5-7 所示。

表 5-7　各变量值及目标函数值

变量	r	Q	i	m	n	$\min(t)$
数值	0.1546	0.0894	0.2061	0.2235	0.1181	0.2496

（三）结果分析及走势判断

由表 5-7 可知，在有关指标维持"七五"评价水平的前提下，1994 年国民经济增长率为 15.46%，价格上涨率为 20.61%，积累基金增长率为 22.35%，消费基金增长率为 11.81%，其货币供应增长率为 24.96%。应该说，这些经济增长指标是比较符合实际的。

首先，从我国所处的发展阶段看，目前，我国正处在经济高增长阶段，在这一阶段，工业规模及整个经济规模迅速扩大，从而导致投资，尤其是基础产业和新兴产业等领域的投资大量增长。不仅如此，无论是国家、地方，还是企业都存在一个"抓住机遇，加快发展"的现实抉择，这又会给投资再加一重推力。所

有这些，都客观要求积累基金的高增长，而这又有力地支持了经济的高增长。

其次，从我国所进行的体制改革来看，1994年将现在现代企业制度、投资、财税、金融、计划五大方面进行重大改革，有的甚至一步到位，改革的深度与广度都有了进一步的加强。这无疑给1994年的经济生活带来深刻的影响：一方面，使各种经济关系更加明晰，利益分配格局发生变化，从而将再次引发各利益主体加快改革和发展的积极性；另一方面，由于组织制度创新、资源配置合理、市场信号灵敏、人员素质提高，势必会更快地促进劳动生产率的提高。两者结合，形成了1994年经济高增长的催化机制，共同推动经济进入高增长状态。受此影响，物价上涨的压力将会加大。如果1994年的宏观调控乏力，则物价上涨和通货膨胀将非常严重，很有可能突破20%的大关。

最后，从经济发展的惯性作用来看，1993年我国的经济增长率超过13%，全社会零售商品物价指数高达113%，居民收入增长26%左右，广义货币（M_2）比上年增长24%，1~10月国有单位投资比上年增长65.1%。但是，这些高增长势必产生惯性，以冲击1994年的经济发展，其结果必然是各种经济主要指标仍居于一个较高的水平。

综合上述分析，我们认为，1994年的各种经济指标将接近或达到模型中所得出的结果。由此，我们对1994年的经济走势的基本判断是：①"五高"并存，即高投资增长率、高经济增长率、高消费增长率、高物价上涨率以及高货币供应增长率并存。②效益上升，尤其是随着货币流通速度的加快，其经济效益将有明显的提高。

第六章 假设检验

第一节 引 论

假设检验又称统计假设检验（显著性检验只是假设检验中最常用的一种方法），既是一种基本的统计推断形式，也是数理统计学的一个重要的分支，用来判断样本与样本、样本与总体的差异是由抽样误差引起的还是本质差别造成的统计推断方法。

一、基本思想

假设检验的基本思想是小概率反证法思想。小概率思想是指小概率事件（$P < 0.01$ 或 $P < 0.05$）在一次试验中基本上不会发生。反证法思想是先提出假设（检验假设 H_0），再用适当的统计方法确定假设成立的可能性大小，如可能性小，则认为假设不成立；若可能性大，则还不能认为假设不成立。

假设是否正确，要用从总体中抽出的样本进行检验，与此有关的理论和方法，构成假设检验的内容。设 A 是关于总体分布的一项命题，所有使命题 A 成立的总体分布构成一个集合 h_0，称为原假设（常简称假设）。所有使命题 A 不成立的总体分布构成另一个集合 h_1，称为备择假设。如果 h_0 可以通过有限个实参数来描述，则称为参数假设，否则称为非参数假设。如果 h_0（或 h_1）只包含一个分布，则称原假设（或备择假设）为简单假设，否则为复合假设。对一个假设 h_0 进行检验，就是要制定一个规则，使有了样本以后，根据这规则可以决定是接受它（承认命题 A 正确），还是拒绝它（否认命题 A 正确）。这样，所有可能的样本所组成的空间（称样本空间）被划分为两部分 H_A 和 H_R（H_A 的补集），当样

本 $x \in H_A$ 时，接受假设 h_0；当 $x \in H_R$ 时，拒绝 h_0。集合 H_R 常称为检验的拒绝域，H_A 称为接受域。因此选定一个检验法，也就是选定一个拒绝域，故常把检验法本身与拒绝域 H_R 等同起来。

二、基本步骤

（1）提出检验假设又称无效假设，符号是 H_0；备择假设的符号是 H_1。

H_0：样本与总体或样本与样本间的差异是由抽样误差引起的；

H_1：样本与总体或样本与样本间存在本质差异。

预先设定的检验水准为 0.05；当检验假设为真，但被错误地拒绝的概率，记作 α，通常取 $\alpha = 0.05$ 或 $\alpha = 0.01$。

（2）选定统计方法，由样本观察值按相应的公式计算出统计量的大小，如 X^2 值、t 值等。根据资料的类型和特点，可分别选用 Z 检验、T 检验、秩和检验和卡方检验等。

（3）根据统计量的大小及其分布确定检验假设成立的可能性 P 的大小并判断结果。若 $P > \alpha$，结论为按 α 所取水准不显著，不拒绝 H_0，即认为差别很可能是由于抽样误差造成的，在统计上不成立；如果 $P \leqslant \alpha$，结论为按所取 α 水准显著，拒绝 H_0，接受 H_1，则认为此差别不大可能仅由抽样误差所致，很可能是由实验因素不同造成的，故在统计上成立。P 值的大小一般可通过查阅相应的界值表得到。

三、需注意的问题

（1）做假设检验之前，应注意资料本身是否有可比性。

（2）当差别有统计学意义时应注意这样的差别在实际应用中有无意义。

（3）根据资料类型和特点选用正确的假设检验方法。

（4）根据专业及经验确定是选用单侧检验还是双侧检验。

（5）当检验结果为拒绝无效假设时，应注意有发生Ⅰ类错误的可能性，即错误地拒绝了本身成立的 H_0，发生这种错误的可能性预先是知道的，即检验水准那么大；当检验结果为不拒绝无效假设时，应注意有发生Ⅱ类错误的可能性，即仍有可能错误地接受了本身就不成立的 H_0，发生这种错误的可能性预先是不知道的，但与样本含量和Ⅰ类错误的大小有关系。

（6）判断结论时不能绝对化，应注意无论接受或拒绝检验假设，都有判断错误的可能性。

（7）报告结论时应注意说明所用的统计量，检验的单双侧及 P 值的确切范围。

第二节 未知总体方差和数学期望条件下的假设检验

一、问题的提出

在现有的众多数理统计教科书中，所讨论的关于一个正态总体的假设检验包括两种情形：一是当总体方差已知时，检验假设 $H_0:\mu=\mu_0$——用正态（U）检验；二是当总体方差未知时，检验假设 $H_0:\mu=\mu_0$——用 t 检验。其特点是已知某种标准信息即 μ_0，检验样本信息是否与该种标准信息相一致。然而，在某些情形下是难以获得其标准信息的，例如，对中小学生的素质教育效果进行统计检验，难道我们还能用传统教育体制下的考试分数作为一种标准，以检验进行素质教育后学生的考试分数是否与以往的考试分数相一致？显然不行。由于素质教育是一种新生事物，以往的任何标准都无法与之相适应，这就使在对它进行统计检验时，找不到一个参考标准即 μ_0，当然也就无法运用传统意义上的 U 检验或 t 检验等方法了。类似的例子有很多，这里就提出了一个问题：在总体方差和数学期望未知的情况下，又如何检验假设 $H_0:\mu=\mu_0$ 呢？现有的众多数理统计学教科书中没有涉及，笔者翻阅了大量的这方面的文献资料，也没有看到对这一问题的讨论和研究。不知个中原因何在？我们认为，积极开展对这一问题的研究有着重大的理论意义和实践意义。突出表现在这个问题解决能够为抽样推断提供理论依据。我们知道，抽样推断就是以样本指标推断总体指标，但需知这种推断是建立在一定的前提条件之下的，这个前提就是样本的信息结构必须与总体的信息结构相近或相同；当两者不一致时，其推断则必是错误的。那么，又该如何去判断样本的信息结构与总体的信息结构相一致呢？现有的文献也没有给出答案，但如果这一问题得到了有效的解决，也就是说，能够在总体方差和数学期望未知的情况下，根据一定显著性水平（a）对检验假

设 $H_0: \mu = \mu_0$ 做出判断,如接受检验假设 $H_0: \mu = \mu_0$,则可以认为样本的信息结构是与总体的信息结构相一致的,否则则认为是不一致的。一致,就可以进行抽样推断;不一致,就不能进行抽样推断。这也彻底消除了抽样推断时必须具有的"样本的信息结构必须与总体的信息结构相近或相同"的前提假定,从而使人们完全可以根据样本的信息结构状况来进行抽样推断,抽样推断有了科学的理论依据。

下面给出解决这一问题的思路、推导过程及步骤,并运用举例加以说明。

二、思路、推导过程及检验步骤

(一)思路

众所周知,对于一个正态总体,已知 μ 而未知 σ,检验假设 $H_0: \mu = \mu_0$ 用 t 检验,t 统计量为:

$$t = \frac{\bar{x} - \mu}{s/\sqrt{n}} \tag{6-1}$$

显然在未知 μ 和 σ 的情况下不能直接应用上述公式,但是能否通过一点的变换以找出一个 $(\bar{x} - \mu)$ 的替换变量呢?我们解决这一问题的基本思路正是从此出发,借助于一个比例系数 ω,并充分利用样本信息,包括样本最大值(m)、样本最小值(l)、样本平均数($\bar{x}$)等信息,通过数学推导和统计处理,找到关于 $(\bar{x} - \mu)$ 的替换变量 $\sqrt{\omega(1-\omega)}(m-l)$,从而新构造出一个 t 统计量,计算公式如下:

$$t = \frac{\left(1 - \sqrt{\frac{1}{1-\omega} - 3}\right)\sqrt{\omega(1-\omega)}(m-1)}{\sqrt{D(\bar{x} - \mu)/n}} \tag{6-2}$$

最后选择显著性水平(a),查出临界值 $t(\alpha/2, n-1)$,并与 t 值比较,以决定是接受 H_0,还是拒绝 H_0。

(二)推导过程

设:

$$(M - \mu) = \omega_1(M - L) \tag{6-3}$$

$$(m - \bar{x})\omega_2(m - l) \tag{6-4}$$

式中:M 表示全及总体资料的最大值,m 表示样本总体资料的最大值;L 表示全及总体资料的最小值,l 表示样本总体资料的最小值;ω_1、ω_2 分别是指全及总体的信息结构相一致时,则必定表现为总体的 ω_1 和样本的 ω_2 是相等的,不妨设 $\omega_1 = \omega_2 = \omega$,于是式(6-3)或减式(6-4),并移项整理得:

$$\bar{x} - \mu = (1-\omega)(m-M) + \omega(l-L) \tag{6-5}$$

令 $M = \bar{x} + \Delta_1$, $L = \bar{x} - \Delta_2$,式中 Δ_1 表示全及总体最大值 M 与样本平均数 $\bar{x}$ 之差,Δ_2 表示样本平均数 $\bar{x}$ 与全及总体最小值 L 之差,代入式(6-5)并整理得:

$$\bar{x} - \mu = (1-\omega)(m-\bar{x}) + \omega(1-\bar{x}) - \omega\Delta_2 - (1-\omega)\Delta_1 \tag{6-6}$$

而 $\omega\Delta_2 - (1-\omega)\Delta_1 = \omega(\Delta_2 + \Delta_1) - \Delta_1 = \omega(M-L) - \Delta_1 = (M-\mu) - (M-\bar{x}) = \bar{x} - \mu = 0$ \hfill (6-7)

所以有:$\bar{x} - \mu = (1-\omega)(m-\bar{x}) + \omega(1-\bar{x})$ \hfill (6-8)

而在式(6-8)中,$m-\bar{x}$ 是一个大于 0 的数,$l-\bar{x}$ 是一个小于 0 的数,$(1-\omega)(m-\bar{x})$ 和 $\omega(l-\bar{x})$ 正好正负抵消,因此有必要消除正负数的影响。在统计上通行的做法采用平均和的处理方法,即对离差 $(m-\bar{x})$,$(l,\bar{x})$ 分别取平方就算平均数,然后再开方以求得所需要的指标值。于是,式(6-8)可变换为下式:

$$\bar{x} - \mu = \sqrt{(1-\omega)(m-\bar{x})^2 + \omega(1-\bar{x})^2} \tag{6-9}$$

由于:
$$(m-\bar{x}) = \omega(m-l)$$
$$(\bar{x}-l) = (1-\omega)(m-l) \tag{6-10}$$

代入式(6-6),得:

$$\bar{x} - \mu = \sqrt{\omega(1-\omega)(m-l)^2} = \sqrt{\omega(1-\omega)}(m-l), \quad (0 < \omega < 1) \tag{6-11}$$

最后,我们可以将 $\sqrt{\omega(1-\omega)(m-l)^2} = \sqrt{\omega(1-\omega)}(m-l)$ 作为 $\bar{x} - \mu$ 的替换变量。

进一步,我们可求得 $\bar{x} - \mu$ 的数学期望以及方差。

$$E(\bar{x} - \mu) = \sqrt{\omega(m-\bar{x})^2 + (1-\omega)(\bar{x}-l)^2} = \sqrt{1 - 3\omega(1-\omega)}(m-l);$$

$$E(\bar{x} - \mu)^2 = \sqrt{\omega(m-\bar{x})^4 + (1-\omega)(\bar{x}-l)^4} = \sqrt{\omega^5 + (1-\omega)^5}(m-l)^2;$$

$$D(\bar{x} - \mu)^2 = E(\bar{x} - \mu)^2 - E^2(\bar{x} - \mu) = (\sqrt{\omega^5 + (1-\omega)^5} - (1 - 3\omega(1-\omega)))(m-l)^2 \tag{6-12}$$

由于 $\dfrac{(\bar{x} - \mu) - E(\bar{x} - \mu)}{\sqrt{D(\bar{x} - \mu)/n}}$ 服从 $t(n-1)$ 分布,所以,新构造的 t 统计量的计算

公式为:

$$t = \frac{\sqrt{\omega(1-\omega)}(m-l) - \sqrt{1-3\omega(1-\omega)}(m-l)}{\sqrt{D(\bar{x}-\mu)/n}}$$

$$= \frac{\left(1 - \sqrt{\frac{1}{\omega(1-\omega)} - 3\sqrt{\omega(1-\omega)}(m-l)}\right)}{\sqrt{D(\bar{x}-\mu)/n}} \quad (6-13)$$

(三) 检验步骤

在未知 μ 和 σ 的情况下,一个正态总体的假设检验步骤如下:

(1) 建立检验假设 H_0: 样本平均数与总体平均数没有显著差别,亦即 $\mu = \mu_0$;

备择假设 H_1: 样本平均数与总体平均数之间存在的系统偏差,亦即 $\mu \neq \mu_0$。

(2) 计算 t 统计量:

$$t = \frac{\left(1 - \sqrt{\frac{1}{\omega(1-\omega)} - 3\sqrt{\omega(1-\omega)}(m-l)}\right)}{\sqrt{D(\bar{x}-\mu)/n}} \quad (6-14)$$

(3) 决定显著性水平 (α) 及相应的临界值 $t(\alpha/2, n-1)$。

(4) 比较 t 统计量与临界值 $t(\alpha/2, n-1)$;当 $t \leq t(\alpha/2, n-1)$,接受 H_0,可以认为样本平均数与总体平均数没有显著差别,也可以认为样本的信息结构与总体的信息结构相一致,因而能够用样本指标推断总体指标;当 $t > t(\alpha/2, n-1)$,拒绝 H_0,可以认为样本平均数与总体平均数之间存在系统偏差,也可以认为样本的信息结构与总体的信息结构不相一致,因而用样本指标推断总体指标则是错误的。

三、例证运用

下面我们试通过实例说明其应用。为了更好地说明问题,我们特设定的一个全及总体,样本数据均取之于全及总体;共选取 3 个样本,其中一个按等距(无关标志)抽样方式抽取样本,另外两个则表现为极端情况,一个是由最小数据群所组成的样本,另一个是由最大数据群所组成的样本。同时也给出了 3 个样本用传统的 t 检验方法所得的结果,以便与新的 t 检验方法所得的结果做一比较。

所设定的全及总体为某小学毕业班 120 名学生。120 名学生的数学成绩分布

如下:

58 92 69 67 84 94 57 74 74 83 51 62 64 62 72 58 56 76 76 83
83 56 72 98 74 84 68 83 79 85 59 59 73 72 54 69 78 68 82 84
79 78 78 79 77 82 84 82 84 82 81 86 94 79 74 54 72 68 63 45
93 79 42 55 68 70 64 72 73 54 46 64 74 77 76 69 68 66 54 72
50 72 62 63 90 74 54 73 89 68 87 74 86 75 50 82 67 62 88 44
69 88 72 74 55 90 66 76 64 74 65 73 72 69 68 75 60 79 77 80

现假定该成绩按学号排列,由甲、乙、丙三人来抽样,每人共抽取30名学生。甲按等距抽样方式进行,由于 N = 120,n = 30,则 k = 4,设甲一个抽取的是第1个单位,则其后依次为5,9,13,…,113,117,该数据称为随机组数据,列于表6-1第1行至第3行;乙按最高成绩抽取,即抽取第1名到第30名的30名学生,该数据称为最高组数据,列于表6-1第4行至第6行;丙按最低成绩抽取,即抽取第91名到第120名的30名学生,该数据称为最低组数据,列于表6-1第7行至第9行。三个样本的数据资料如表6-1所示。

表6-1 样本数据

	58	84	74	64	56	83	74	79	73	78
甲样本	79	79	84	94	72	93	68	73	74	68
	50	90	89	86	67	69	55	64	72	60
	80	81	82	82	82	82	82	83	83	83
乙样本	83	84	84	84	84	84	85	86	86	87
	88	88	89	90	90	92	93	94	94	98
	42	44	45	45	46	50	50	51	54	54
丙样本	54	54	55	55	55	55	56	56	57	58	59
	59	60	62	62	62	62	62	63	64	64

运用我们所提供的 t 检验方法所得的结果如表6-2所示。

第六章 假设检验

表6-2 运用我们提供的 t 检验方法所得的结果

项目	序号	甲样本	乙样本	丙样本	项目	序号	甲样本	乙样本	丙样本
$\bar{x}$	(1)	73.56667	86.1	55.76667	$\omega^5 - (1-\omega)^5$	(11)	0.065678	0.130761	0.103288
m	(2)	94	98	64	$(\bar{x}-\mu)$	(12)	21.94415	8.519977	10.60766
l	(3)	50	80	42	$E(\bar{x}-\mu)$	(13)	22.16672	10.30679	11.99847
$m-\bar{x}$	(4)	20.43333	11.9	8.23333	方差 (s^2)	(14)	0.801214	10.91317	11.58678
$\bar{x}-l$	(5)	23.56667	6.1	13.6667	n	(15)	30	30	30
$m-l$	(6)	44	18	22	t	(16)	-1.361	-2.96011	-2.23794
ω	(7)	0.464394	0.661111	0.374242	α	(17)	0.05	0.05	0.05
$1-\omega$	(8)	0.535606	0.338889	0.625758	$t(\alpha/2, 30-1)$	(18)	2.045	2.045	2.045
$\omega(1-\omega)$	(9)	0.248732	0.224043	0.234185	比较	(19)	$t<t_{\alpha/2}$	$t<t_{\alpha/2}$	$t<t_{\alpha/2}$
$1-3\omega(1-\omega)$	(10)	0.253803	0.32787	0.297445	结论	(20)	接受 H_0	拒绝 H_0	拒绝 H_0

注：(1) $(\bar{x}-\mu) = (7) \times (8)^{0.5} \times (6)$；(2) $E(\bar{x}-\mu) = (10)^{0.5} \times (6)$；(3) $s^2 = ((11)^{0.5} - (10)) \times (6)^2$；(4) $t = ((12) - (13)) / ((14)/(15))^{0.5}$。

运用一般的 t 检验方法所得的结如表 6-3 所示。

表 6-3　一般 t 检验方法所得到的结果

项目	甲样本	乙样本	丙样本
$\bar{x}$	73.56667	86.1	55.76667
s^2	126.8456	20.15667	36.37889
n	30	30	30
建立检验假设	$H_0: \mu = 71.71667$	$H_0: \mu = 71.71667$	$H_0: \mu = 71.71667$
备选假设	$H_1: \mu \neq 71.71667$	$H_1: \mu \neq 71.71667$	$H_1: \mu \neq 71.71667$
计算统计量 t	0.899694	17.54732	14.48427
比较	$t < t_{\alpha/2}$	$t > t_{\alpha/2}$	$t > t_{\alpha/2}$
结论	接受 H_0	拒绝 H_0	拒绝 H_0

从表 6-2 和表 6-3 可以看出，两种方法所得结论是完全一致的，但我们提供的方法较之一般方法又有了进一步的发展：其一，不需要已知某种标准信息，就能对样本平均数是否与总体平均数相一致进行检验，应用更具有广泛性；其二，能够为抽样推断提供先行信息，并根据此信息做出是否抽样的判断，消除了抽样推断时所隐含的"样本信息结构必须与总体信息结构相近或相一致"的前提条件，使抽样推断有了可靠的理论依据；其三，可以更好地利用样本信息。同样需要值得注意的是，M、L 是极值，稳定性比较差，因此应谨慎使用。

第三节　决策分析可靠性的假设检验

所谓决策的可靠性，从统计学的角度来说，就是指依据最大收益期望值（EMV）或最小机会损失期望值（EOL）决策准则所选择的最优决策方案实现其期望益损值有多大的可能性，或者说能以多大的概率保证最优决策方案的实现，不仅如此，还要分析所获得的概率（可靠性）是否与决策者期望的可靠性相一致。而对于这一问题，最大收益期望值准则并没有给出结论，决策理论也没有研究。因此，有必要加强决策可靠性问题的研究，以不断丰富和完善决策理论和方法体系。

一、决策可靠性分析的基本思想和实施步骤

决策可靠性分析的基本思想是,运用现代概率论的理论和方法,确定出依据最大收益期望值或最小机会损失期望值决策准则所选择的最优决策方案实现其期望益损值的概率,以此反映决策的可靠性状况。显然,概率越大,则意味着决策的可靠性越好。但仅有此指标还是不够的,还需要对所确定出的概率进行假设检验。

决策可靠性分析的步骤如下:

第一,运用现代概率论的理论和方法,确定出所选择的最优决策方案实现其期望益损值的概率,以反映最优决策方案的可靠性。

(1) 讨论最优决策方案随机变量的概率分布。设最优决策方案随机变量为 A,其取值为 a_{ij},$i=1, 2, \cdots, m$,$j=1, 2, \cdots, n$。由于绝大多数的最优决策方案随机变量往往可以表示成大量独立随机变量的总和,且总和中的每一个单独的随机变量对于总和又不起主要作用,因此,根据李雅普诺夫中心极限定理,可以认为最优决策方案随机变量近似地服从正态分布,即 $A \sim N(\mu, \sigma^2)$。

(2) 讨论最优决策方案随机变量的取值情况。显然,采取某一最优决策方案后实现的益损值只能在其最小和最大益损值之间。也就是说,a_i 的取值在 $\min(a_{ij})$ 与 $\max(a_{ij})$ 之间。

于是,将随机变量的取值与所对应的概率相联系,用概率表示,则有:
$$P(\min(a_{ij}) \leq a_{ij} \leq \max a_{ij}) = 1 - \beta \tag{6-15}$$

式中:$1-\beta$ 为所选择的某一最优决策方案实现其期望益损值的概率。

(3) 讨论 $1-\beta$ 的计算方法,由前面讨论已知,$A \sim N(\mu, \sigma^2)$,则根据正态分布的性质,必有:$\frac{a_{ij}-\mu}{\sigma} \sim N(0, 1)$。为此,可按照标准正态分布概率的计算方法,求出概率 $1-\beta$,即:

$$1-\beta = P(\min(a_{ij}) \leq a_{ij} \leq \max(a_{ij})) = P\left(\frac{\min(a_{ij})-\mu}{\sigma} \leq \frac{a_{ij}-\mu}{\sigma} \leq \frac{\max(a_{ij})-\mu}{\sigma}\right)$$

$$= \Phi\left(\frac{\max(a_{ij})-\mu}{\sigma}\right) - \Phi\left(\frac{\min(a_{ij})-\mu}{\sigma}\right) \tag{6-16}$$

对于 $\Phi\left(\frac{\max(a_{ij})-\mu}{\sigma}\right)$,$\Phi\left(\frac{\min(a_{ij})-\mu}{\sigma}\right)$ 的值,可查正态分布表求得。通过

它，可以反映所选择的最优政策方案实现的可靠性状况。关于 μ 和 σ^2，可根据样本对其作出估计。由数理统计可知，μ 和 σ^2 的估计量分别为 $E(A1) = \sum_{j=1}^{n} a_{ij} P_j, S_i^2 = \sum_{j=1}^{n} (a_{ij} - E(A_i))^2 P_j$。

第二，对所求出的最优决策方案实现其期望损益的概率（$1-\beta$）进行假设检验。步骤如下：

（1）建立检验假设 H_0：$1-\beta$ 与 $1-\alpha$ 没有显著差别，亦即 $1-\beta=1-\alpha$ 或 $\beta=\alpha$；备择假设 H_1：$1-\beta$ 与 $1-\alpha$ 有显著差别，亦即 $1-\beta\neq1-\alpha$ 或 $\beta\neq\alpha$。

（2）计算 t 统计量：$t=\dfrac{\beta-\alpha}{S_\beta}$，式中：$S\beta=\sqrt{\dfrac{\beta(1-\beta)}{m}}$，$|t|\leq t(\alpha/2m-1)$。

（3）决定显著性水平（α）① 及相应的临界值 $t(\alpha/2m-1)$。

（4）比较 t 统计量与临界值 $t(\alpha/2m-1)$，当 $|t|\leq t(\alpha/2m-1)$，则接受 H_0，可以认为所求出的最优决策方案实现的可靠性（$1-\beta$）与决策者所期望的可靠性（$1-\alpha$）相一致；当 $|t|>t(\alpha/2m-1)$，则拒绝 H_0，可以认为所求出的最优决策方案实现的可靠性（$1-\beta$）与决策者所期望的可靠性（$1-\alpha$）不相一致。

二、例证运用

某企业以批发方式销售它所生产的产品，每件产品的成本为 0.03 万元，批发价格每件为 0.05 万元。若每天生产的产品当天销售不完，每件要损失 0.01 万元。该企业每天的产量可以是 1000 件、2000 件、3000 件、4000 件，每天的批发销售量根据市场的需要可能为 0 件、1000 件、2000 件、3000 件、4000 件，相应的概率分别为 0.1、0.2、0.4、0.2、0.1。所构造的收益矩阵如表 6-4 所示。

根据收益矩阵，计算出各方案的期望收益值，如表 6-4 第（6）列所示。因此，依据最大收益期望值（EMV）准则，我们最终确定出的最优决策方案为 A_2。

但正如前述，所确定的这一最优决策方案 A_2 实现最大收益期望值的可靠性又是怎样呢？最大收益期望值准则并没有给出答案，决策理论也没有研究。因此，有必要对此进行分析。根据决策可靠性分析步骤，计算出最优决策方案实现最大收益期望值的可靠性（概率）为：

---

① 在我们的研究中，显著性水平（α）与决策者期望的可靠性（$1-\alpha$）中的 α 是一致的。

表 6-4　某企业的收益矩阵

益损值 自然状况 最优决策方案	概率	销售量					期望值 $E(A_j)$	标准差 σ_j	可靠性 $1-\beta$
		$0\ (\theta_0)$	$1000\ (\theta_1)$	$2000\ (\theta_2)$	$3000\ (\theta_3)$	$4000\ (\theta_4)$			
		0.1	0.2	0.4	0.2	0.1			
（甲）		(1)	(2)	(3)	(4)	(5)	(6)	(7)	(8)
1000（A_1）		-10	20	20	20	20	17	9	0.63
2000（A_2）		-20	10	40	40	40	28	19.90	0.72
3000（A_3）		-30	0	30	60	60	27	28.30	0.86
4000（A_4）		-40	-10	20	50	80	20	32.86	0.93

$$p(\min(a_{ij}) \leq a_{ij} \leq \max(a_{ij})) = p(-20 \leq a_{ij} \leq 40)$$

$$= p\left(\frac{-20-28}{19.90} \leq \frac{a_{ij}-28}{19.90} \leq \frac{40-28}{19.90}\right)$$

$$= \Phi(0.60) - \Phi(-2.41) = 0.7257 + 0.9918 - 1$$

$$= 0.7175 \text{ 或 } 72.0\%$$

也就是说，采取最优决策方案 A_2 以获得最大收益期望值（$E(A_2) = 28$）的可靠性为72.0%。为了比较，我们也计算出了其他方案实现其他收益期望值的可靠性，如表 6-4 第（8）列所示。

问题在于，所求出的这 72.0% 的可靠性是否与决策者期望的可靠性（假定决策者期望的可靠性为 95%）相一致？为此，对 72.0% 的可靠性做假设检验如下：

（1）建立检验假设 $H_0: 1-\beta = 0.95$，备择假设 $H_1: 1-\beta \neq 0.95$。

（2）计算 t 统计量，$S_\beta = \sqrt{\dfrac{\beta(1-\beta)}{m}} = \sqrt{\dfrac{0.72(1-0.72)}{5}} = 0.20$，

$t = \dfrac{0.72 - 0.95}{0.20} = -1.15$

（3）给定显著性水平 $(\alpha) = 0.05$，查表得 $t(\alpha/2m-1) = 2.776$。

由于 $|-1.15| \leq 2.776$，则接受 H_0，即有 95% 的可靠性保证所选择的最优决策方案能实现最大收益期望值（$E(A_2) = 28$）。

总之，将可靠性分析的理论和方法引入决策过程之中，对于不断丰富和完善

决策理论和方法体系有着积极的意义。

第四节 多重共线性的消除：不相关法

多重共线性是指解释变量之间存在着完全的或近似的线形关系。在实际经济问题中，更多地表现为解释变量之间存在着近似的线形关系，称为不完全多重共线性。多重共线性是对线性回归的基本假定之一——解释变量之间无多重共线性的违反。它是经济计量模型中普遍存在的一个问题。由于它的存在，给模型的估计带来了一系列严重后果，因此，必须采用相应的办法予以消除。而对于多重共线性消除的一些方法，在现行的众多《经济计量学》著作中有着详细的介绍，不需多加赘述。在这里，提出一种新的多重共线性消除的方法——不相关法。

一、不相关法的基本思想

众所周知，在多元线性回归模型中，当各解释变量（如 X_i 与 X_j，$i \neq j$）之间存在着多重共线性时，其最直接的表现就是各个解释变量之间的决定系数（$r_{i,j}^2$）很大。$r_{i,j}^2$ 很大，则意味着重要变量 X_i（在我们的研究中，为研究方便，我们始终假定 X_i 相对于 X_j 而言，是一重要变量，$i \neq j$）的变化能够说明 X_j 变化的 $r_{i,j}^2$，如两者之间的 $r_{i,j}^2 = 0.826$，则我们可以说，X_i 的变化说明了 X_j 变化的 82.6%。而剩余的 $(1 - r_{i,j}^2)$ 部分，如 $(1 - 82.6\% = 17.4\%)$ 则是由 X_j 自身的变化说明的。由此决定，在反映被解释变量（Y）与解释变量 X_i、X_j 之间的关系时，对于解释变量 X_j 来说，并不需要用全部的信息来解释被解释变量的问题，而只需要用剩余的 $(1 - r_{i,j}^2)$ 部分的信息来解释就足够了，因为有 $r_{i,j}^2$ 部分的信息是与 X_i 相重复的，已由 X_i 完全加以解释了。由此出发，如果我们能够在保留重要变量（X_i）全部信息的同时，以重要变量（X_i）为基础，对其他的解释变量进行一定的线形变换，使之转换为一个新变量，如将 X_j 转换为 X_{jj}，并且使 X_i 与新变量 X_{jj} 之间的决定系数（$r_{i,jj}^2$）降低到最小程度，如 $(1 - r_{i,j}^2)$，则就可以消除多重共线性。而这也正是不相关法基本思想的具体体现。下面，我们给出这一线形的变换过程：

设 X_i 与 X_j，$(i \neq j)$ 之间的决定系数为 $r_{i,j}^2$，协方差为 $COV(X_i, X_j)$，X_i 与 X_j，$(i \neq j)$ 各自的标准差分别为 σ_i、σ_j。

由 $r_{i,j}^2 = \dfrac{COV(X_i, X_j)}{\sigma_i \sigma_j}$ 得：

$$1 - r_{i,j}^2 = 1 - \frac{COV(X_i, X_j)}{\sigma_i \sigma_j} = 1 - COV\left(\frac{X_i}{\sigma_i}, \frac{X_j}{\sigma_j}\right)$$

$$= COV\left(\frac{X_i}{\sigma_i}, \frac{X_i}{\sigma_i}\right) - COV\left(\frac{X_i}{\sigma_i}, \frac{X_j}{\sigma_j}\right)$$

$$= COV\left(\frac{X_i}{\sigma_i}, \frac{X_i}{\sigma_i} - \frac{X_j}{\sigma_j}\right) = COV\left(\frac{X_i}{\sigma_i}, \frac{X_{jj}}{\sigma_{jj}}\right) = \frac{COV(X_i, X_{jj})}{\sigma_i \sigma_{jj}} \qquad (6-17)$$

令：$r_{i,jj}^2 = 1 - r_{i,j}^2$

则：$r_{i,jj}^2 = \dfrac{COV(X_i, X_{jj})}{\sigma_i \sigma_{jj}}$ \hfill $(6-18)$

式中：$r_{i,jj}^2$ 是 X_i 与 X_{jj} 之间的决定系数，X_{jj} 是经过线形变换后形成的新变量，其线形变换公式为：$X_{jj} = X_i \sigma_j - X_j \sigma_i$，$\sigma_{jj}$ 是新变量的标准差，表现为 σ_i 和 σ_j 的乘积。

显然，当 $r_{i,j}^2$ 所表现出 X_i 与 X_j 之间是显著相关或高度相关时，$r_{i,jj}^2$ 则表现出 X_i 与 X_{jj} 之间必然是不相关的。事实上，只有经过线形变换后的新变量 X_{jj} 才真正反映了 X_j 自身的变化，也只有新变量 X_{jj} 才能真正解释被解释变量的问题。

二、不相关法应用的步骤

（1）根据所收集的原始资料，构造多元线性回归模型，并应用普通最小二乘法对上述模型进行估计，得到多元线形样本回归估计方程为：

$$\hat{Y} = \hat{\beta}_0 + \hat{\beta}_1 X_1 + \hat{\beta}_2 X_2 + \cdots + \hat{\beta}_k X_k \qquad (6-19)$$

式中：$\hat{Y}$ 为被解释变量；$X_1, X_2, \cdots, X_k$ 为各解释变量；$\hat{\beta}_0, \hat{\beta}_1, \hat{\beta}_2, \cdots, \hat{\beta}_k$ 为回归系数。

为研究方便，我们总是假设上述回归方程中的各回归系数以及总体回归模型能够通过一定显著水平下的 t 检验（如有某个回归系数不能通过 t 检验，则将其对应的变量剔除即可）和 F 检验，说明各解释变量以及总体模型是显著的。

（2）计算各解释变量之间的决定系数，有 $r_{i,j}^2$，并依据 $r_{i,j}^2$ 的大小判断各解释变量之间是否存在多重共线性。

（3）对于存在多重共线性的各解释变量进行线形变换。设 X_i 与 X_j 之间存在多重共线性，并根据经验可知，X_i 是最重要的变量，因此，应以 X_i 为基础，对 X_j 进行线形变换，从而得到一个新变量 X_{jj}，其变换公式为：$X_{jj} = X_i\sigma_j - X_j\sigma_i$。

必须注意的是，经过上述线形变换后，凡是与 X_i 形成多重共线性的各解释变量俱已转换为新变量 X_{jj}，而且根据前面所作的分析可知，X_i 与 X_{jj} 之间已消除了多重共线性。但并不排除各新变量之间还存在着多重共线性。此时，只需要再做一次线形变换就可以了。依此类推，直至使各解释变量之间完全消除多重共线性为止。

（4）根据 X_i 以及所得到的各新变量 X_{jj}，再应用普通最小二乘法对各个解释变量的回归系数进行估计，就能够获得一个各解释变量之间不存在多重共线性的多元样本回归方程了。

三、不相关法的实际应用

下面我们通过一个实例来说明不相关法的实际应用。

有关数据资料来源于李长风编著的《经济计量学》一书中第 145~146 页的一个案例——服装市场需求函数。为更好地说明问题，我们将该案例中的流动资产这一变量省略了，其原因是该变量在统计检验中表现得并不显著，同时也将原有的年份数据用序号表示。有关数据资料如表 6-5 所示。

表 6-5 服装市场需求函数变量和数据

序号（甲）	服装支出（百万元）（Y）	可支配收入（百万元）（X_1）	服装类物价指数（第6年为100）（X_2）	总物价指数（第6年为100）（X_3）	线形变换后的新变量（X_{22}）	线形变换后的新变量（X_{33}）
(1)	(2)	(3)	(4)	(5)	(6)	
1	8.4	82.9	92	94	-2675.668	-2890.479
2	9.6	88.0	93	96	-2670.636	-2930.587
3	10.4	99.9	96	97	-2683.166	-2890.692
4	11.4	105.3	94	97	-2566.483	-2856.068
5	12.2	117.7	100	100	-2684.163	-2885.775
6	14.2	131.0	101	101	-2612.509	-2836.903
7	15.8	148.0	105	104	-2620.006	-2837.115
8	17.9	161.8	112	109	-2762.716	-2930.655
9	19.3	174.2	112	111	-2661.970	-2923.957
10	20.8	184.7	112	111	-2576.660	-2856.633

设服装的需求函数为:

$$Y = \beta_0 + \beta_1 X_1 + \beta_2 X_2 + \beta_3 X_3 + \mu \tag{6-20}$$

应用最小二乘法对上述模型进行估计，得到:

$$\hat{Y} = -12.445641 + 0.1042429 X_1 - 0.1866279 X_2 + 0.3131558 X_3$$

$$t\ \text{值}(-1.92)\quad(7.55)\quad\quad(-2.47)\quad\quad(2.59) \tag{6-21}$$

$$R^2 = 0.998012,\ \overline{R}^2 = 0.997018,\ DW = 3.50,\ F = 1003.869$$

对于给定的显著水平 $\alpha = 0.05$，服从自由度为 6 的 t 分布临界值 t_α 为 1.94，服从自由度为 (3, 6) 的 F 分布临界值 F_α 为 4.76。显然，各解释变量回归系数的 $t > t_\alpha$，说明各解释变量是显著的；同时 $F > F_\alpha$，说明上述估计总体也是显著的。

计算各解释变量之间的简单相关系数，有:

$r_{X_1,X_2} = 0.9804$

$r_{X_1,X_3} = 0.9878$

$r_{X_2,X_3} = 0.9918$

可见，所有的解释变量之间的多重共线性均是相当严重的。现在，我们应用不相关法来消除其多重共线性。

根据经验可知，可支配收入 X_1 是最重要的因素，因此，应以 X_1 为基础，对 X_2、X_3 进行线形变换。设线形变换后的新变量分别为 X_{22}、X_{33}，其线形变换公式为:

$$X_{22} = X_1 \sigma_2 - X_2 \sigma_1$$

$$X_{33} = X_1 \sigma_3 - X_3 \sigma_1 \tag{6-22}$$

有关 X_{22}、X_{33} 的具体数值如表 6-5 第 5 列、第 6 列所示。

再计算各解释变量之间的简单相关系数，有:

$r_{X_1,X_{22}} = 0.0990$

$r_{X_1,X_{33}} = 0.0782$

$r_{X_{22},X_{33}} = 0.7628$

可以看出，X_1 与 X_{22}、X_{33} 之间的多重共线性已降低到最低程度；与 X_{22}、X_{33} 之间的相关系数的平方也明显地低于被解释变量对全部解释变量的判定系数，表明 X_{22}、X_{33} 之间的多重共线性也表现得并不太严重和有害。因此，可以认为各解释变量之间的多重共线性已基本消除。

于是，重新应用最小二乘法就 Y、X_1、X_{22}、X_{33} 进行模型估计，得:

$$\hat{Y} = -12.445666 + 0.11774644X_1 + 0.0051265X_{22} - 0.0086022X_{33} \qquad (6-23)$$

t 值 (-1.92)　(54.47)　　(2.47)　　　(-2.59)

$R^2 = 0.998012$, $\overline{R}^2 = 0.997018$, $DW = 3.50$, $F = 1003.869$

显然，对于给定的显著水平 $\alpha = 0.05$，无论是各解释变量的回归系数，还是总体模型，都能够顺利地通过统计检验，从而说明其估计是显著的。

必须指出的是，模型（6-21）、模型（6-23）的性质是完全不同的。事实上，正如前面分析的那样，模型（6-21）的各解释变量之间存在着严重的多重共线性，从而会使普通最小二乘法的估计结果受到严重影响，而模型（6-23）则不会有这种情况发生。这是其一。其二，应用模型（6-23）进行预测时，必须将 X_2、X_3 的原始数据线形变换为 X_{22}、X_{33}，方可预测。

目前，无论在理论上，还是在实践上，对于多重共线性问题还有着很多尚须研究的课题，这里只是在克服多重共线性的途径方面做了一次有益的尝试，以期获得更多同行的关注和深入研究。

第五节　无量纲化方法的 t 检验

指标的无量纲化是通过数学变换来消除原始指标量纲影响的方法，它构成综合评价的一个重要环节。从现有的研究文献来看，如果说过去的研究更多的是局限于无量纲化方法的研究，那么现在的研究则是多维的研究，不仅深入到无量纲化方法的性质研究（郭亚军、易平涛，2008），而且深入到指标无量纲化方法对综合评价结果可靠性的影响（张卫华、赵铭军，2005）、对拉开档次法的影响（郭亚军、马凤妹、董庆兴，2011）以及对属性权重的影响（糜万俊，2013）等，从而进一步深化了无量纲化方法研究的系统性和全面性。然而，也应该看到，关于无量纲化方法的研究仍存在着一定的问题，其中表现较为突出的就是，并没有像构建回归模型那样，通过一套规范的假设检验体系，以对所采用的无量纲化方法的有效性作出统计判断。换句话说，能否也像计量经济研究一样，对所采用的无量纲化方法建立起一套规范的假设检验体系以便于人们根据一定的判断规则做出统计判断？事实是，也正是由于在无量纲化方法的运用过程中，缺乏这么一套规范的假设检验体系，其结果往往使人们在综合评价中，难以对所用的无量纲化方法建立起一种"信服感",从而给具体的分析评价工作带来了很大的困难。显然,有必要加强对这一问题的研究。

我们的基本思想是以无量纲化方法为对象,通过对原始数据以及无量纲化后的新数据性质的比较,借助于原始数据协方差矩阵和无量纲化后的新数据协方差矩阵的迹的关系,在两者之间建立起数量联系,并以此为基础,以新构造出用于检验无量纲化方法的 t 统计量,从而建立起一套规范的无量纲化方法假设检验体系,为无量纲化方法的选择提供统计判断依据。为了说明该假设检验体系的适用性,本书也从正反两个方面提供了案例。案例结果表明,本书所提出的无量纲化方法的检验方法不仅有效,而且可操作,具有较好的推广应用价值。

一、无量纲化方法 t 检验的基本思想

为研究方便,记指标 $X_j(j=1, 2, \cdots, k)$ 的观测值为 $\{x_{ij}, i=1, 2, \cdots, n, j=1, 2, \cdots, k\}$,$x_{ij}$ 表示第 i 个被评价对象在第 j 个指标上的值,随机向量 $X=(X_1, X_2, \cdots, X_k)$ 表示总体。若无特殊说明,本书所考虑的指标 X_j 均为极大型指标,而极小、区间、居中等类型的指标转化为极大型指标,已有比较简便成熟的方法。如此,形成的原始数据如表 6-6 所示。

表 6-6 原始数据

指标 被评价对象	X_1	X_2	...	X_j	...	X_k
1	x_{11}	x_{12}		x_{1j}		x_{1k}
2	x_{22}	x_{22}		x_{2j}		x_{2k}
⋮						
i	x_{i1}	x_{i2}		x_{ij}		x_{ik}
⋮						
n	x_{n1}	x_{n2}		x_{nj}		x_{nk}

又记:y_{ij} 为无量纲化后的新数值。且两者之间有:

$$y_{if} = f(x_{if}) = \frac{1}{f_j} \cdot x_{ij} \tag{6-24}$$

其中，f 为无量纲化函数，$\dot{f}_j$ 为无量纲化后 x_{ij} 前的系数。如此，形成的无量纲化后的新数据如表 6-7 所示。

表 6-7 无量纲化后的新数据

指标 被评价对象	Y_1	Y_2	…	Y_j	…	Y_k
1	Y_{11}	Y_{12}	…	Y_{1j}	…	Y_{1k}
2	Y_{21}	Y_{22}	…	Y_{2j}	…	Y_{2k}
⋮						
i	Y_{i1}	Y_{i2}	…	Y_{ij}	…	Y_{ik}
⋮						
n	Y_{n1}	Y_{n2}	…	Y_{nj}	…	Y_{nk}

那么，表 6-6 所反映的被评价对象的信息总量和表 6-7 所反映的被评价对象的信息总量之间又是一种怎样的数量关系呢？这样一种数量关系对无量纲化方法又意味着什么呢？下面，我们进行分析。

在统计上，反映信息大小的优良指标是协方差或方差。为此，关于表 6-6 和表 6-7，可构造协方差—方差矩阵 $D(X)$ 和 $D(Y)$，如表 6-8、表 6-9 所示。

表 6-8 原始数据协方差—方差矩阵

指标 指标	X_1	X_2	…	X_i	…	X_k
X_1	$cov(X_1, X_1)$					
X_2	$cov(X_1, X_2)$	$cov(X_2, X_2)$				
⋮						
X_i	$cov(X_1, X_i)$	$cov(X_2, X_i)$		$cov(X_i, X_i)$		
⋮						
X_k	$cov(X_1, X_k)$	$cov(X_2, X_k)$		$cov(X_i, X_k)$		$cov(X_k, X_k)$

表6-9 无量纲化后的新数据协方差—方差矩阵

指标＼指标	Y_1	Y_2	...	Y_i	...	Y_k
Y_1	$cov(Y_1, Y_1)$					
Y_2	$cov(Y_1, Y_2)$	$cov(Y_2, Y_2)$				
⋮						
Y_i	$cov(Y_1, Y_i)$	$cov(Y_2, Y_i)$		$cov(Y_i, Y_i)$		
⋮						
Y_k	$cov(Y_1, Y_k)$	$cov(Y_2, Y_k)$		$cov(Y_i, Y_k)$		$cov(Y_k, Y_k)$

无量纲化后指标 Y_i 和 Y_j 的协方差 $cov(Y_i, Y_j)$ 与变换前指标 X_i 和 X_j 的协方差 $cov(X_i, X_j)$ 密切相关，依据式（6-24），其估计值之间具有以下关系：

$$\widehat{cov}(Y_i, Y_j) = \frac{1}{\dot{f}_i} \times \frac{1}{\dot{f}_j} \widehat{cov}(X_i, X_j) \tag{6-25}$$

即：

$$\widehat{cov}(X_i, X_j) = \dot{f}_i \dot{f}_j \widehat{cov}(Y_i, Y_j) \tag{6-26}$$

对于单个指标 Y_i，有：

$$\widehat{var}(Y_i) = \widehat{var}\left(\frac{1}{\dot{f}_i} \times X_i\right) = \left(\frac{1}{\dot{f}_i}\right)^2 \widehat{var}(X_i) \tag{6-27}$$

即 $\widehat{var}(X_i) = (\dot{f}_i)^2 \widehat{var}(Y_i)$ \hfill (6-28)

矩阵性质显示，k 阶矩阵 A 的迹（$tr(A)$）等于矩阵 A 的主对角线元素的总和。而对于协方差—方差矩阵，其主对角线元素则为各指标的方差。所以，协方差—方差矩阵的迹的实质则恰是所有指标的总方差，即该矩阵所反映的被评价对象的信息总量。

由矩阵性质，原始数据协方差—方差矩阵的迹为：

$$tr(D(X)) = \sum \widehat{var}(X_i) = \sum \dot{f}_i^2 \widehat{var}(Y_i) \tag{6-29}$$

无量纲化后的新数据协方差—方差矩阵的迹为：

$$tr(D(Y)) = \sum \widehat{var}(Y_i) \tag{6-30}$$

比较变换前后信息总量，即 $tr(D(X))$ 和 $tr(D(Y))$，有：

$$\frac{tr(D(X))}{tr(D(Y))} = \frac{\sum \widehat{var}(X_j)}{\sum \widehat{var}(Y_j)} = \frac{\sum f_j^2 \widehat{var}(Y_j)}{\sum \widehat{var}(Y_j)} = \frac{\sum \widehat{var}(Y_j)}{\sum \widehat{var}(Y_j)} f_j^2 \approx \frac{\sum f_j^2}{k} \cong \overline{f^2}$$

(6-31)

式（6-31）表明，表6-6所反映的被评价对象的信息总量（表现为原数据协方差—方差矩阵的迹）和表6-7所反映的被评价对象的信息总量（表现为无量纲化后的新数据协方差—方差矩阵的迹）之间存在着一种数量关系，其比值近似等于 $\overline{f^2} = \frac{\sum f_j^2}{k}$。也即：

$$\sum \widehat{var}(X_j) \approx \overline{f^2} \sum \widehat{var}(Y_j)$$

(6-32)

由前述可知，$\sum \widehat{var}(Y_j)$ 是进行无量纲化后而形成的信息总量。显然，如果无量纲化方法无效，表现在信息总量上，则有 $\frac{\sum \widehat{var}(Y_j)}{\sum \widehat{var}(X_j)}$ 为1；相反，则不为1。在统计上当差异达到某种程度时，就可以说两者之间存在着显著差异。

事实上，如果 $\sum \widehat{var}(X_j)$ 和 $\sum \widehat{var}(Y_j)$ 两者之间是独立的，则可以采用经典的研究其比值的做法。然而，此处可以发现两者之间存在着明显的变换关系，即使看作同一个总体的两个样本，也无法验证其独立性的问题。为此，有必要将比值转换为差值。可以证明，如果其差值的绝对值较大，则其相应比值也较大；反之，亦然。

因此，我们无量纲化方法检验的基本思路就是将比值转换为差值，考察 $\sum \widehat{var}(X_j) - \sum \widehat{var}(Y_j)$ 接近于0的情况。其差值越接近0，则表明无量纲化方法无效；否则，当这个差值大到某种程度时，就可以说两者之间存在着显著差异，表明所采用的无量纲化方法是有效的。

二、无量纲化方法 t 检验统计量的构造

任何假设检验都要符合一定的假设条件，唯有如此，其检验才是有效的。所涉及的假设条件有：

（1）总体服从多元正态分布，即观测值是来自服从多元正态总体的简单随机样本；

（2）总体 X 的各分量 X_i 之间互不相关，且四阶矩存在；

(3) 观察值是独立的。

上述常规假定条件主要涉及正态性和独立性,在一般情形下都是容易满足的。否则的话,也可以通过相应的正态性检验和独立性检验来考察数据是否满足假定条件。

由于中心化对协方差和方差没有任何影响,为了方便起见,下文中的 y_{ij} 均默认为经过中心化后得到的,于是有:

$$\sum \widehat{var}(X_j) = \sum \dot{f}_j^2 \widehat{var}(Y_j) = \frac{1}{n-1}\sum_{i=1}^{n}\dot{f}_j^2 \sum_{j=1}^{k} y_{if}^2 = \frac{1}{n-1}\sum_{j=1}^{k}\sum_{i=1}^{n}\dot{f}_j^2 y_{ij}^2$$

$$\sum \widehat{var}(Y_j) = \frac{1}{n-1}\sum_{i=1}^{n}\sum_{j=1}^{k} y_{ij}^2 \tag{6-33}$$

因此,有差值:

$$\sum \widehat{var}(X_j) - \sum \widehat{var}(Y_j) = \frac{1}{n-1}\sum_{j=1}^{k}\sum_{i=1}^{n}(\dot{f}_j^2 - 1) y_{ij}^2 \tag{6-34}$$

对于每个随机分量 Y_j,$j = 1, 2, \cdots, k$,由于 $\{y_{ij}, i = 1, 2, \cdots, n\}$ 是 Y_j 的简单随机抽样,且四阶矩存在。当 n 较大时,采用 Lindburg – Levy 中心极限定理,得:

$$\frac{1}{n}\sum_{i=1}^{n}(\dot{f}_j^2 - 1) y_{ij}^2 \xrightarrow{\text{近似}} N(\mu_j, \sigma_j^2) \tag{6-35}$$

其中,$\mu_j = (\dot{f}_j^2 - 1) D(Y_j)$,$\sigma_j^2 = (\dot{f}_j^2 - 1)^2 D(Y_j^2)/n$ \hfill (6-36)

在随机分量 Y_j 独立性条件下,对原差值乘以系数 $\frac{n-1}{n} \approx 1$,有:

$$\frac{n-1}{n}(\sum \widehat{var}(X_j) - \sum \widehat{var}(Y_j)) = \sum_{j=1}^{k}\frac{1}{n}\sum_{i=1}^{n}(\dot{f}_j^2 - 1) y_{ij}^2 \xrightarrow{\text{近似}} N(\sum_{j=1}^{k}\mu_j, \sum_{j=1}^{k}\sigma_j^2) \tag{6-37}$$

其中:

$$\sum_{j=1}^{k}\mu_j = \sum_{j=1}^{k}(\dot{f}_j^2 - 1) D(Y_j)$$

$$\sum_{j=1}^{k}\sigma_j^2 = \sum_{j=1}^{k}(\dot{f}_j^2 - 1)^2 D(Y_j^2) \tag{6-38}$$

当 $D(Y_j)$ 全都相等时,可推出 $\sum_{j=1}^{k}\mu_j = 0$。此时,我们可以采用方差齐性检验进一步讨论 $D(Y_j)$ 之间的差异。

在样本量 n 不是较大时,我们采用样本方差来代替总体方差,利用矩估计有:

$$\sum_{j=1}^{k} \hat{\sigma}_j^2 \approx \frac{1}{n^2} \sum_{i=1}^{n} \sum_{j=1}^{k} (\dot{f}_j^2 - 1)^2 (y_{ij}^4 - \overline{y_j^2}) \tag{6-39}$$

其中,$\overline{y_j}$ 表示指标 Y_j 的平均值,$\overline{y_j^2}$ 表示变量 Y_j^2 的平均值。

因此,按照 t 检验构造方法,得到检验无量纲化的 t 检验统计量,即:

$$t = \frac{\sum_{j=1}^{k} \sum_{i=1}^{n} (\dot{f}_j^2 - 1)(y_{ij}^2 - \overline{y_j^2})}{\sqrt{\sum_{i=1}^{n} \sum_{j=1}^{k} (\dot{f}_j^2 - 1)^2 (y_{ij}^4 - \overline{y_j^2})}} \sim t(n-1) \tag{6-40}$$

最终,我们可以通过式(6-40)来检验所采用的某一种无量纲化方法是否有效。

无量纲化方法 t 检验的一般步骤如下:

(1) 建立原假设:H_0:所采用的某一种线性无量纲化方法无效;

H_1:所采用的某一种线性无量纲化方法有效。

(2) 计算统计量:

$$t = \frac{\sum_{j=1}^{k} \sum_{i=1}^{n} (\dot{f}_j^2 - 1)(y_{ij}^2 - \overline{y_j^2})}{\sqrt{\sum_{i=1}^{n} \sum_{j=1}^{k} (\dot{f}_j^2 - 1)^2 (y_{ij}^4 - \overline{y_j^2})^2}}$$

(3) 确定显著性水平 a,并根据 t 分布表查出相应的临界值 $t_a(n-1)$。

(4) 比较 t 和临界值 $t_a(n-1)$,判断规则为:

如果 $t \leq t_a$,则接受 H_0,认为所采用的某一种线性无量纲化方法无效;

如果 $t > t_a$,则拒绝 H_0,接受 H_1,认为所采用的某一种线性无量纲化方法有效。

三、无量纲化方法 t 检验的实际应用

某集团公司考核其下属 15 个分公司的工作业绩,建立 4 项评价指标:x_1 表示人均实现利税额(万元/人),x_2 表示单位产值(万元/能耗),x_3 表示产品合格率(%),x_4 表示厂区绿化覆盖率(%)。为便于研究,本案例指标都为正向化指标。

有关原始数据如表 6-10 所示。

表6-10　某集团公司下属15个分公司评价指标数据

	x_1	x_2	x_3	x_4
公司1	45	76	0.98	0.78
公司2	57	87	0.87	0.85
公司3	29	96	0.96	0.68
公司4	65	78	0.89	0.85
公司5	73	57	0.93	0.59
公司6	65	68	0.96	0.87
公司7	85	69	0.86	0.85
公司8	47	53	0.75	0.79
公司9	86	87	0.76	0.73
公司10	56	59	0.92	0.64
公司11	35	91	0.93	0.59
公司12	48	83	0.86	0.62
公司13	51	94	0.87	0.72
公司14	63	58	0.84	0.78
公司15	49	89	0.79	0.94

资料来源：张卫华、赵铭军：《指标无量纲化方法对综合评价结果可靠性的影响及其实证分析》，《统计与信息论坛》2005年第3期。

为了运用文中所提出的方法，首先需要对表6-10中的数据进行正态性检验，为此采用QQ图和单样本K-S检验方法实现此目的。原始数据的四个指标数据的QQ图如图6-1所示。

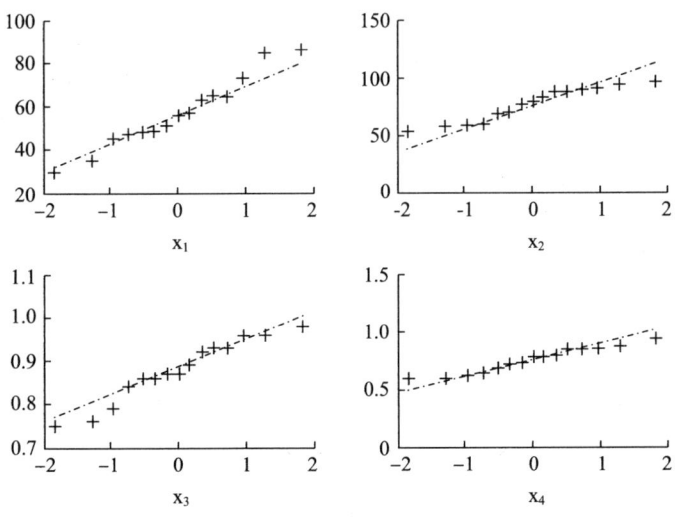

图6-1　原始数据的QQ图

由图 6-1 可以看出，原始数据的四个指标的样本数据基本落在一条直线上，因此可以认为数据来自正态总体。为了进一步检验数据的正态性，这里采用单样本 K-S 检验法，结果如表 6-11 所示。

表 6-11 原始数据的 K-S 检验结果

	x_1	x_2	x_3	x_4
样本量 n	15	15	15	15
K-S 统计量	0.429	0.642	0.518	0.566
P 值	0.993	0.804	0.951	0.905

由表 6-11 可以看出四个指标数据 K-S 检验的 P 值都大于 0.05，因此有充分的理由认为原始数据来自正态分布。这与图 6-1 的结果相一致，因此对于该数据可以运用文中提出的 t 检验方法来评价某种无量纲化方法是否有效。

同时文中的方法要求各指标数据之间满足不相关的条件，这就需要对指标数据进行相关性检验，其结果如表 6-12 所示。

表 6-12 原始数据的相关性检验结果

	x_1	x_2	x_3	x_4
x_1 Pearson 相关性	1	-0.373	-0.311	0.248
P 值		0.171	0.259	0.372
x_2 Pearson 相关性	-0.373	1	0.071	0.004
P 值	0.171		0.802	0.990
x_3 Pearson 相关性	-0.311	0.071	1	-0.304
P 值	0.259	0.802		0.270
x_4 Pearson 相关性	0.248	0.004	-0.304	1
P 值	0.372	0.990	0.270	

从表 6-12 可以看出，原始数据之间的相关性检验的 P 值均大于 0.05，因此可以认为原始数据指标之间是不相关的，从而该组数据满足文中所提出方法的假设条件。

为了说明文中提出的 t 检验方法的有效性，我们采用了三种无量纲化方法，

分别是均值化方法 $\left(y_{ij}=\dfrac{x_{ij}}{\overline{x_j}}\right)$、极大化方法 $\left(y_{ij}=\dfrac{x_{ij}}{M_j}\right)$ 和曲线化方法 $\left(y_{ij}=\dfrac{1+(x_{ij}-M_j)^4}{1+x_{ij}}\right)$，其中 $\overline{x_j}$ 表示第 j 个指标数据的均值，M_j 表示第 j 个指标数据的最大值。由此，所得的无量纲化方法的新数据如表 6-13 所示。

表 6-13 无量纲化后新数据（Y_j）

	均值化				极大化				曲线化			
	y_1	y_2	y_3	y_4	y_1	y_2	y_3	y_4	y_1	y_2	y_3	y_4
公司 1	0.79	1.00	1.12	1.04	0.52	0.79	1.00	0.83	61429.61	2077.94	0.51	0.56
公司 2	1.00	1.14	0.99	1.13	0.66	0.91	0.89	0.90	12194.52	74.57	0.53	0.54
公司 3	0.51	1.26	1.09	0.90	0.34	1.00	0.98	0.72	351866.73	0.01	0.51	0.60
公司 4	1.14	1.02	1.01	1.13	0.76	0.81	0.91	0.90	2946.70	1328.82	0.53	0.54
公司 5	1.28	0.75	1.06	0.78	0.85	0.59	0.95	0.63	385.97	39886.93	0.52	0.64
公司 6	1.14	0.89	1.09	1.16	0.76	0.71	0.98	0.93	2946.70	8908.07	0.51	0.53
公司 7	1.49	0.90	0.98	1.13	0.99	0.72	0.88	0.90	0.02	7592.03	0.54	0.54
公司 8	0.83	0.69	0.85	1.05	0.55	0.55	0.77	0.84	48196.71	63311.15	0.57	0.56
公司 9	1.51	1.14	0.87	0.97	1.00	0.91	0.78	0.78	0.01	74.57	0.57	0.58
公司 10	0.98	0.77	1.05	0.85	0.65	0.61	0.94	0.68	14210.54	31236.03	0.52	0.61
公司 11	0.61	1.19	1.06	0.78	0.41	0.95	0.95	0.63	187922.28	6.80	0.52	0.64
公司 12	0.84	1.09	0.98	0.82	0.56	0.86	0.88	0.66	42553.82	340.02	0.54	0.62
公司 13	0.90	1.23	0.99	0.96	0.59	0.98	0.89	0.77	28858.19	0.18	0.53	0.58
公司 14	1.11	0.76	0.96	1.04	0.73	0.60	0.86	0.83	4372.53	35341.31	0.54	0.56
公司 15	0.86	1.17	0.90	1.25	0.57	0.93	0.81	1.00	37483.24	26.69	0.56	0.52

根据文中的 t 检验的步骤和原始数据以及表 6-13 数据进行分析，得到结果如表 6-14 所示。

表 6-14 无量纲化方法的检验结果

	均值化方法	极大化方法	曲线化方法
t 统计量	5.12	5.51	1.61
$t_{0.025}$（14）	2.14	2.14	2.14

续表

判断	均值化方法	极大化方法	曲线化方法
	$t > t_\alpha$	$t > t_\alpha$	$t \leq t_\alpha$
结论	拒绝 H_0，接受 H_1 认为所采用的该无量纲化方法有效	拒绝 H_0，接受 H_1 认为所采用的该无量纲化方法有效	接受 H_0，认为所采用的该无量纲化方法无效

四、结束语

我们针对无量纲化方法的 t 检验进行了讨论，得出了若干具有理论意义和应用价值的结论：

（1）对所采用的无量纲化方法，可以通过构建 t 统计量，以建立假设检验范式的方式，判断其是否有效，从而有利于从根本上解决"由于各种评价方法对原始数据的处理……本身掌握的标准和计算方法的不同，使评价结果存在着差异"这一长期困扰人们的问题。从这个意义上说，无量纲化方法的 t 检验弥补了现有无量纲化方法研究的一些缺陷，具有较好的创新性。

（2）由正反两个案例也可以看出，并不是所有的无量纲化方法都适用于原始数据。尽管人们有时也可以凭借自己的经验对于采用何种无量纲化方法做出判断，但更多的情形是对于一般的人是难以做到的。而当有了一套规范的假设检验体系后，则对于"有经验"的人，还是"无经验"的人都将一视同仁。这就使人们对于能不能采用该种无量纲化方法有了统一的可进行统计判断的依据。从这个意义上说，无量纲化方法 t 检验的应用具有一般性。

（3）在操作上，除要进行一些必要的计算外，其他一如一般的 t 检验，操作过程也极其简单。这为无量纲化方法 t 检验的推广应用提供了可靠的保证。

总之，为无量纲化方法建立起统计假设检验体系不仅必要，而且可能。这也正是其价值所在。

第七章 结构效益

第一节 引 论

一、结构效益的产生

结构效益是由于结构的变动而产生的效益。结构经济效益则是由于结构的变动而产生的经济效益。

"结构"一词,最初出自拉丁文"Structure",意为"构造"或"配置"。经济结构即社会经济结构,它有两层含义:一是指一定社会生产关系的总和;二是指国民经济各个部门、各个地区、各种成分、各种组织及社会再生产各方面的组成或构造。

最早用经济结构思想研究经济问题的是威廉·配第。1690年,他在《政治算术》一书中对欧洲不同国家经济的研究,就体现了结构的思想。后来法国弗朗斯瓦·魁奈在他的《经济表》中,用几根线条以图示方式从宏观的角度勾画出一个国家产业结构的大致联系和运转情况。

马克思在《资本论》中明确指出:"生产的承担者对自然的关系以及他们互相之间的关系,他们借以进行生产的各种关系的总和,就是从社会经济结构方面来看的社会。"马克思关于社会再生产的理论,特别是其中关于两大部类及其附类的物质构成和价值比例,是对社会化大生产基础上经济结构的组成和相互关系及结构经济效益的全面论述和重要创见。

经济结构的变动且合理化产生结构经济效益。比如所有制结构的变动且合理化,既有利于发挥劳动者的积极性,也有利于资源的开发和利用,从而产生结构经济效益。产业结构的变动且合理化，有利于人力、物力、财力的合理安排和国民经济总供给与总需求的平衡，使国民经济能够持续、快速、健康发展，从而产生结构经济效益，并使经济结构日益优化。

技术结构的变动且合理化，可以使技术改造逐步高层次化，可以合理地利用各种有实用价值的技术，从而实现结构经济效益。产品结构的变动且合理化可以使各产品的生产同消费结构及其变化相适应，有利于产销对路，使产品符合社会需要，实现社会主义生产的目的。生产力布局结构的变动且合理化有利于充分发挥各地的优势，扬长避短，减少投入，增加产出，提高结构经济效益。总之，各种不同的经济结构的变动且合理化都会产生不同的经济效益。而当经济结构变动至最优时，会产生最优的经济效益。

二、结构效益的特征

（一）宏观性

结构效益一般具有宏观性的特征。因为经济结构一般是指国民经济各要素之间的联系和量的比例，它不是针对一个企业来说的。经济结构合理化意味着在整个国民经济范围内用最小的资金占用和劳动耗费与物质耗费取得更多的符合社会需要的产品。当然这不是说经济结构合理化带来的经济效益只表现为宏观经济效益，而与微观经济无关。因为经济结构合理化也有利于微观经济效益的提高。这是由于经济结构合理化意味着企业有了良好的内部经济条件和外部经济环境，这是提高微观经济效益的保证。

从结构效益的角度来说，微观经济效益与宏观经济效益之间不存在矛盾，即不存在对微观具有经济效益的活动，对宏观反而不具有经济效益的现象。从这个意义上说，结构效益是没有负效益的效益。

（二）动态性

任何事物的存在和发展都是变化的，其变化的原因有内因和外因。经济结构也由于内因和外因而发生变化。但由于经济结构存在的宏观性、多层次性、互相联系与互相制约性，一个部门、一个地区、一个构成经济结构的因素这种（如所有制结构中的某一种所有制）的变化，就会立即引起结构内部质的关系或量的比例的变化，这样结构经济效益的大小也会因之而变化。所以结构经济效益比起其他经济效益如企业的微观经济效益的变化来说，更容易引起变化，或经常处在变动之中。这种变化或迟或早总会引起结构经济效益的增加或者减少，而不会完全不变。所以，它具有明显的动态性。

结构效益的这种动态性或波动性，如果是合乎社会发展需要的，有利于经济结构的合理化，则有助于结构经济效益的提高。但是如果这种变化使经济结构畸形发展，就会引起结构经济效益的下降。随着社会经济发展战略的需要，逐步调整经济结构，就是为了使经济结构日益合理化和优化，使它们内部各方面、各要素之间的比例关系更协调，这样，就可以获得比较稳定的结构经济效益。

（三）综合性

结构经济效益具有综合性的特点。比如，合理的地区产业结构可以获得以下几个方面的经济效益：

一是从比较优势中获得的效益。各地区产业配置越是突出自己的特点，扬长避短，越能够形成科学的劳动地域分工，越能有力地促进社会化大生产和专业化协作体系及地区经济的综合发展，从而获得比较优势的经济效益。

二是地区的组合经济效益。建立在地域劳动分工的基础上的地区产业结构，可以有效地利用各种地区的自然资源、科技资源、资金资源和劳动力资源，在全国产业结构向合理化发展中起合力作用，从而获得地区的组合经济效益。

三是地区相邻连锁反应的经济效益。一个地区或其他地区生产要素流动的连锁反应，起到相互促进的作用，从而获得连锁反应的经济效益。

（四）无偿性

结构经济效益是无须增加投资就能产生的经济效益。一般经济效益总是投入与收入的比较，而结构经济效益一般不需要增加投入，只是改变原有投入在不同部门、地区、行业、产品之间的分配或比例。改变原有生产力的布局，优化劳动结合，在某些落后部门采用新的劳动方法等，就能使结构优化，从而产生出更大的经济效益。

三、提高结构效益的途径

（一）要建立合理的经济结构

所谓合理的经济结构，第一，必须能够充分发挥自己的各种经济优势，有效地利用人力、物力、财力和自然资源及国际分工的好处。第二，必须有利于实现国民经济的持续、快速、健康发展，避免停滞不前和大起大落。第三，必须能够实现最优的微观经济效益和宏观经济效益，并使经济效益与生态效益、社会效益统一起来，最大限度地满足人民和社会发展的需要。

在经济结构不合理的情况下，必须对产业结构进行调整。

首先，要解决一些战线过长或过短、过重或过轻的问题，使各部门、行业、企业、产品之间能实现物资平衡和价值平衡。克服因过长造成的闲置和浪费，过短造成的供不应求，从而创造国民经济持续、快速、健康发展的条件。

其次，要符合国情。我国是一个有12亿人口的大国，农业在我国有着特殊重要的地位，调整产业结构，要调动农民的积极性，建立牢固的国民经济基础。同时，要与农业的发展相适应，大力发展轻工业。重工业主要根据农业、轻工业发展的要求和农业、轻工业可能提供的资金与市场来发展。

最后，要充分利用已有的基础，对老企业进行更新、改造。同时扩大对外经济技术交流，引进技术、引进外资，加强薄弱环节建设。

(二) 投资要采取倾斜政策

要使产业结构日益优化，取得更多的结构经济效益，必须对投资采取倾斜政策。因为投资的分配和使用方向决定了经济的规模和方向。投资的规模适宜和方向正确，就可以取得良好的结构经济效益。

一般地讲，对人民生活和社会生产最迫切需要的部门、行业，应当实行优先投资；对国民经济技术改革和技术革新能够起带动作用或推动作用的部门或行业，即主导产业，应当优先投资；对全民所有制的大中型企业，应当优先投资，因为它们是我国社会主义现代化建设的主要支柱，是国家财政收入的主要来源，充分发挥它们的骨干作用，对国民经济发展具有特殊重要的意义；对宏观经济效益特别好的，虽然微观经济效益不高，但社会经济效益和社会效益特别大的部门、行业、企业，应当优先投资；对大量创汇的部门、行业、企业，也应当优先投资。

(三) 要发展能生产出具有先进科学技术水平的生产工具和原材料的新兴产业部门

历史经验已经证明，产业结构水平的重大进步、结构经济效益的日益提高，总是由新兴产业部门的出现而开始的。这里讲的新兴产业部门，不是一般的新出现的产业部门，而是指能生产出具有先进科学技术水平的生产工具和原材料的新兴产业部门。体现着某一时期先进科学技术水平的新产业部门的形成，会带动相关产业部门以及整个产业结构的变化和优化。

在我国，从目前的实际出发，应当以运用先进技术改造和发展我国传统产业为重点，同时注意发展高技术的新兴产业，以带动整个国民经济向前发展。正在发展中的第三次科学技术革命,以电子技术、核能技术、高分子合成技术为代表。我们应当建立电子工业、核能工业、化学和石油化学工业等高技术产业部门作为提高我国产业部门结构素质的带头部门。通过它们的辐射作用带动其他部门的相应发展,从而使产业结构高层次化,以取得更大的结构经济效益。

第二节 国民经济结构效益

国民经济结构效益,是指国民经济结构变动对国民经济总产出增长的贡献份额。在现代经济增长中,结构因素的作用越来越明显。我们试图从分析影响经济增长的全部因素入手,提出一种较为简单、可操作性强的国民经济结构效益测定方法,并予以实证分析。

一、结构效益测定的方法

考察影响经济增长的全部因素,按所起作用的方式划分,可以归纳为两大类:一类是结构变动影响因素;另一类是非结构变动影响因素。正是这两者共同作用,促进经济的增长。由此,我们进行结构效益测定的基本思路是:从影响经济增长的全部因素中,剔除非结构变动影响因素的影响份额。将它与经济增长率进行对比,所得的比率即是国民经济结构效益。通过它可以反映国民经济结构变动对国民经济总产出增长的贡献大小。

在现实经济生活中,固定资产投资与国民经济增长之间具有高度的相关性。固定资产投资结构变化,基本上代表了各产业的投入结构变化,从而反映产业结构,即国民经济结构变化。因此,以固定资产投资结构效益的大小来说明国民经济结构效益的高低也就具有一定的代表性。我们在研究方法上着重说明固定资产投资结构效益测定方法。

弹性系数是结构分析中的重要概念和重要方法。我们的分析也从此开始。
现将固定资产投资弹性系数定义为:

$$E_1 = (\Delta Y/Y)(\Delta I/I) \tag{7-1}$$

式中:$\Delta Y/Y$ 指包含全部影响因素的国民经济增长率;$\Delta I/I$ 指包含全部影响因素的固定资产投资增长率;E_1 指固定资产投资弹性系数。由式(7-1)可得:

$$\Delta Y/Y = E_1 \Delta I/I \tag{7-2}$$

由于固定资产投资总额为各部门固定资产投资额之和，则有：

$$\frac{\Delta Y}{Y} = E_1 \frac{\sum \Delta I_i}{I} = E_1 \sum \frac{\Delta I_i}{I_i} \cdot \frac{I_i}{I} \tag{7-3}$$

式中：I_i 为第 i 部基期投资额；ΔI_i 为第 i 部门投资额增量；I 为基期投资总额；$i = 1, 2, 3, \cdots, n$。

令：$\dfrac{\Delta I_i}{I_i} = r_i \tag{7-4}$

即第 i 部门投资增长率为 r_i，并引进第 i 部门固定资产投资弹性系数，记为 c_i，即：

$$c_i = \frac{\Delta y}{y} \bigg/ \frac{\Delta I_i}{I_i} \tag{7-5}$$

将式 (7-4)、式 (7-5) 代入式 (7-3)，并整理得：

$$\frac{\Delta y}{I_y} = \sum e_i r_i \frac{\Delta I_i}{I} \tag{7-6}$$

为了更清楚地说明问题，现单独对 $\dfrac{\Delta I_i}{\Delta I}$ 进行分析。对 $\dfrac{\Delta I_i}{\Delta I}$ 分解如下：

$$\frac{\Delta I_i}{I} = \frac{I_{it} - I_i}{I_t - I} = \left(\frac{I_{it}}{I} - \frac{I_i}{I}\right) \bigg/ \left(\frac{I_t}{I} - 1\right)$$

$$= \left(\frac{I_{it}}{I_t} \cdot \frac{I_t}{I} - \frac{I_i}{I}\right) \bigg/ \left(\frac{I_t}{I} - 1\right) \tag{7-7}$$

式中：I_{it} 为第 i 部门报告期投资额；I_t 为报告期投资总额。

设：$I_t/I - 1 = Vt \tag{7-8}$

即总投资增长率为 Vt，

$$I_{it}/I - I_i/I = a_i \tag{7-9}$$

即第 i 部门报告期投资额比重为基期比重之差 a_i，将式 (7-8)、式 (7-9) 代入式 (7-7)，有：

$$\frac{\Delta I_i}{I} = \frac{\left(a_i + \dfrac{I_t}{I}\right)(1 + r_t) - \dfrac{I_t}{I}}{r_t}$$

$$= \frac{I_i}{I} + \frac{a_i(1 + r_t)}{r_t} \tag{7-10}$$

再将式 (7-10) 代入式 (7-6)：

$$\frac{\Delta y}{y} = \sum e_i r_i \left(\frac{I_i}{I} + \frac{a_i(1+r)_t}{r_t} \right)$$

$$= \sum e_i r_i \frac{I_i}{I} + \sum e_i r_i \frac{a_i(1+r_t)}{r_t}$$

$$= \sum e_i r_t \frac{I_i}{I} + \sum e_i r_i \frac{a_i(1+r_t)}{r_t} + \sum e_i (r_i - r_t) \frac{I_i}{I} \tag{7-11}$$

对式 (7-11) 中的 $\sum e_i(r_i - r_t) \frac{I_i}{I}$ 进行单独分析：

$$r_t = \frac{\Delta I}{I} = \frac{\sum \Delta I_i}{I} = \sum \frac{\Delta I_i}{I_i} \cdot \frac{I_i}{I} = \sum r_i \frac{I_i}{I} \tag{7-12}$$

由于 $\sum \frac{I_i}{I} = 1$，所以，r_t 实为各个部门的投资增长率 r_i 的加权算术平均数，根据算术平均数的数学性质，则有 $\sum (r_i - r_t) \frac{I_i}{I} = 0$。

同理，也可得出 e_i 是围绕 E_1 上下波动的变量，很明显，当 $r_i \to r_t$，$e_i \to E_1$ 时，

$$\sum e_i (r_i - r_t) \frac{I_i}{I} \to 0 \tag{7-13}$$

即 $\lim\limits_{\substack{r_i \to r_t \\ e_i \to E_1}} \sum e_i(r_i - r_t) \frac{I_i}{I} = 0 \tag{7-14}$

由此，式 (7-11) 可近似地表示为：

$$\frac{\Delta y}{y} = \sum e_i r_t \frac{I_i}{I} + \sum e_i r_i \frac{a_i(1+r_t)}{r_t} \tag{7-15}$$

那么，$\sum e_i r_t \frac{I_i}{I}$ 及 $\sum e_i r_i \frac{a_i(1+r_t)}{r_t}$ 的经济意义又是什么呢？通过下面的分析，可以看到，$\sum e_i r_t \frac{I_i}{I}$ 为非结构变动影响因素值，$\sum e_i r_i \frac{a_i(1+r_t)}{r_t}$ 为结构变动影响因素值，实际国民经济增长率为两者之和。

要分析 $\sum e_i r_t \frac{I_i}{I}$ 的性质，有必要弄清投资结构变动与投资无结构变动两个概念以及与此相关的一些基本性质。所谓投资结构变动，是指投资过程中各部门的投资额之间的比例关系在动态上的不同表现。由于投资结构变动而引起的经济增长率的变化，便是经济增长率的结构变动影响因素值；相反，如果投资过程中

各部门的投资额之间的比例关系保持不变,则称为投资无结构变动,其时引起的经济增长率变化,便是非结构变动影响因素值。由投资无结构变动概念,我们可得到下列两个基本性质:

其一,各部门投资额之间的比例关系保持不变,则意味着各部门投资增长率与总投资增长率相一致,用数学关系式表示,即:

$$r'_i = r_t \tag{7-16}$$

式中:r'_i 指第 i 部门无结构变动的投资增长率。

其二,由于投资无结构变动,意味着各部门固定资产投资弹性系数具有稳定性,换句话说,e_i 将是不变的。

弄清了有关概念及基本性质后,我们模拟投资无结构变动条件下的经济增长率。

设:$\Delta Y'/Y$ 为不包含结构变动在内的经济增长率;$\Delta I'/I$ 为不包含结构变动在内的固定资产投资增长率;E'_I 为不包含结构变动在内的固定资产投资弹性系数,则有:

$$\frac{\Delta y'}{y} = E'_I \cdot \frac{\Delta I'}{I} \tag{7-17}$$

不难推导出:

$$\frac{\Delta y'}{y} = \sum e'_i r'_i \frac{I_i}{I} \tag{7-18}$$

式中:e'_i 指无结构变动的第 i 部门的固定资产投资弹性系数。

运用上面两个基本性质,则有下式成立:

$$\frac{\Delta y'}{y} = \sum e_i r_i \frac{I_i}{I} \tag{7-19}$$

将式(7-19)代入式(7-12),并移项得:

$$\frac{\Delta y}{y} - \frac{\Delta y'}{y} = \sum e_i r_i \frac{a_i(1+r_t)}{r_t} \tag{7-20}$$

根据前述,式(7-20)的右端便为结构变动影响因素值。

由于 $\sum a_i = 0$,为避免这一数学特性而带来的正负值抵消,我们采用绝对值形式进行处理,即:

$$\frac{\Delta y}{y} - \frac{\Delta y'}{y} = \sum e_i r_i \frac{|a_i|(1+r_t)}{r_t} \tag{7-21}$$

记 $\frac{\Delta y}{y} - \frac{\Delta y'}{y} = ISF$,最后有:

$$ISF = \sum e_i r_i \frac{|a_i|(1+r_t)}{r_t} \qquad (7-22)$$

对于第 i 部门而言,

$$ISF_i = \sum e_i r_i \frac{|a_i|(1+r_t)}{r_t} \qquad (7-23)$$

投资结构变动对经济增长的贡献份额,即结构效益为:

$$总投资结构效益 = ISF \Big/ \frac{\Delta y}{y} \qquad (7-24)$$

$$某一部门投资结构效益 = ISF_i \Big/ \frac{\Delta y}{y} \qquad (7-25)$$

并且有:

$$ISF \Big/ \frac{\Delta y}{y} = \sum \left(ISF_i \Big/ \frac{\Delta y}{y} \right) \qquad (7-26)$$

很显然,我们可以运用上述式(7-22)、式(7-23)、式(7-24)、式(7-25)对总投资结构效益及各部门投资结构效益进行测算、分析。

二、结构效益的实证分析

我们运用上述方法对全国 1986~1994 年各年的总投资结构效益及各部门投资结构效益进行测算。测算结果如表 7-1 及表 7-2 所示。

由表 7-2 计算结果,我们可得到下列几个初步的结论:

(1)总体水平不高。由表 7-2 可知,我国投资结构效益除 1987 年超过 50%,1986 年接近 40% 以外,其余各年均处在 17.5%~35%,甚至在 1989 年出现负面影响。投资结构效益总体水平不高,表明我国的经济增长主要由投资需求扩张而拉动,其经济增长是一种粗放型的方式。

(2)分布不均衡。①三次产业之间分布不均衡。第一产业最高年份的结构效益为 1.59%(1986 年),第二产业、第三产业最高年份的结构效益分别为 28.7% 和 29.37%。高于第一产业 27.2 个、27.78 个百分点。②三次产业的结构效益对总体结构效益影响强度大小悬殊较大。就 1986~1994 年平均影响程度 $\left[第 i 产业平均影响强度 = \sum_{n=86}^{91} \left(\frac{ISFin}{ISFn} \Big/ 项数 \right) \right]$ 而言,第三产业为 49%,第二产业为 47.8%,第一产业仅为 3.2%。分布不均衡反映了我国经济增长主要不是来

表 7-1 固定资产投资情况（1986～1994 年）

年份	国民经济比上年增长(%) ($\Delta y/y$)	固定资产投资总额(亿元)	固定资产投资比上年增长(%) (r_1)	部门:固定资产投资比上年增长(%)			弹性系数 $\left(\frac{\Delta Y}{Y} / \frac{\Delta I}{I}\right)$			比重(%)			比重比上年增加或减少(%)		
				第一产业 (r_1)	第二产业 (r_2)	第三产业 (r_3)	第一产业 (e_1)	第二产业 (e_2)	第三产业 (e_3)	第一产业 (I_1/I)	第二产业 (I_2/I)	第三产业 (I_3/I)	第一产业 (a_1)	第二产业 (a_2)	第三产业 (a_3)
(甲)	(1)	(2)	(3)	(4)	(5)	(6)	(7)	(8)	(9)	(10)	(11)	(12)	(13)	(14)	(15)
1986	8.80	1795.32	17.84	-1.70	24.39	10.47	-5.176	0.361	0.840	1.22	57.26	41.52	-0.24	3.01	-2.77
1987	11.60	2101.69	17.06	24.99	25.64	5.00	0.414	0.452	2.320	1.30	61.46	37.24	0.08	4.20	-4.28
1988	11.30	2554.86	21.56	23.43	25.70	14.66	0.482	0.440	0.771	1.33	63.55	35.12	0.03	2.09	-2.12
1989	4.10	2340.52	-8.4	-15.31	-9.66	-5.83	0.268	-0.424	-0.703	1.23	62.67	36.10	-0.10	0.88	0.98
1990	3.80	2534.00	8.27	15.73	10.31	4.46	0.242	0.369	0.852	1.31	63.86	34.83	0.08	1.19	-1.27
"七五"	7.87	2265.28	13.60	8.90	18.30	7.00	0.884	0.430	1.124	1.28	62.05	36.67	-0.03	1.92	-1.89
1991	9.30	3139.0	23.88	40.85	20.60	29.24	0.228	0.451	0.318	1.49	62.17	36.34	0.18	-1.69	1.51
1992	14.20	4473.75	42.52	25.01	31.82	61.55	0.568	0.446	0.231	1.30	57.50	41.20	-0.19	-4.67	4.86
1993	13.50	6811.35	52.25	9.90	43.51	65.79	1.364	0.310	0.205	0.94	54.20	44.86	-0.36	-3.30	3.68
1994	11.80	9355.35	37.35	19.30	31.63	44.64	0.611	0.373	0.264	0.82	51.94	47.24	-0.12	-2.26	2.38
"八五"	12.20	5944.87	37.20	26.30	30.30	48.60	0.464	0.403	0.251	1.03	54.99	43.98	-0.12	-2.98	3.10

第七章 结构效益

表7-2 固定资产投资结构效益计算表（1986～1994年）

年份	结构变动影响率（%）				结构效益（%）$\left(\mathrm{ISF}_i / \dfrac{L_1}{r}\right)$			
	第一产业 $(16)=(7)\times(4)\times(13)\times\dfrac{1+(3)}{(3)}$	第二产业 $(17)=(8)\times(5)\times(14)\times\dfrac{1+(3)}{(3)}$	第三产业 $(18)=(9)\times(6)\times(15)\times\dfrac{1+(3)}{(3)}$	总计 $(19)=(16)+(17)+(18)$	第一产业 $(20)=\dfrac{(16)}{(1)}$	第二产业 $(21)=\dfrac{(17)}{(1)}$	第三产业 $(22)=\dfrac{(18)}{(1)}$	总计 $(23)=(20)+(21)+(22)$ 或 $=\dfrac{(19)}{(1)}$
1986	0.14	1.75	1.61	3.50	1.59	19.87	18.31	39.77
1987	0.06	3.34	3.40	6.80	0.55	28.79	29.37	58.71
1988	0.02	1.33	1.35	2.70	0.17	11.77	11.95	23.89
1989	-0.05	-0.39	-0.41	-0.88	-1.10	-9.58	-10.68	-21.36
1990	0.04	0.59	0.63	1.26	1.05	15.53	16.58	33.16
"七五"	0.02	1.26	1.24	2.52	0.25	16.05	15.80	32.10
1991	0.09	0.81	0.73	1.63	0.94	8.76	7.82	17.52
1992	0.09	2.22	2.31	4.62	0.64	15.64	16.28	32.56
1993	0.14	1.30	1.44	2.88	1.05	9.61	10.66	21.32
1994	0.05	0.98	1.03	2.06	0.44	8.31	8.75	17.50
"八五"	0.06	1.31	1.40	2.80	0.49	10.98	11.47	22.94

自实质经济的贡献,而是来自非实质经济,即第三产业过高的投资增长率的支撑,1991~1994 年尤为明显。在 1991~1994 年,第三产业评价投资增长率为 48.6%,分别比第一产业、第二产业高 22.3 个、18.3 个百分点。由此所造成的直接后果是,我国国民经济中的结构性矛盾依旧突出和尖锐。

(3) 呈现下降趋势。从"七五""八五"(1991~1994 年) 两个时期来看,虽然第一产业结构效益"八五"要比"七五"平均高 0.24 个百分点,但由于影响力小,无法对其他产业产生影响,自然也难以拉倒总体水平,其结果仍然是"八五"结构效益要比"七五"低,总体评价低 9.16 个百分点,第二产业平均低 5.07 个百分点,第三产业平均低 4.33 个百分点。结构效益下降意味着我国投资增长质量及经济增长质量的下降。表 7-3 中的资料说明了这一点。

表 7-3　投资增长质量及经济增长质量比较

时点	投资增长质量系数	经济增量质量系数
"七五"	2.36	4.08
"八五"	0.62	1.88
降低百分点	1.74	2.20

注:①投资增长质量系数 = 结构效益/投资增长率;②经济增长质量系数 = 结构效益/经济增长率。

这充分表明,在我国现阶段经济增长过程中,仍残留着那种只追求数量扩张而忽视投资增长质量以及经济增长质量提高的计划体制特征,进一步说明了我国市场经济发展的不完善性和不成熟性。

由上述分析,我们可获得下列启示:

(1) 要大力提高投资乃至整个国民经济的结构效益,就必须实现两个根本转变,即由计划经济向市场经济的转变,经济增长方式由粗放型向集约型的转变。这是大力提高结构效益的根本前提。

(2) 要从根本上解决我国国民经济结构效益不高的问题,就必须在调整优化包括投资结构在内的各种经济结构方面狠下功夫,使国民经济各部门之间保持一个合理的比例关系。而在现阶段所要解决的首要问题是,增大第一产业投入,彻底改变第一产业投资比重过低的局面。应该说,这是我们所能采取的唯一有效的手段。

(3) 第一产业、第二产业等实体经济结构效益的大幅度提高应是国民经济结构效益不断增长的坚实基础和主要源泉。因此,有效、全面地提高实质经济的结构效益对国民经济结构效益的贡献份额,将国民经济结构效益的全面增长真正地落实在实质经济,而不是非实质经济的结构效益的不断增长上,是我们解决问题的核心所在。

第三节 投入要素结构效益

一、反映投入要素结构效益的模型

反映投入要素结构效益的模型可用改进后的索洛增长方程表示:

$$\frac{\Delta Y}{Y} = \frac{\Delta A}{A} + \alpha \frac{\Delta K}{K} + \alpha' \sum (e_{is}^2) + \beta \frac{\Delta L}{L} + \beta' \sum (h_{is}^2) \tag{7-27}$$

式中:Y 为系统的总产出,K 为资本使用总量,L 为劳动力使用总量,A 为科技进步水平,Δ 为增量,α 为资本弹性系数,β 为劳动力弹性系数,$\frac{\Delta Y}{Y}$、$\frac{\Delta A}{A}$、$\frac{\Delta K}{K}$、$\frac{\Delta L}{L}$ 分别为总产出、科技进步水平、资本使用量以及劳动力使用量的增长率,α' 为资本结构弹性系数,β' 为劳动力结构弹性系数,e_{is} 为第 i 部门资本结构变化率。

$$e_{is} = \frac{\frac{K_{it}}{K_t} - \frac{K_{io}}{K_o}}{\frac{K_{io}}{K_o}} \tag{7-28}$$

h_{is} 为第 i 部门劳动力结构变化率:

$$h_{is} = \frac{\frac{L_{it}}{L_t} - \frac{L_{io}}{L_o}}{\frac{L_{io}}{L_o}} \tag{7-29}$$

根据式(7-27),可对资本、劳动力等要素投入,在总量和结构层次上,测定其对经济增长的贡献份额,有关公式如下:

资本使用量增长对经济增长的贡献份额:

$$\alpha \frac{\Delta K}{K} \bigg/ \frac{\Delta Y}{Y} \times 100\% \tag{7-30}$$

资本结构变动对经济增长的贡献份额:

$$\alpha' \sum (e_{is}^2) \Big/ \frac{\Delta Y}{Y} \times 100\% \tag{7-31}$$

劳动力使用量增长对经济增长的贡献份额：

$$\beta \frac{\Delta L}{L} \Big/ \frac{\Delta Y}{Y} \times 100\% \tag{7-32}$$

劳动力结构变动对经济增长的贡献份额：

$$\beta' \sum (h_{is}^2) \Big/ \frac{\Delta Y}{Y} \times 100\% \tag{7-33}$$

全部投入要素结构效益为资本结构效益和劳动力结构效益的总和，即：

$$\left(\alpha' \sum (e_{is}^2) \Big/ \frac{\Delta Y}{Y} + \beta' \sum (h_{is}^2) \Big/ \frac{\Delta Y}{Y} \right) \times 100\% \tag{7-34}$$

科技进步对经济增长的贡献份额：

$$\left(\frac{\Delta Y}{Y} - \alpha \frac{\Delta K}{K} - \alpha' \sum (e_{is}^2) - \beta \frac{\Delta L}{L} - \beta' \sum (h_{is}^2) \right) \Big/ \frac{\Delta Y}{Y} \times 100\% \tag{7-35}$$

这里，特别要提一下关于参数 α、β、α′、β′ 的求得。

在改进后的索洛增长方程的运用中，最关键的是要求得参数 α、β、α′、β′。考虑到等同性，可将式（7-27）变换为下列双对数模型，即：

$$LN(Y) = LN(A) + \alpha LN(K) \beta LN(L+\alpha)'LN(K_s) + \beta' ln(L_s) \tag{7-36}$$

式中，各符号意义与式（7-27）相同，而：

$$KS = \sum e_{is}^2$$

$$LS = \sum h_{is}^2 \tag{7-37}$$

显然，我们能够借助 Eviews 软件用最小二乘法估计双对数模型中 α、β、α′、β′ 四个参数的值，并在对参数值做正规化处理后带入式（7-27）计算出各类供给要素的生产率水平。

二、苏浙粤的投入要素结构效益比较研究

（一）数据说明

数据主要来源于《中国国内生产总值核算历史资料 1952~1995》《中国国内生产总值核算历史资料 1996~2002》，各年份的《中国统计年鉴》《中国固定资产投资统计年鉴》，江苏、浙江、广东省统计年鉴，以及各省份的统计公报。

（二）符号意义

产出 Y：均为按照基期 1993 年不变价格换算的实际地区生产总值。

资本 K：均为按照永续盘存法估计所得。

劳动力 L：具体为各省份每一年份按照三大产业划分的就业人数。

资本结构变动率 KS 和劳动力结构变动率 LS：均由资本存量和劳动力数量按照相关公式计算得出。

（三）苏浙粤相关数据

1. 江苏省数据（见表7-4）

表7-4　1994~2015年江苏省基础数据

年份	Y（亿元）	K（亿元）	L（万人）	KS（%）	LS（%）
1994	3491.97	8386.17	4362.76	0.23	9.36
1995	4029.68	8976.02	4385.17	2.37	30.30
1996	4522.50	9726.97	4386.97	6.78	48.18
1997	5063.17	10602.29	4388.79	10.97	66.68
1998	5620.92	11694.99	4389.92	17.81	97.86
1999	6188.26	12913.07	4390.71	26.62	127.77
2000	6842.53	14207.53	4418.14	28.93	151.54
2001	7537.03	15607.88	4436.45	33.77	192.80
2002	8416.27	17218.13	4472.84	20.91	263.86
2003	9562.81	19557.78	4499.97	8.14	387.39
2004	10973.40	22356.78	4537.07	6.73	519.66
2005	12564.50	26153.20	4578.75	11.69	652.04
2006	14436.58	30406.70	4628.95	19.67	800.30
2007	16587.68	35342.16	4677.88	32.87	963.09
2008	18694.19	40709.40	4700.96	52.10	1056.75
2009	21021.70	48102.43	4726.54	72.60	1167.21
2010	23691.45	55750.04	4754.68	92.02	1283.72
2011	26297.55	64357.52	4758.23	114.64	1354.37
2012	28953.47	75252.90	4759.53	141.90	1418.39
2013	31733.02	87298.16	4759.89	168.42	1485.16
2014	34493.80	100922.59	4760.83	180.83	1565.19
2015	37425.77	116501.56	4758.50	209.99	1659.74

2. 浙江省数据（见表7-5）

表7-5　1994~2015年浙江省基础数据

年份	Y（亿元）	K（亿元）	L（万人）	KS（%）	LS（%）
1994	2310.74	5090.02	2640.51	0.22	9.81
1995	2698.54	5651.35	2621.47	0.41	30.19
1996	3040.80	6345.87	2625.06	1.44	45.57
1997	3378.30	7037.37	2619.66	2.16	57.33
1998	3722.06	7824.86	2612.54	4.20	71.35
1999	4095.57	8667.82	2625.18	10.61	174.38
2000	4547.66	9665.41	2726.09	14.06	261.89
2001	5031.59	10833.59	2796.65	12.45	354.56
2002	5667.61	12205.14	2858.56	5.61	467.58
2003	6500.65	14030.72	2918.74	0.29	577.51
2004	7443.22	16332.47	2991.95	5.14	706.14
2005	8393.23	18910.21	3100.76	19.11	809.27
2006	9558.12	21726.16	3172.38	33.64	945.16
2007	10959.92	24546.37	3405.01	50.98	1148.48
2008	12061.72	27161.20	3486.50	61.54	1218.55
2009	13136.43	30518.76	3591.98	63.55	1297.12
2010	14701.92	34172.95	3636.02	55.73	1508.66
2011	16019.79	38423.90	3674.11	38.27	1648.50
2012	17295.09	43969.22	3691.24	24.67	1691.06
2013	18721.60	50661.25	3708.73	17.14	1740.69
2014	20148.99	58452.36	3714.14	10.13	1758.67
2015	21752.87	67550.43	3733.65	6.45	1803.67

3. 广东省数据（见表7-6）

表7-6 1994~2015年广东省基础数据

年份	Y（亿元）	K（亿元）	L（万人）	KS（%）	LS（%）
1994	4152.92	9303.99	3493.15	23.61	4.62
1995	4798.74	10169.89	3551.20	80.87	9.84
1996	5339.52	11134.36	3641.30	130.00	18.11
1997	5937.15	12005.47	3701.90	196.77	18.60
1998	6578.52	13121.68	3783.87	276.09	20.26
1999	7244.52	14475.23	3796.32	355.20	24.13
2000	8075.31	15862.79	3989.32	414.68	112.19
2001	8922.33	17409.54	4058.63	444.24	136.46
2002	10026.29	19160.78	4134.37	397.11	135.96
2003	11514.68	21605.32	4395.93	403.09	79.95
2004	13217.59	24353.68	4681.89	300.11	132.76
2005	15084.78	27662.88	5022.97	195.05	216.46
2006	17318.21	31372.24	5177.02	125.19	289.53
2007	19892.68	35697.76	5341.50	93.43	329.61
2008	21968.27	40122.60	5471.72	76.81	392.97
2009	24099.33	45997.98	5688.62	69.10	457.99
2010	27099.03	52982.06	5870.48	66.30	576.83
2011	29809.03	59161.70	5960.74	59.80	606.75
2012	32247.23	66207.78	5965.95	47.71	617.69
2013	34975.88	74701.58	6117.68	40.74	669.70
2014	37691.28	84144.40	6183.23	36.38	713.68
2015	40704.92	95517.30	6219.31	25.01	735.03

（四）改进索洛增长方程的运用

1. 江苏省

首先，为了消除异方差，将模型变换为双对数形式进行回归，即对生产函数形式的模型左右两边同时取对数。江苏省双对数模型的形式为：

$$\ln(Y) = \ln(A) + \alpha\ln(K) + \beta\ln(L) + \alpha'\ln(K_s) + \beta'\ln(L_s)$$

其次，对数据进行平稳性检验。分别对 Y、K、L、K_s、L_s 取对数，得到

ln(Y)、ln(K)、ln(L)、ln(K_s)、ln(L_s)，用最小二乘法进行回归后生成残差序列，残差图呈现出在零均值上下波动的特征，因此选择不含截距项和趋势项的模型，用 ADF 检验法对残差序列进行平稳性检验，发现残差在 1% 显著性水平下的 ADF 值为 −3.567117，小于 1% 显著性水平下的临界值 −2.708094，从而确定 ln(Y)、ln(K)、ln(L)、ln(K_s)、ln(L_s) 协整关系的存在，即解释变量与被解释变量具有持久稳定的"均衡"关系，可以建立回归模型。

最后，求得回归模型。回归得出的结果如下：

ln(Y) = 16.890 + 0.602ln(K) + 2.305ln(L) + 0.0004ln(K_s) + 0.120ln(L_s)

t = (−5.014)　(35.359)　(5.501)　(0.111)　(19.782)

P = (0.0001)　(0.0000)　(0.0000)　(0.9133)　(0.0000)

F = 17711.40　　R^2 = 0.999　　$\bar{R}^2$ 0.999　　D.W. = 1.409

模型的 D.W. 值为 1.409，查 D.W. 临界值表，k = 4，n = 22，在 5% 的显著性水平下，dL = 0.96，dU = 1.80。dL = 0.96 < D.W. = 1.409 < dU = 1.80，模型的 D.W. 值落在了 D.W. 检验的无法决策区间，改用偏相关系数法检验。观察滞后 12 期的偏相关系数图能够看出模型不存在自相关，检验结束。该模型的 F 检验值非常显著，LN(K)、LN(L) 和 ln(L_s) 的 t 检验值在 1% 的水平下也都是显著的，只有 LN(K_s) 的 t 检验值不显著，表明资本结构变动对江苏省经济增长的影响较弱。

对各回归系数进行归一化处理，有：

$$\frac{\alpha}{\alpha+\beta+\alpha'+\beta'} = 0.199$$

$$\frac{\beta}{\alpha+\beta+\alpha'+\beta'} = 0.761$$

$$\frac{\alpha'}{\alpha+\beta+\alpha'+\beta'} = 0.00015$$

$$\frac{\beta'}{\alpha+\beta+\alpha'+\beta'} = 0.0397$$

最后，得到江苏的回归模型：

ln(Y) = 16.890 + 0.199ln(K) + 0.761ln(L) + 0.00015ln(K_s) + 0.0397ln(L_s)

2. 浙江省

同理得到浙江省的回归模型：

ln(Y) = −4.185 + 0.593ln(K) + 0.853ln(L) + 0.0062ln(K_s) + 0.0752ln(L_s)

t = (−4.423)　(17.665)　(5.616)　(1.438)　(8.217)

P = (0.0004)　(0.0000)　(0.0000)　(0.1686)　(0.0000)

F = 6433.609　　R^2 = 0.999　　$\overline{R}^2$ 0.999　　D. W. = 1.039

回归模型的 D. W. 值为 1.039，查 D. W. 临界值表，k = 4，n = 22，在 5% 的显著性水平下，dL = 0.96，dU = 1.80。dL = 0.96 < D. W. = 1.039 < dU = 1.80，D. W. 值落在了 D. W. 检验的无法决策区间，根据 D. W. 检验无法判断自相关的存在与否，改用偏相关系数法实施检验。观察滞后 12 期的偏相关系数图发现模型仅存在二阶自相关，故采用 Cochrane - Oreutt 迭代法消除二阶自相关并重新回归：

ln(Y) = −5.867 + 0.564ln(K) + 1.109ln(L) + 0.0017ln(K_s) + 0.0634ln(L_s) + 0.0073AR(2)

t = (−3.343)　(12.849)　(4.034)　(0.239)　(4.956)

P = (0.0048)　(0.0000)　(0.0012)　(0.8149)　(0.0002)

F = 4454.793　　R^2 = 0.999　　$\overline{R}^2$ 0.999　　D. W. = 1.282

回归模型的 D. W. 值为 1.282，dL = 0.96 < D. W. = 1.282 < dU = 1.80，D. W. 值仍落在了 D. W. 检验的无法决策区间，根据 D. W. 检验仍然无法判断自相关的存在与否，改用偏相关系数法检验。观察滞后 12 期的偏相关系数图发现模型不存在自相关，表明自相关问题已经消除，检验结束。可以看出，模型的 F 检验值非常显著，ln(K)、ln(L) 和 ln(L_s) 的 t 检验值在 5% 的水平下均是显著的，只有 LN(K_s) 的 t 检验值不显著，表明资本结构变动因素对浙江经济增长的影响作用并不显著。

对各回归系数进行归一化处理，有：

$$\frac{\alpha}{\alpha + \beta + \alpha' + \beta'} = 0.325$$

$$\frac{\beta}{\alpha + \beta + \alpha' + \beta'} = 0.638$$

$$\frac{\alpha'}{\alpha + \beta + \alpha' + \beta'} = 0.00098$$

$$\frac{\beta'}{\alpha + \beta + \alpha' + \beta'} = 0.0365$$

最后，得到浙江的回归模型：

ln(Y) = −5.867 + 0.325ln(K) + 0.638ln(L) + 0.00098ln(K_s) + 0.0365ln

$(L_s) + 0.0073 AR(2)$

3. 广东省

首先由 Engle – Granger 方法检验 $\ln(Y)$、$\ln(K)$、$\ln(L)$、$\ln(K_s)$、$\ln(L_s)$ 是否存在协整关系。先采用 OLS 法建立多元回归模型，观察产生的残差序列图发现具有在零均值上下波动的特征，建立不含趋势项和截距项的模型，用 ADF 检验法进行平稳性检验，残差在 1% 显著性在水平下的 ADF 值为 –5.451914，小于 1% 显著性水平下的临界值 –2.685718，表明残差序列在水平状态下平稳，确定模型中的变量存在协整关系能够直接回归。与江苏、浙江一样，也可得到广东的双对数模型：

$\ln(Y) = -9.292 + 0.602\ln(K) + 1.464\ln(L) + 0.0526\ln(K_s) + 0.0074\ln(L_s)$

t = (–8.842)   (16.613)   (9.790)   (5.772)   (0.518)

P = (0.0000)   (0.0000)   (0.0000)   (0.0000)   (0.6114)

F = 7249.93 $R^2 = 0.999$ $\overline{R}^2 = 0.999$ D.W. = 1.643

回归模型的 D.W. 值为 1.643，根据 D.W. 临界值表可知，dL = 0.96，dU = 1.80。dL = 0.96 < D.W. = 1.643 < dU = 1.80，D.W. 值落在了 D.W. 检验的无法决策区间，由 D.W. 检验无法判断是否存在自相关问题，改用偏相关系数法检验，观察滞后 12 期的偏相关系数图发现模型仅存在二阶自相关，固采用 Cochrane – Oreutt 迭代法消除二阶自相关，回归结果如下：

$\ln(Y) = -8.954 + 0.574\ln(K) + 1.452\ln(L) + 0.0472\ln(K_s) + 0.0212\ln(L_s)$
$+ 0.669 AR(2)$

t = (–11.030)   (23.931)   (13.757)   (5.995)   (1.694)

P = (0.0000)   (0.0000)   (0.0000)   (0.0000)   (0.1123)

F = 5990.15 $R^2 = 0.999$ $\overline{R}^2 0.999$ D.W. = 2.329

重新回归后的 D.W. 值为 2.329，dU = 1.80 < D.W. = 2.329 < 4 – dL = 3.04，D.W. 检验通过，表明自相关问题已经消除了。回归模型的 F 统计量非常显著，可决系数高达 0.999，同时，在 5% 的显著性水平下 $\ln(K)$、$\ln(L)$、$\ln(K_s)$ 都通过了 t 检验，只有 $\ln(L_s)$ 的 t 检验值并不显著，表明劳动力结构变动对地区产出不具有突出作用。

对各回归系数进行归一化处理，有：

$$\frac{\alpha}{\alpha + \beta + \alpha' + \beta'} = 0.274$$

$$\frac{\beta}{\alpha+\beta+\alpha'+\beta'}=0.693$$

$$\frac{\alpha'}{\alpha+\beta+\alpha'+\beta'}=0.0225$$

$$\frac{\beta'}{\alpha+\beta+\alpha'+\beta'}=0.0101$$

最后,得到广东的回归模型:

$\ln(Y) = -5.867 + 0.274\ln(K) + 0.693\ln(L) + 0.0225\ln(K_s) + 0.0101\ln(L_s) + 0.0073AR(2)$

(五) 苏浙粤投入要素结构效益的测度

在运用 Eviews 软件分别估计出三个省份改进后索洛增长模型中的参数值后,我们对代表各类供给因素弹性系数的参数值做了正规化处理。将计算得出的资本增长率、劳动力增长率、资本结构变动率、劳动力结构变动率、全要素生产率及正规化处理后的参数值一并代入各省的回归模型中,得出江苏省、浙江省和广东省各类供给要素生产率的估算数值序列。

1. 江苏省投入要素结构效益的纵向比较 (见表 7-7)

表 7-7 江苏省供给要素生产率   单位:%

年份	资本生产率	劳动力生产率	资本结构变动率	劳动力结构变动率	全要素生产率
1995	9.084	2.521	0.884	57.694	29.817
1996	13.617	0.249	0.221	19.164	66.750
1997	14.978	0.255	0.075	12.758	71.934
1998	18.622	0.207	0.082	16.863	64.226
1999	20.540	0.151	0.071	12.025	67.213
2000	18.856	4.464	0.012	6.989	69.680
"九五"	17.323	1.065	0.092	13.560	67.961
2001	19.328	3.075	0.024	10.653	66.920
2002	17.601	5.350	-0.047	12.550	64.546
2003	19.848	3.408	-0.065	13.649	63.160
2004	19.302	4.231	-0.017	9.193	67.291
2005	23.300	4.830	0.074	6.978	64.818
"十五"	19.876	4.179	-0.006	10.605	65.347
2006	21.713	5.619	0.067	6.061	66.540

续表

年份	资本生产率	劳动力生产率	资本结构变动率	劳动力结构变动率	全要素生产率
2007	21.672	5.415	0.065	5.422	67.426
2008	23.799	2.937	0.067	3.042	70.156
2009	29.020	3.301	0.046	3.334	64.298
2010	24.910	3.596	0.031	3.122	68.342
"十一五"	24.223	4.174	0.055	4.196	67.352
2011	27.927	0.484	0.032	1.987	69.569
2012	33.353	0.226	0.034	1.859	64.528
2013	33.181	0.079	0.028	1.948	64.764
2014	35.699	0.175	0.012	2.460	61.654
2015	36.141	-0.448	0.028	2.822	61.457
"十二五"	33.260	0.103	0.027	2.215	64.394
21年均值	22.976	2.387	0.082	10.027	64.528

注:"九五"指第九个五年计划时期江苏省供给要素贡献率的5年均值,"十五"至"十二五"含义类同。21年均值指1995~2015年江苏省供给要素贡献率的21年均值。另外,计算"九五"平均值时不考虑1995年数值。

纵观江苏省"九五"至"十二五"期间各类供给要素生产率可知,全要素生产率自1995年以来始终保持着较高的水平,技术进步在促进产出扩张的所有供给因素中贡献程度最高。表7-7显示,江苏省全要素生产率21年平均达64.528%,表明江苏产出增长为重点依赖于技术进步的效率型增长。资本生产率由1995年的9.084%上升至2015年的36.141%,对产出增长的推动作用较强且自1995年以来增长不断,21年平均贡献份额为22.976%。劳动力要素投入对江苏产出增长的拉动水平总体较低且呈现先增长后下降的趋势:劳动力生产率在"九五"和"十五"时期贡献程度较高,于2006年达到5.619%的峰值后开始持续下降,2015年跌至最低并出现对产出增长的拖后影响。劳动力结构变动率21年平均为10.027%,在所有供给影响因素中排第三位,与资本结构变动率相比,劳动力要素在部门间流动程度相对较高,劳动力结构效益具有一定的优势。但自1995年以来,劳动力结构变动率有显著的降低走向,表明大部分劳动力资源已经从生产效率较低的部门转移到现阶段生产效率更高的部门,劳动力结构效益弱化的特征越发显著。纵观1995~2015年,江苏省资本结构变动率始终处在很低的水平，表明资本于产业间存在转移惰性，结构变动为江苏省带来了十分有限的效率水平提升。

与投入要素生产率相比，江苏省全要素生产率水平较高，现阶段的产出增长属于技术进步的效率型增长。同时，资本投入的依赖性正在显著增强，主要原因可能在于江苏省以高端制造业为主的第二产业相对发达。第二产业本身对资本积累要求较高，而高端制造业又主要是资本、技术密集型产业，技术的快速更新升级实现了生产率水平的提升。此外，劳动力要素增速过慢也使产业转向资本和技术谋效益，更使江苏省产业发展呈现出对技术和资本的高度依赖性。

2. 浙江省投入要素结构效益的纵向比较（见表7-8）

表7-8 浙江省供给要素生产率 单位:%

年份	资本生产率	劳动力生产率	资本结构变动率	劳动力结构变动率	全要素生产率
1995	21.336	-2.741	0.506	45.135	35.764
1996	31.456	0.689	1.956	14.639	51.260
1997	31.881	-1.184	0.446	8.477	60.380
1998	35.701	-1.705	0.909	8.766	56.330
1999	34.840	3.077	1.500	52.453	8.130
2000	33.850	22.215	0.290	16.573	27.072
"九五"	33.546	4.618	1.020	20.182	40.634
2001	36.883	15.515	-0.106	12.123	35.587
2002	32.513	11.173	-0.428	9.194	47.547
2003	33.041	9.136	-0.634	5.831	52.626
2004	36.741	11.034	11.181	5.600	35.445
2005	40.136	18.178	2.096	4.171	35.419
"十五"	35.863	13.007	2.422	7.384	41.325
2006	34.828	10.618	0.540	4.411	49.604
2007	28.731	31.896	0.346	5.347	33.680
2008	34.391	15.185	0.203	2.212	48.008
2009	45.033	21.658	0.036	2.638	30.636
2010	32.607	6.563	-0.102	4.989	55.943

续表

年份	资本生产率	劳动力生产率	资本结构变动率	劳动力结构变动率	全要素生产率
"十一五"	35.118	17.184	0.205	3.919	43.574
2011	45.052	7.458	-0.344	3.770	44.064
2012	58.844	3.734	-0.439	1.182	36.679
2013	59.904	3.666	-0.364	1.297	35.497
2014	65.486	1.222	-0.528	0.494	33.327
2015	63.457	4.207	-0.448	1.172	31.612
"十二五"	58.549	4.057	-0.425	1.583	36.236
21年均值	39.843	9.124	0.791	10.023	40.219

注："九五"指第九个五年计划时期浙江省供给要素贡献率的5年均值，"十五"至"十二五"含义类同。21年均值指1995～2015年浙江省供给要素贡献率的21年均值。另外，计算"九五"平均值时不考虑1995年数值。

纵观1995～2015年供给要素生产率水平可知，浙江省内全要素生产率水平最高，21年平均为40.219%，技术进步是影响产出扩张的所有供给要素中拉动作用最大的部分。但是，同其他五年计划时期相比，整个"十二五"时期全要素生产率平均水平最低且下滑现象突出。以微弱差距排在第二位的是由1995年的21.336%增加至2015年的63.457%、上升速度飞快的资本生产率。劳动力生产率呈现出一定的上下波动性：1995～1998年对产出增长的贡献大体为负，2000年达到最大值22.215%，并在之后10个年头中始终保持较高的贡献率水平，直至2010年开始显现下跌趋势，整个"十二五"时期平均贡献率仅有4.057%。从供给要素投入角度可知，2015年省内劳动力生产率仅占4.207%，产业发展正在逐步减少劳动力要素的依赖性，转而增加资本要素的需求。结构效益方面，资本结构变动率水平不高，平均只有0.791%。资本在产业间的流转程度较低，表明资本主要在产业内部发生着深化，未能由结构变动带来显著的生产效率提升。相比之下，劳动力结构效益高于资本结构效益，劳动力依照产业发展规律在不同部门间流动带来的结构变动率水平更高，但这种结构变动率自1995年以来明显出现了降低趋势。由表7-8可知，劳动力结构变动率由1995年的45.135%减少到2015年的1.172%，显露了现阶段劳动力要素的产业结构布局已经逐步趋于稳定的事实。

与投入要素生产率相比，浙江省全要素生产率自1995年以来始终较高且波动幅度较小,产业发展对技术进步的依赖程度较高。"十二五"时期的资本和劳动力要素平均贡献率之和为62.606%,比供给结构生产率与全要素生产率之和高出25.212个百分点,表明浙江省当前时期的产出增长仍然主要依赖要素投入的原始动力型增长。另外,产业发展对资本投入的依赖性正在显著增强,全省正处在由劳动力密集型向资本与技术密集型产业转轨的阶段。

3. 广东省投入要素结构效益的纵向比较(见表7-9)

表7-9 广东省供给要素生产率 单位:%

年份	资本生产率	劳动力生产率	资本结构变动率	劳动力结构变动率	全要素生产率
1995	16.414	7.400	35.110	7.357	33.720
1996	23.064	15.624	12.138	7.544	41.629
1997	19.156	10.281	10.333	0.247	59.984
1998	23.604	14.181	8.403	0.832	52.979
1999	27.949	2.260	6.373	1.911	61.508
2000	22.928	30.707	3.287	32.187	10.891
"九五"	23.340	14.611	8.107	8.544	45.398
2001	25.486	11.499	1.530	2.086	59.399
2002	22.292	10.477	-1.930	-0.030	69.192
2003	23.567	29.558	0.228	-2.807	49.453
2004	23.582	30.514	-3.890	4.518	45.277
2005	26.376	35.772	-5.580	4.515	38.917
"十五"	24.261	23.564	-1.928	1.656	52.448
2006	24.833	14.373	-5.447	2.306	63.935
2007	25.434	14.828	-3.843	0.942	62.639
2008	32.584	16.210	-3.840	1.864	53.182
2009	41.378	28.297	-2.330	1.725	30.930
2010	33.437	17.821	-0.732	2.109	47.366
"十一五"	31.533	18.306	-3.238	1.789	51.610
2011	31.968	10.675	-2.208	0.525	59.041
2012	39.922	0.763	-5.565	0.223	64.657
2013	41.572	20.808	-3.885	1.007	40.499
2014	44.639	9.554	-3.106	0.856	48.058
2015	46.361	5.028	-8.798	0.379	57.030

续表

年份	资本生产率	劳动力生产率	资本结构变动率	劳动力结构变动率	全要素生产率
"十二五"	40.892	9.366	-4.712	0.598	53.857
21年均值	29.359	16.030	1.250	3.347	50.014

注:"九五"指第九个五年计划时期广东省供给要素贡献率的5年均值,"十五"至"十二五"含义类同。21年均值指1995~2015年广东省供给要素贡献率的21年均值。另外,计算"九五"平均值时不考虑1995年数值。

广东省技术进步在各类供给要素中贡献份额最高且水平稳定,全要素生产率平均达50.014%,超过半数的年份在50%以上。资本和劳动力要素投入对产出扩张的影响作用明显高于二者的结构效益,供给结构生产率为广东省产业发展带来的效益十分有限。在有形的要素投入部分,资本生产率高于劳动力生产率,且作用水平越发显著,由1995年的16.414%增长至2015年的46.361%。劳动力生产率在"十五"时期达到峰值后逐步出现下跌的态势,21年平均为16.030%,波动性较强但作用显著。结构效益方面,资本结构变动率以35.110个百分点高开于1995年,随后便开始了持续漫长的下跌;劳动力结构变动同样没有为广东省带来显著的变动率提升,21年来劳动力结构变动率水平较低且波动性不强,平均只有3.347%,劳动力要素在广东省各产业间流转程度较低。

1995~2015年,广东省资本和劳动力要素投入的21年平均贡献率之和为45.389%,可以看出,广东省现阶段的产出增长是要素投入和效率提升的双驱动型增长,产业发展对供给要素投入和技术更新、政策制度等包含在全要素生产率中的生产率提升两种动力均具有很强的依附性。广东省供给结构生产率水平较低与省内第三产业起步较早、产业结构发展稳定具有较大关联性。

(六) 苏、浙、粤投入要素结构效益的横向比较

1. 苏、浙、粤资本结构效益的横向比较(见表7-10)

表7-10 资本结构效益 单位:%

年份	江苏	浙江	广东
"九五"	0.092	1.020	8.107
"十五"	-0.006	2.422	-1.928
"十一五"	0.055	0.205	-3.238

续表

年份	江苏	浙江	广东
"十二五"	0.027	-0.425	-4.712
21 年均值	0.082	0.791	1.250

注:"九五"指第九个五年计划时期资本结构变动贡献率的 5 年均值,"十五"至"十二五"含义类同。21 年均值指 1995~2015 年资本结构变动贡献率的 21 年均值。

资本结构效益水平的高低主要受到资本要素结构变动率的影响。由表 7-10 可知,苏、浙、粤三个省份的资本结构效益水平均处于较低的水平,未表露出显著影响产出增长的贡献作用,可以推知资本要素在三大部门间的流动程度较低。自"九五"时期以来,江苏省资本结构效益平均为 0.082%,资本要素的结构效益微弱地促进了江苏省产出的扩张。事实上,1993 年江苏资本要素的三次产业比例结构为 3.78%、54.42% 和 41.80%,随后资本逐步从第一、第三产业流出,向第二产业转移,其中第一产业所占比重下降速度更快,2015 年资本要素在江苏三次产业中的比重分别为 0.45%、65.92% 和 33.64%,表明江苏省二次产业结构中的第二产业吸引了更多资金的聚集,资本在产业间流动带来的资本结构效益微弱地促进了江苏产出的增长。

浙江省资本结构效益水平同样较低。1995 年,浙江省资本要素的部门结构比例为 2.65%、45.60% 和 51.76%,2015 年的结构比例为 0.83%、47.37% 和 51.80%,只有第一产业的比例变化幅度较大,资本流出现象明显,第二、第三产业的资本比重在发生小幅波动后又趋于平稳。由此可见,浙江资本要素配置结构较为稳定,使现阶段资本结构效益水平不高。另外,资本要素在第三产业的长期累积为该产业发展起到了基础性的支撑作用。

广东省资本结构效益由"九五"时期的 8.107% 下降为"十二五"时期的 -4.712%,由资本在产业间流动带来的效益较为显著。1993 年,广东省资本要素的产业结构分布比例为 3.07%、50.95% 和 45.98%,2001 年的结构比例变化为 1.56%、36.86 和 61.58%,资本从第一、第二产业快速流入第三产业,直至 2015 年,资本要素的三次产业结构比例为 0.97%、48.96% 和 50.07%,第三产业中的资本再次回流入第二产业。2001 年以来资本要素的流入使第二产业得以快速发展,而截至 2015 年,广东省资本要素的第三产业比重仍然最高,第三产业发展的基础巩固和全面提升彰显了该地区资本要素结构的合理性。

从表7-10可以看出,江苏、浙江、广东三省的资本结构效益水平都不高,表明三省现阶段的产业发展中资本要素在产业间的配置结构较为稳定。江苏资本结构效益水平最低,说明相比浙江、广东,江苏的资本要素在三大部门间的流动程度较低。对于资本要素在三次产业中的比重而言,相比浙江、广东,江苏比例结构的合理性较差,第二产业集聚了太多资金,而资本要素在第三产业的占比太低,2015年仅为33.64%,与浙江的51.80%、广东的50.07%差距明显。

2. 苏、浙、粤劳动力结构效益的横向比较(见表7-11)

表7-11 劳动力结构效益   单位:%

时期	江苏	浙江	广东
"九五"	13.560	20.182	8.544
"十五"	10.605	7.384	1.656
"十一五"	4.196	3.919	1.789
"十二五"	2.215	1.583	0.598
21年均值	10.027	10.023	3.347

注:"九五"指第九个五年计划时期劳动力结构变动贡献率的5年均值,"十五"至"十二五"含义类同。21年均值指1995~2015年劳动力结构变动贡献率的21年均值。

劳动力结构水平的高低主要受劳动力要素在不同产业间变动程度的影响,劳动力流动成本较低,与资本相比流动速度更快、更易于从效益较低部门向生产效率较高部门转移。由表7-11可知,江苏省劳动力结构效益由"九五"时期的13.560%快速减少到"十二五"时期的2.215%。1993年,江苏省劳动力在三次产业中的构成比例为51.34%、30.54%和18.12%,2015年这一比重结构已经变化为18.40%、43.00%和38.60%,劳动力要素在过去的21年间大量地从第一产业中转出向着第二产业和第三产业分流,第二、第三产业的劳动力分别为1993年的1.41倍和2.13倍,第三产业从业比重增长速率尤为显著,而劳动力结构效益的降低表明要素流动的程度正在降低,能够由劳动力结构变动带来的效益提升空间正在逐步减少。

"九五"时期浙江省的劳动力结构效益为20.182%,到"十二五"时期下降至1.583%,与江苏相比下降幅度同样显著。1993年,浙江省劳动力要素结构比例为47.72%、33.90%和18.39%,到2015年三次产业劳动力结构比例变化为

13.2%、48.33%和38.48%,第二、第三产业的劳动力要素比例分别增长了42.57%和109.24%。

广东省"九五"期间劳动力结构效益平均为8.544%,处于三个省份中水平最低的层次。1993年劳动力要素的结构比例分别为44.06%、32.48%和23.46%,2015年这一比例变化为22.11%、40.95%和36.94%,农业劳动力人口比重仍然较高,分别超出江苏省、浙江省农业要素比重的3.71个和8.91个百分点。2015年,第二、第三产业劳动力比重分别比1993年增长26.08%和57.46%,与江苏和浙江相比变动率较低。值得注意的是,广东省第三产业起步早,产业比重基数大,尽管劳动力增速较慢但2015年第三产业劳动力要素比重仍然与江苏和浙江持平。

综上所述,三个省份中的江苏与浙江拥有较高的劳动力结构效益水平,但下降趋势显著,目前能够由劳动力要素在产业间流动带来的效益提升空间越来越有限,表明现阶段的产业发展中劳动力在产业间的配置结构逐步趋于稳定。另外,浙江省2015年第二产业劳动力比重最高,同样可以得出浙江省第二产业以劳动密集型产业为主、对劳动力要素依赖程度最高的结论。

（七）苏、浙、粤全要素生产率的横向比较

全要素生产率指产出增长中剔除供给投入和供给结构贡献之外的余值,全要素生产率水平既能够用来衡量科技水平提升带来的生产高端化,又能够从效率角度体现供给投入转化为产出的效益增长。有关数据如表7-12所示。

表7-12　全要素生产率　　　　　　　　　　　单位:%

年份	江苏	浙江	广东
"九五"	67.961	40.634	45.398
"十五"	65.347	41.325	52.448
"十一五"	67.352	43.574	51.610
"十二五"	64.394	36.236	53.857
21年均值	64.528	40.219	50.014

注:"九五"指第九个五年计划时期全要素生产率的5年均值,"十五"至"十二五"含义类同。21年均值指1995~2015年全要素生产率的21年均值。

从苏、浙、粤三个省份全要素生产率水平的横向比较中可以看出,技术水平和生产效率更高的是全要素生产率21年均值达到64.528%的江苏省,其次是全要素生产率平均为50.014%的广东省,排在最后的浙江省的40.219%。

由表7-12可知,全要素生产率是三个省份产出增长的主要力量,三个省份的产业均已发展至较高的水平且正处在转型阶段。江苏省为典型的技术驱动型增长,由于劳动力要素的成本提高和紧缺性使江苏对资本要素的依赖程度越来越强,这为地区产业的转型升级营造了优良的发展环境。但是,制约江苏省产业进一步转型的关键性因素在于供给要素在产业间的比例结构失衡,资本和劳动力要素在第二产业高度汇集表明江苏第二产业的边际效益和效益水平更高,加之供给要素的集聚本身就更有利于强化第二产业的发展,导致服务业比重弱化与结构失衡问题越发显著。同江苏、广州两省相比,浙江省产出增长对资本和劳动力等供给投入的依赖性更强,地区内现阶段资金与劳动力密集型产业居多。大量的劳动密集型产业不利于产业的高端化升级,企业生存容易受到要素资源紧缺的威胁,创新驱动型产业发展是未来各省产业转型的必由之路,浙江省必须加快向高端技术型产业升级的步伐,加速技术武装生产从而逐步摆脱重点依赖要素投入效益的事实。广东省产业发展的优势在于产业结构合理,技术水平较高,由于第三产业起步早且发展迅速,第三产业比重为三省中的最高者,但是全要素生产率水平与江苏相比仍存在一定差距,高端产品不足和生产工艺不精等问题将会阻碍地区产业的进一步转型升级。

产业结构优化调整是实现产业结构合理化和高级化的过程,在产业结构达到合理化状态后,需要通过技术创新对产业结构进行全面升级,即通过技术创新手段,最大限度地提升产业群的附加值。江苏产业结构在产业类型结构和产业比例结构方面已经逐步实现了优化配置目标,但是从产业结构的产值状态来看还是处于低水平的状态,还需对产业结构进行升级,这就是产业结构的高级化过程。而实现产业结构高级化的根本动力就是科技创新。与浙江、广东相比,江苏技术水平还不错但还要大力推动科技创新,这样才能取得长足发展。

经济发展水平的高低,是由资本、劳动、技术进步"三驾马车"推动和支撑的,三者缺一不可,缺少任何一个都将阻碍经济的发展,成为经济发展的"绊脚石"。因此,未来江苏在发展的过程中一定要加大这三方面的投入,并使三方面均衡发展,这样才能在建设"强富美高"新江苏的宏伟蓝图中谱写出华丽的篇章。

第四节 企业结构竞争力

从现有的文献看，对企业结构问题的讨论，更多地集中在微观层面上，是指一个企业自身的业务结构、资本结构和组织结构等。这固然是企业结构问题研究的一个方面，但并不是、也不应是企业结构问题研究的全部，它还应包括中观和宏观层面上的企业结构问题研究。从中观或宏观层面上说，企业结构是指不同类型的企业在一个地区或一个国家的分布，有时特指优质企业的分布，如大型企业集团、500 强企业、高新技术企业等。显然，这些优质企业的分布越广，对所在地区或国家经济的快速发展和竞争力的提高所起到的促进作用也就越大。一个较为典型的案例就是东亚经济。在东亚经济中，大型企业集团的作用功不可没。在韩国制造业总产出中，大型企业集团占 80%；在印度尼西亚的 GDP 中，大型企业集团占 20% 以上。大型企业集团的资本在各个经济体的股票市场总资本量中也占很大比重，例如，在韩国占 80%，在印度尼西亚占 40%，在泰国和马来西亚各占 30%，在中国台湾占 25%，在印度占 20%。这些大型企业集团为成百上千的人提供工作和技能培训的机会，培育了中高级管理阶层，在较短的时间内形成了一个具有企业家素养和敬业精神的本国企业家群体。不仅如此，它们还较快地建立了生产设施，并在东亚地区和全世界建立起了营销网络，分散了经济风险，创造了品牌资产，并迅速地在本国（地区）和其他国家的资本市场上扩充了资本组合业务，形成了在后进经济中很难形成的竞争优势。目前，东亚一些企业集团已经在许多领域建立了国际地位，如半导体、消费类电器、轻型汽车、建筑业等。由此可见，企业结构也是形成一个地区或国家经济竞争力的重要因素。

企业结构之所以是形成一个地区或国家经济竞争力重要因素，其原因在于：一是企业结构升级所具有的量变作用。主要表现为规模的扩大所引起的经济总量，如增加值、销售收入、税收增加等。二是企业结构升级所具有的质变作用。这是低级企业结构所没有而只有高级企业结构才能形成的功能。如新技术的研究、中高级管理阶层的培育、资源的配置、企业的创新等。企业结构升级的真正意义也正在于此，一个地区或国家经济竞争力提高的源泉也正在于此。企业结构所具有的量变和质变作用对整个区域经济发展的推动以及由此而形成的区域经济的竞争力,即为企业结构竞争力。遗憾的是,目前无论是理论界还是企业界,对企业结构竞争力的关注都还不够。

江苏、浙江、广东三省是中国民营经济发展最为迅速的地区,也正是民营经济的快速崛起和发展,使这三省的经济总量和财政实力始终处于中国的前列。但就这三省民营经济的发展而言,仍然表现出差异性。显然,这种差异性不仅有来自民营企业规模竞争力、效率竞争力上的差异,而且还有来自与民营企业结构竞争力上的差异。特别是随着民营企业结构(如大企业所占比重的快速上升和下降、中国民营企业500强地区分布的变化等)升级的加快,将直接对江苏、浙江、广东民营经济的发展产生巨大影响,进而对整个区域的经济发展、经济的竞争力产生深刻影响。那么,企业结构竞争力对于三省民营经济发展的影响作用到底有多大?在所形成的三省民营经济发展差异中,来自民营企业结构竞争力方面的差异又占据怎样的地位?对此,我们将通过结构竞争力模型的构建和运用,实证分析江苏、浙江、广东民营经济发展的差异情况以及企业结构竞争力对其民营经济发展的影响程度,进而提出民营企业结构竞争力提升的路径。

一、企业结构竞争力模型的构建

企业结构竞争力模型分动态模型和比较模型两类。动态模型反映一个区域企业结构在时间上的变动对该区域经济实力的影响。而比较模型则反映同一时间不同区域由于企业结构的差异对不同区域经济实力的影响。

(一) 企业结构竞争力动态模型的构建

设反映某个区域经济实力的指标为 GD,企业总数为 f,不同类型的企业数为 f_i,则有: $f = \sum f_i$,不同类型企业的生产效率为 AG_i,则有:

$$GD = \sum f_i AG_i = \sum \frac{f_i}{f} f AG_i \qquad (7-38)$$

设报告期为1,基期为0,有:

$$\frac{GD_1}{GD_0} = \frac{\sum \frac{f_{i1}}{f_1} f_1 AG_{i1}}{\sum \frac{f_{i0}}{f_0} f_0 AG_{i0}} = \frac{\sum \frac{f_{i1}}{f_1} AG_{i0}}{\sum \frac{f_{i0}}{f_0} AG_{i0}} \times \frac{\sum \frac{f_{i1}}{f_1} AG_{i1}}{\sum \frac{f_{i1}}{f_1} AG_{i0}} \times \frac{f_1}{f_0} \qquad (7-39)$$

式中: $\dfrac{GD_1}{GD_0}$ 为某区域经济总量竞争力指数; $\dfrac{\sum \dfrac{f_{i1}}{f_1} AG_{i0}}{\sum \dfrac{f_{i0}}{f_0} AG_{i0}}$ 为企业结构竞争力动态

指数；$\dfrac{\sum \dfrac{f_{i1}}{f_1}AG_{i1}}{\sum \dfrac{f_{i1}}{f_1}AG_{i0}}$ 为企业效率竞争力动态指数；$\dfrac{f_i}{f_0}$ 为企业规模竞争力动态指数。

而由于企业结构竞争力变动一起的 GD 增量（记为 ΔGD_1）为：

$$\Delta GD_1 = \left(\sum \dfrac{f_{i1}}{f_1}AG_{i0} - \sum \dfrac{f_{i0}}{f_0}AG_{i0}\right)f_0 \tag{7-40}$$

企业结构竞争力变动引起的 GD 增量对全部 GD 增量的贡献率（记为 $SCOG_1$）为：

$$SCOG_1 = \dfrac{\Delta GD_1}{GD_1 - GD_0} \times 100\% \tag{7-41}$$

由于企业效率竞争力变动引起的 GD 增量（记为 ΔGD_2）为：

$$\Delta GD_2 = \left(\sum \dfrac{f_{i1}}{f_1}AG_{i1} - \sum \dfrac{f_{i1}}{f_1}AG_{i0}\right)f_1 \tag{7-42}$$

企业效率竞争力变动引起的 GD 增量对全部 GD 增量的贡献率（记为 $SCOG_2$）为：

$$SCOG_2 = \dfrac{\Delta GD_2}{GD_1 - GD_0} \times 100\% \tag{7-43}$$

由于企业规模竞争力变动引起的 GD 增量（记为 ΔGD_3）为：

$$\Delta GD_3 = (f_1 - f_0) \times \sum \dfrac{f_{i1}}{f_1}AG_{i0} \tag{7-44}$$

企业规模竞争力变动引起的 GD 增量对全部 GD 增量的贡献率（记为 $SCOG_3$）为：

$$SCOG_3 = \dfrac{\Delta GD_3}{GD_1 - GD_0} \times 100\% \tag{7-45}$$

有：

$$\Delta GD_1 + \Delta GD_2 + \Delta GD_3 = \Delta GD_1 - \Delta GD_0$$
$$SCOG_1 + SCOG_2 + SCOG_3 = 1 \tag{7-46}$$

（二）企业结构竞争力比较模型的构建

设基准地区为 k，比较地区为 j，其他符号同上。则：

$$\dfrac{GD_j}{GD_k} = \dfrac{\sum \dfrac{f_{ij}}{f_j}f_jAG_{ij}}{\sum \dfrac{f_{ik}}{f_k}f_kAG_{ik}} = \dfrac{\sum \dfrac{f_{ij}}{f_j}AG_{ik}}{\sum \dfrac{f_{ik}}{f_k}AG_{ik}} \times \dfrac{\sum \dfrac{f_{ij}}{f_j}AG_{ij}}{\sum \dfrac{f_{ij}}{f_j}AG_{ik}} \times \dfrac{f_j}{f_k} \tag{7-47}$$

式中：$\dfrac{GD_j}{GD_k}$ 为 j 区域与 k 区域经济总量竞争力比较指数；$\dfrac{\sum \dfrac{f_{ij}}{f_j} AG_{ik}}{\sum \dfrac{f_{ik}}{f_k} AG_{ik}}$ 为 j 区域

与 k 区域企业结构竞争力比较指数；$\dfrac{\sum \dfrac{f_{ij}}{f_j} AG_{ij}}{\sum \dfrac{f_{ij}}{f_j} AG_{ik}}$ 为 j 区域与 k 区域企业效率竞争力

比较指数；$\dfrac{f_j}{f_k}$ 为 j 区域与 k 区域企业规模竞争力比较指数。

而由于企业结构竞争力差异形成的 GD 差异（记为 ΔGD_{j1}）为：

$$\Delta GD_{j1} = \left(\sum \dfrac{f_{ij}}{f_j} AG_{ik} - \sum \dfrac{f_{ik}}{f_k} AG_{ik}\right) f_k \qquad (7-48)$$

企业结构竞争力差异形成的 GD 差异对全部 GD 差异的影响率（记为 $SCOG_{j1}$）为：

$$SCOG_{j1} = \dfrac{\Delta GD_{j1}}{GD_1 - GD_k} \times 100\% \qquad (7-49)$$

由于企业效率竞争力差异形成的 GD 差异（记为 ΔGD_{j2}）为：

$$\Delta GD_{j2} = \left(\sum \dfrac{f_{ij}}{f_j} AG_{ij} - \sum \dfrac{f_{ij}}{f_j} AG_{ik}\right) \times f_j \qquad (7-50)$$

企业效率竞争力差异形成的 GD 差异对全部 GD 差异的影响率（记为 $SCOG_{j2}$）为：

$$SCOG_{j2} = \dfrac{\Delta GD_{j2}}{GD_j - GD_k} \times 100\% \qquad (7-51)$$

由于企业规模竞争力差异形成的 GD 差异（记为 ΔGD_{j3}）为：

$$\Delta GD_{j3} = (f_1 - f_k) \times \sum \dfrac{f_{ij}}{f_j} AG_{ik} \qquad (7-52)$$

企业规模竞争力差异形成的 GD 差异对全部 GD 差异的影响率（记为 $SCOG_{j3}$）为：

$$SCOG_{j3} = \dfrac{\Delta GD_{j3}}{GD_j - GD_k} \times 100\% \qquad (7-53)$$

有：$\Delta GD_{j1} + \Delta GD_{j2} + \Delta GD_{j3} = GD_j - GD_k$

$$SCOG_{j1} + SCOG_{j2} + SCOG_{j3} = 1 \qquad (7-54)$$

二、模型的计算和实证分析

（一）指标选择

对于一个区域经济竞争力在市场上的反映，可采用的合适指标为企业的主营业务收入；而对于一个区域经济竞争力在财政上的显示，可采用的合适指标为企业的税收总额，其统计口径为企业的主营业务税金及附加和本年应交增值税之和。我们选用主营业务收入和税收总额两个指标。

（二）数据来源及处理

数据全部来自 2007 年和 2006 年《中国统计年鉴》。由于长期缺乏直接的可资使用的民营企业的全部数据，因而需要对有关数据进行处理：

(1) 统计口径。规模以上的民营工业企业。
(2) 企业结构分类。仅分为两类，即大中型企业和小型企业。
(3) 指标数据的获得。其步骤如下：

第一步，规模以上的全部民营工业企业的指标值全部国有及规模以上非国有工业企业指标值——国有及国有控股工业企业指标值。

第二步，规模以上的大中型民营工业企业的指标值大中型工业企业指标值——国有及国有控股工业企业指标值。

第三步，规模以上的小型民营工业企业的指标值规模以上的全部民营工业企业的指标值——规模以上的大中型民营工业企业的指标值。

所有数据的处理结果如表 7-13 所示。

表 7-13 2005 年、2006 年规模以上民营工业企业相关数据

地区	年份	企业单位数（个）			主营业务收入（亿元）		税收总额（亿元）	
		大中型	比重（%）	小型	大中型	小型	大中型	小型
江苏	2005	1499	4.65	24483	10857.45	9042.19	793.81	619.69
	2006	2419	6.47	28847	15782.04	11295.44	1088.58	739.82
浙江	2005	1444	5.77	29595	6872.28	7845.35	641.56	642.37
	2006	2553	7.74	36911	9219.28	10022.76	717.94	804.44
广东	2005	1280	5.34	22667	12639.25	8582.34	804.62	559.54
	2006	2671	8.01	30680	17544.98	10974.9	1138.11	939.44

(三) 模型计算

运用企业结构竞争力动态模型计算所得结果如表7-14、表7-15所示。

表7-14 企业结构竞争力动态模型计算结果：从市场（主营业务收入）的角度

地区	指标	总量	企业结构	企业效率	企业数
江苏	指数（%）	136.07	117.65	96.1	120.34
	增量（亿元）	7177.84	3513.79	(-1097.57)	4761.62
	贡献率（%）	100	48.59	(-15.29)	66.34
浙江	指数（%）	130.74	117.22	87.72	127.14
	增量（亿元）	4524.41	2534.54	(-2692.94)	4682.8
	贡献率（%）	100	56.02	(-59.52)	103.5
广东	指数（%）	134.49	128.54	75.07	139.27
	增量（亿元）	7298.29	6056.95	(-9470.96)	10712.3
	贡献率（%）	100	82.99	(-129.77)	146.78

表7-15 企业结构竞争力动态模型计算结果：从财政（税收）的角度

地区	指标	总量	企业结构	企业效率	企业数
江苏	指数（%）	126.08	115.24	90.91	120.34
	增量（亿元）	139.66	81.63	(-67.46)	125.49
	贡献率（%）	100	58.45	(-48.30)	89.85
浙江	指数（%）	125.84	115.69	85.56	127.14
	增量（亿元）	124.48	75.56	(-102.33)	151.25
	贡献率（%）	100	60.7	(-82.20)	121.5
广东	指数（%）	176.42	122.26	103.61	139.27
	增量（亿元）	333.91	97.28	26.84	209.79
	贡献率（%）	100	29.13	8.04	62.83

以浙江为基准地区，江苏、广东为比较地区，运用企业结构竞争力比较模型计算所得结果如表7-16、表7-17所示。

表7-16 企业结构竞争力比较模型计算结果:从市场(主营业务收入)的角度

地区	年份	指标	总量	企业结构	企业效率	企业数
江苏	2005	指数(%)	135.21	110.59	146.06	83.71
		差异(亿元)	5182.01	1558.36	6275.4	(-2651.75)
		影响率(%)	100	30.07	121.1	-51.75
	2006	指数(%)	140.72	108.68	163.43	79.23
		差异(亿元)	7835.44	1670.7	10509.02	(-4344.28)
		影响率(%)	100	21.32	134.12	(-55.44)
广东	2005	指数(%)	144.19	106.57	175.38	77.15
		差异(亿元)	6503.96	966.58	9121.01	(-3583.63)
		影响率(%)	100	14.86	140.24	(-55.10)
	2006	指数(%)	148.22	110.54	158.65	84.51
		差异(亿元)	9277.84	2029.07	10543.68	(-3294.91)
		影响率(%)	100	21.87	113.64	(-35.51)

表7-17 企业结构竞争力比较模型计算结果:从财政(税收)的角度

地区	年份	指标	总量	企业结构	企业效率	企业数
江苏	2005	指数(%)	111.16	109.64	121.11	83.71
		差异(亿元)	53.76	46.46	93.35	(-86.05)
		影响率(%)	100	86.42	173.64	(-160.06)
	2006	指数(%)	111.37	107.08	131.28	79.23
		差异(亿元)	68.94	42.9	160.87	(-134.83)
		影响率(%)	100	62.23	233.34	(-195.57)
广东	2005	指数(%)	90.71	105.98	110.94	77.15
		差异(亿元)	(-44.72)	28.81	43.11	(-116.64)
		影响率(%)	100	-64.42	(-96.40)	260.82
	2006	指数(%)	127.17	108.59	138.57	84.51
		差异(亿元)	164.71	52.1	214.57	(-101.96)
		影响率(%)	100	31.63	130.27	(-61.90)

(四)若干分析

1.根据企业结构竞争力动态模型计算结果(见表7-14、表7-15)所做的分析

由表7-14、表7-15可知,无论是从市场(主营业务收入)的角度,还是

从财政（税收）的角度，企业结构竞争力的变动对三省民营经济的市场竞争力和财政竞争力影响都是显著的。在市场竞争力方面，企业结构竞争力对江苏的贡献率为 48.59%，对浙江的贡献率为 56.02%，对广东的贡献率更是高达 82.99%；在财政竞争力方面，企业结构竞争力对江苏的贡献率为 58.45%，对浙江的贡献率为 60.70%，对广东的贡献率则相对较低，仅为 29.13%。值得一提的是，江苏、浙江的企业结构竞争力对财政竞争力的贡献率均超过对市场竞争力的贡献率，表明江苏、浙江两省民营经济结构的升级不仅对企业有利，而且对财政有利，而广东则相反。究其原因，恐怕与各省民营经济发展政策不同有关。

表 7-14、表 7-15 的数据还显示，江苏、浙江、广东三省民营企业的效率竞争力是下降的，由此所带来的直接后果就是市场竞争力和财政竞争力的下降。但应该看到，这只是纵向比较的结果。从横向比较看，随着企业结构的升级，优质企业的效率竞争力却要远远高于低质企业，而这也正是企业结构升级的量变作用所致。显然，由于优质企业的增加而引起的效率提高所形成的竞争力也包括在企业结构竞争力之中。江苏、浙江、广东三省由于大中型企业结构上升而引起的效率提高对全部指标值的贡献率数据如表 7-18 所示。

表 7-18　大中型企业结构上升引起的效率提高对全部指标值的贡献率　单位:%

地区	主营业务收入		税收总额	
	2005 年	2006 年	2005 年	2006 年
江苏	51.78	54.79	44.70	45.43
浙江	44.09	44.31	40.16	36.12
广东	57.27	58.19	44.67	44.49

显而易见，各年各地区大中型企业结构上升引起效率提高对全部指标值的贡献率是较大的，这也为企业结构升级提供了一个合理的经济学解释。

2. 根据企业结构竞争力比较模型计算结果（见表 7-16、表 7-17）所做的分析

从表 7-16 的结果看，在民营企业的市场竞争力方面，江苏、广东的优势要比浙江更为明显，2005 年江苏、广东比浙江分别高出 35.21% 和 44.19%；2006 年差距进一步拉大，分别高出 40.72% 和 48.22%。一是江苏、广东民营企业的效率竞争力要远远高于浙江。2005 年江苏、广东比浙江分别高出 46.06% 和

75.38%，对差异的影响率分别达到121.10%和140.40%；2006年则分别高出63.43%和58.65%，对差异的影响率分别达到134.12%和113.64%。二是江苏、广东民营企业的结构竞争力要比浙江强。2005年江苏、广东比浙江分别高出10.59%和6.57%，对差异的影响率分别达到30.07%和14.86%；2006年则分别高出8.68%和10.54%，对差异的影响率分别为21.32%和21.87%。不过，浙江的优势也相当突出，就是民营企业的规模竞争力要比江苏、广东强。

从表7-17的结果看，除2005年广东民营企业为地区所提供的财政竞争力要比浙江低之外，2005年和2006年两年江苏、2006年广东则要比浙江高。江苏均高出10%以上，而广东则高出20%以上。引起这种差异的主要原因与引起市场竞争力差异的主要原因，依然是由于民营企业的效率竞争力与民营企业结构竞争力方面的显著差异所致。

三、苏、浙、粤三省民营企业结构竞争力提升的有效路径

从江苏、浙江、广东三省民营企业结构特征看（见表7-13），大中型民营企业所占的比重都未能超过10%，尽管2006年比2005年有所提高，但也不超过2个百分点，显现出三省民营企业结构升级的缓慢和艰巨，而这也势必影响企业结构竞争力的提升。从企业结构竞争力和区域竞争力的关系分析，可以看到提升三省民营企业结构竞争力的有效路径是：

（一）加快产业集聚

一般认为，产业集聚是"由于企业在地理和部门集中，从而企业之间存在广泛的劳动分工，并拥有参与本地市场竞争力所必须具备的，范围广泛的专业化创新的企业组群"（Schmitz，1995）。其基本形式有三种：同类企业的横向集聚；发展不同层次企业的纵向集聚；整个纵向、横向相交互动的集聚。而无论哪种形式，其最终结果所导致的都是企业群的形成和企业结构的升级。在这个企业群中，由于各企业既竞争又合作，既模仿又超越，实际上形成了所谓的经济性知识系统的相关知识的频繁传递，从而产生出企业学习型磁场的效应，极大地、有效地提升了企业的竞争力；在这个企业群中，由于企业集聚，还会产生联合效应和专业化效应，不仅使一部分交易内部化，以降低整个企业群的交易费用，提高企业的经济效益，而且使劳动力、基础设施、信息、中间投入和技术专业化，有利于技术创新。

（二）整合产业价值链

所谓整合产业价值链是指整个生产过程中，前道工序和后道工序之间价值创造的整合。对于绝大多数民营企业而言，往往处于生产过程的前几个环节，而后道工序则涉及不多，不利于企业规模的扩大。所以，从提升民营企业结构竞争力的角度分析，有两个环节的突破非常关键：一是企业有前后工序联系的价值链之间的整合，这不仅有利于企业规模的扩张，而且有利于提升企业运作的整体功效，达到企业结构升级实现量变的目的。二是产业运作向价值链的后续部位转移，即向直接面向消费者市场的产业转移，从而延长企业的产业链，这不仅可提升高附加值的生产，更重要的是启动当地的市场效应，实现提升企业结构竞争力的目的。

（三）推进企业市场功能的转换

不同企业的市场功能是不同的，表现出层次性的特征：已有市场→进入市场→创新市场→经营市场→领导市场。

已有市场：是指企业依据已有市场运作。由于这类企业缺乏市场运作能力，因而在市场上往往是完全被动的，其竞争力也是最差的。

进入市场：是指企业能通过自身努力主动进入市场。这类企业的竞争优势更多地来自产品的质量优势或者是低价位优势。虽然其市场的运作能力较前者强，但仍然属于较低层次，其竞争力也有限。

创新市场：是指企业能通过产品创新和消费创新来占领市场。这类企业具有较强的市场运作能力。由于有能力，因而也就有竞争力，属于较高层次。

经营市场：是指企业能对整个市场进行面上把握。这类企业具有充分的市场运作能力。由于能力更强，因而竞争力也更强，属于更高层次。

领导市场：是指企业能通过功能创新和功能运作而对整个市场进行战略引导。这类企业在资本运作和功能创新两个层面上高出其他企业，一方面变实体经济为价值运作和创造经济；另一方面变一般的物质运作经济为功能创造经济。因而竞争力也最强，属于最高层次。

显然，企业由低层次的市场功能向更高层次功能实现其转换的过程，也就是企业结构的升级过程，企业结构竞争力的提升过程。

总之，通过上述各种路径，可以大力地促进江苏、浙江、广东三省民营企业结构升级，从而大大地提高民营企业结构竞争力，形成区域竞争力。

四、结论

我们构建了企业结构竞争力的动态和比较模型,运用动态模型对 2006 年江苏、浙江、广东三省民营企业结构竞争力进行了动态分析;运用比较模型,以浙江为基准,对 2005 年和 2006 年江苏、广东两省民营企业结构竞争力进行了比较分析,发现:

(1) 一个区域的企业结构竞争力是影响一个区域竞争力的重要因素。这种影响从两个方面展开:一是企业结构升级的量变作用;二是企业结构升级的质变作用。

(2) 江苏、浙江、广东三省民营经济发展的差异,不仅有来自民营企业规模竞争力、效率竞争力上的差异,而且还有来自民营企业结构竞争力的差异。民营企业结构竞争力的差异是形成江苏、浙江、广东三省民营经济发展差异的一支重要力量。

为此,有必要通过加快产业集聚、整合产业链、推进企业市场功能的转换等手段,大力促进江苏、浙江、广东三省民营企业结构升级,以大大提高民营企业结构竞争力。

第五节 消费增长对经济增长贡献率

一、分析方法的应用

首先,在总量层次上,有下列计算公式:

农业居民消费增长对经济增长的贡献率 = $\alpha \times$ 农业居民消费增长率/GDP 增长率 $\times 100\%$ (7-55)

非农业居民消费增长对经济增长率的贡献率 = $\beta \times$ 非农业居民消费增长率/GDP 增长率 $\times 100\%$ (7-56)

上述式 (7-55)、式 (7-56) 之和即为居民消费增长对经济增长率的贡献率。   (7-57)

政府消费增长对经济增长的贡献率 = $\gamma \times$ 政府消费增长率/GDP 增长率 $\times$

100% (7-58)

式（7-57）、式（7-58）之和即为最终消费增长对经济增长的贡献率。

(7-59)

资本形成总额增长对经济增长的贡献率 = δ×资本形成总额增长率/GDP 增长率×100% (7-60)

净出口增长率对经济增长的贡献率 = 100% -式（7-59）-式（7-60）

(7-61)

式中：α 为农业居民消费占 GDP 比重，γ 为政府消费占 GDP 比重，β 为非农业居民消费占 GDP 比重，δ 为资本形成总额占 GDP 比重。

其次，在结构层次，包括食品、衣着、居住、家庭设备及用品、医疗保健用品、交通和通信工具、娱乐教育文化用品以及其他消费及为服务有关八大类消费之增长对经济增长贡献率的公式为：

第 i 类消费增长对经济增长的贡献率 = a_i ×第 i 类消费增长率/GDP 增长率×100%

式中：a_i 为第 i 类消费占 GDP 比重。

二、消费增长对经济增长的贡献分析

我们运用式（7-55）、式（7-56）、式（7-57）、式（7-58）、式（7-59）、式（7-60）、式（7-61）分别计算了总量层次上1981~1996年国内生产总值、最终消费、资本形成总额、净出口、居民消费和政府消费以及农业居民消费和非农业消费增长对经济增长的贡献率。结果如表7-19、表7-20所示。

表7-19　消费增长对经济增长的贡献率（一）　　　　单位：%

年份	国内生产总值	最终消费	资本形成总额	净出口
1981~1985	10.77（100.0）	10.86（66.67）	12.38（39.66）	-0.68（-6.33）
1986~1990	7.89（100.0）	5.29（42.48）	5.63（26.19）	2.47（31.34）
1991~1995	12.00（100.0）	10.36（52.13）	15.07（50.23）	-0.28（-2.36）
1996	9.60（100.0）	8.82（53.76）	8.53（34.83）	1.10（11.41）
1981~1996	10.17（100.0）	8.86（52.63）	10.78（41.02）	0.65（6.35）

表 7-20　消费增长对经济增长的贡献率（二）　　　单位:%

年份	农业居民消费	非农业居民消费	居民消费	政府消费
1981~1985	11.68（36.22）	10.67（18.63）	11.32（54.85）	9.16（11.82）
1986~1990	3.78（14.32）	8.84（23.64）	5.87（37.97）	2.87（4.51）
1991~1995	8.33（16.31）	12.43（23.82）	10.36（40.14）	11.51（11.99）
1996	6.00（14.59）	10.90（27.48）	8.51（42.08）	9.8（11.68）
1981~1996	7.76（19.61）	10.65（23.46）	9.11（43.07）	7.91（9.57）

从表 7-19 看，20 世纪 80 年代以及促进经济增长的诸要素中，消费的增长是第一位的。1981~1996 年，最终消费增长对经济增长的贡献率为 52.63%，高于投资、净出口增长对经济增长的贡献率（41.02% 和 6.35%），分别高 11.6 个和 46 个百分点。其中，对经济增长起主导作用的依然是居民消费的增长，1981~1996 年，居民消费增长的贡献率为 43.07%，超过投资的贡献率；在各阶段上，除"八五"时期外，其余各个时期也都超过投资的贡献率，这充分表明，居民消费增长对经济增长起着重要的促进作用，是现代经济增长中的一支重要力量。

从表 7-20 看，在最终消费增长对经济增长的高贡献率中，来自居民消费增长的份额高达 43.07%，其中，农业居民消费增长对经济消费的贡献率为 19.61%，非农业居民消费增长对经济增长的贡献率为 23.46%；来自政府消费增长的份额为 9.57%。正是有了农业居民消费、非农业居民消费乃至整个消费的高增长率及其对经济增长的高贡献率，整个国民经济才取得了较快的增长。

分阶段来看，"六五"期间最终消费增长对经济增长的贡献率最高，达 66.67%，"七五"期间最低，为 42.48%，"八五"期间及"九五"期间第一年均在 50% 以上。但无论哪个时期，最终消费增长对经济增长的贡献率总是高于投资、净出口对经济增长的贡献率，显示出最终消费增长因素在现代经济增长中的不可替代性和促进经济增长的稳定性。

从表 7-20 的农业居民消费和非农业居民消费来看，自 1986 年以来，两者之间在数量上基本保持了一种比较稳定的比例关系——1986~1996 年，农业居民消费贡献率在 14.32%~16.31%，非农业居民消费增长贡献率则在 23.64%~

27.48%——分别取组中值计算,两者之比约为3∶5。这些说明,在引起经济增长的直接因素已发生变化的同时,各因素的增长关系正趋于协调,而这将进一步促进国民经济的良性循环和健康发展。

三、消费结构变动对经济增长的贡献分析

我们在结构层次上分别计算了1991～1996年各年食品、衣着、居住、家庭设备及用品、医疗保健用品、交通和通信工具、娱乐教育文化用品、其他商品及服务八大类消费之增长对经济增长的贡献率,结果如表7-21所示。

表7-21 消费结构变动对经济增长的贡献率 单位:%

	年份	1991	1992	1993	1994	1995	1996
食品	非农业居民	9.82 (14.69)	10.69 (13.22)	14.06 (8.14)	12.27 (7.69)	8.83 (10.97)	7.27 (9.98)
	农业居民	5.02 (8.88)	10.51 (11.13)	7.11 (7.47)	7.08 (7.36)	9.63 (12.10)	4.59 (6.54)
	全部	(23.57)	(24.35)	(15.62)	(15.05)	(23.08)	(16.52)
衣着	非农业居民	12.91 (4.76)	14.82 (4.67)	19.72 (3.04)	10.64 (1.89)	8.32 (2.83)	9.42 (3.51)
	农业居民	16.07 (3.76)	4.77 (0.72)	2.14 (0.31)	5.65 (0.73)	9.40 (1.39)	8.02 (1.34)
	全部	(8.52)	(5.39)	(3.35)	(2.62)	(4.22)	(4.85)
居住	非农业居民	27.76 (3.64)	16.78 (2.20)	28.81 (1.88)	13.53 (1.22)	10.79 (1.82)	18.76 (3.65)
	农业居民	0.81 (0.42)	4.81 (1.45)	0.72 (0.21)	6.95 (1.73)	9.51 (2.84)	6.08 (2.05)
	全部	(4.06)	(3.65)	(2.09)	(2.85)	(4.66)	(5.70)
家庭设备及用品	非农业居民	10.35 (2.42)	11.84 (2.30)	22.41 (2.07)	12.80 (1.40)	6.62 (1.45)	0.38 (0.09)
	农业居民	18.64 (2.96)	6.36 (0.67)	8.71 (0.88)	5.04 (0.52)	7.97 (0.93)	6.90 (0.88)
	全部	(5.38)	(2.97)	(2.95)	(1.93)	(2.38)	(0.96)

续表

	年份	1991	1992	1993	1994	1995	1996
医疗保健用品	非农业居民	19.23 (1.07)	24.25 (1.23)	26.38 (0.72)	16.28 (0.55)	12.01 (0.87)	27.90 (2.39)
	农业居民	22.64 (2.22)	13.62 (0.90)	5.01 (0.34)	3.76 (0.24)	11.02 (0.74)	11.16 (0.88)
	全部	(3.29)	(2.13)	(1.06)	(0.79)	(1.61)	(3.27)
交通和通信用品	非农业居民	5.85 (0.51)	1.29 (0.09)	58.77 (1.70)	23.00 (1.10)	10.56 (1.22)	15.23 (2.02)
	农业居民	28.50 (1.23)	32.44 (0.99)	16.86 (0.57)	7.92 (0.32)	13.76 (0.69)	11.85 (0.74)
	全部	(1.74)	(1.08)	(2.27)	(1.42)	(1.91)	(2.76)
娱乐教育文化用品	非农业居民	6.50 (1.57)	17.45 (3.36)	22.48 (2.17)	10.42 (1.20)	9.04 (1.98)	18.44 (4.48)
	农业居民	20.91 (3.38)	34.01 (3.68)	13.32 (1.62)	5.98 (0.81)	12.33 (1.94)	8.82 (1.68)
	全部	(4.95)	(7.03)	(3.79)	(2.01)	(3.92)	(6.16)
其他商品及服务	非农业居民	2.09 (0.30)	13.09 (0.42)	14.65 (0.76)	11.96 (0.68)	6.83 (0.76)	11.66 (1.37)
	农业居民	27.79 (0.62)	8.02 (0.13)	54.58 (0.83)	9.50 (0.29)	7.21 (0.29)	11.31 (0.48)
	全部	(0.92)	(1.54)	(1.59)	(0.97)	(1.05)	(1.86)

由表 7-21 可以看出：

（1）居民消费各个部分的增长对经济增长的贡献状况发生了变化。1996 年与 1991 年相比，食品、衣着、家庭设备及用品、医疗保健用品四大类消费之增长对经济增长的贡献率均有所下降，而居住、交通和通信工具、娱乐教育文化用品、其他商品及服务四大类消费的贡献率则有所提高。其中，居住消费增长的贡献率上升幅度最大，1996 年比 1991 年上升了 1.64 个百分点。这一变化说明，在我国人民生活水平由温饱型向小康型转变的过程中，传统的消费领域正在减退，而新的消费领域正在兴起。很显然，这种消费结构的变动必将会直接拉动生产结构的转换，随着这些新的消费领域的迅速增长，我国的经济增长将会出现飞跃。

（2）非农业居民与农业居民相比，其各个消费部分的增长对经济增长贡献率的结构也有所不同。按消费各部分的增长对经济增长贡献率的大小来排序，1991年，在非农业居民方面依次为：食品、衣着、居住、家庭设备及用品、娱乐教育文化用品、医疗保健用品、交通和通信工具、其他商品及服务；在农业居民方面则依次为：食品、衣着、娱乐教育文化用品、家庭设备及用品、医疗保健用品、交通和通信工具、其他商品及服务、居住；1996年，在非农业居民方面依次为：食品、娱乐教育文化用品、居住、衣着、医疗保健用品、交通和通信工具、其他商品及服务、家庭设备及用品；在农业居民方面则依次为：食品、居住、娱乐教育文化用品、衣着、家庭设备及用品、医疗保健用品、交通和通信工具、其他商品及服务。这与非农业居民和农业居民各自的消费特点有关。

（3）从非农业居民与农业居民在消费各个部分的增长对经济增长的贡献率方面所表现的差距来看，1996年与1991年相比，除食品、居住消费增长贡献率的差距有所缩小外，其余消费之增长贡献率差距均有所扩大。究其原因，与消费需求中城乡消费结构失衡有直接关系。事实是，在城市排浪式的消费过后，其消费浪潮并没有继续波及广大农村消费市场。与农业人均收入提高幅度高于城镇居民人均收入提高幅度相反的是农村消费品市场的进一步萎缩，1996年，县及县以下市场消费品零售额占全社会消费品零售总额的比重为39.38%，比1990年的46.37%下降了近7个百分点，出现了消费品市场"城热乡冷"的不平衡格局。

（4）非农业居民消费各个部分的增长对经济增长所做贡献的空间正逐步缩小，而农业居民消费各个部分的增长对经济增长所做贡献的潜力没有得到相应的发挥。这也是造成近期我国经济增长率的重要因素。

四、政策建议

（1）以消费者需求结构的变动为导向，大力调整投资、生产结构，使两者保持一致性和适应性。为此，在扩大投资需求方面，一定要突出重点：在生产领域，重点支持有市场、有效益的企业，扩大这些企业的市场占有率，提高其生产集中度；在建设领域，应重点投向农林水利建设，能源、交通、通信和环保等基础设施建设，普通居民住宅建设，高新技术产业投入等。

（2）要积极培育新的消费热点，并使之成长为新的经济增长点。在当前，特别值得关注的是住房消费。但关键问题在于相关政策的到位，包括金融政策的到位，通过有效的住房消费信贷，以使人们有钱买房；价格政策的到位，应从多方面下功夫，真正使房价降下来，以保证人们能够买得起房；房产市场政策的到位，应积极开放房产二级市场,以促进房产市场的良性循环,从而进一步推动住房需求。

(3) 积极有效地开拓农村消费市场。开拓农村消费市场,一是要增加农民收入,减轻农民负担,进而增加农民有支付能力的需求;二是要重视开发生产满足农民需要的产品,使农民能够买到满足自己需要的消费品;三是要大力发展农村水、电、路等基础设施建设,为农民使用耐用消费品创造条件。

(4) 切实改善消费环境。要努力克服商品流通不畅、服务欠缺、市场管理混乱等局面,坚决清理各种乱收费、乱摊派行为,减轻消费者负担;要积极实施名牌战略,将名牌产品的经营重点转向面对广大的工薪阶层;要不断提高社会服务水平。

第六节 区域经济复杂适应能力

关于区域经济差异,国内外学者进行了长期而广泛的研究:在方法上,主要有标准差、极差等绝对差异测算法和洛伦兹曲线、基尼系数、变异系数、加权变异系数、最大最小比、泰尔指数等相对差异测算法(吴爱芝、杨开忠和李国平,2011)以及马尔科夫转移矩阵(Sakmoto 等,2008)、空间计量模型(潘文卿,2010)等。在形成地区差异成因上,有空间集聚说(Fan 和 Scott,2003)、技术进步说(Lucas,1988)、外商直接投资(FDI)说(魏后凯,2002)、产业结构调整说(郑玉歆,1993)、人力资本说(闫淑敏等,2002)、贸易开放度说(Romer 等,1986)、比较优势自生能力说(林毅夫等,2003)、地区发展战略说(胡鞍纲等,1995)等。在特征上,不同学者得出的特征也不尽相同。在最近10年的研究中,周业安、章泉(2008)等认为,我国东、中、西三大地区存在条件收敛;而潘文卿(2010)、覃成林(2012)等认为,我国存在全域范围的绝对经济趋同,而地区层面则表现为俱乐部收敛特征;Sakmoto(2008)等甚至认为,我国地区经济趋同与否仍是一个有待回答的问题。

显然,这些极大地推动了区域经济差异的研究。但值得注意的是,这些研究更多的是将区域经济差异置于单一要素系统的框架内进行考虑,而忽视了区域经济是一个复杂自适应系统这一根本特性。事实上,作为复杂自适应系统的区域经济,显现出主动性、适应性和非线性性等诸多特征。区域经济具有主动性,能够感受环境,感知外界信息刺激,自我学习,通过学习来调整自己的行为;具有适应性,能够寻找和创建相互适应并共同适应外部环境所需的行为规则,不断地对资源进行分配,使之更好地适应环境;具有非线性性,显示支配主体聚集的相互关系以及主体与环境之间的关系不再简单,而是更为复杂的一种非线性关系。如此,反映在不同的区域经济发展中,就客观存在主动性够与不够、适应性强与不强等差异——从复杂适应系统(CAS)的视角,就是不同区域经济复杂适应能力之间的差异。迄今为止,将复杂适应能力与区域经济差异相结合研究的文献还几乎没有。

基于此,我们着力研究区域经济复杂适应能力问题,通过复杂适应能力概念的界定和模型的构建,运用全国主要城市和苏锡常各市的相关数据,计算它们复杂适应能力的大小,在此基础上,将区域经济差异研究置于复杂适应系统的框架中,实证分析其特征以及对区域经济差异的影响程度,以得出一些有益的结论。

一、复杂适应能力概念的界定和模型的构建

(一)复杂适应能力概念的界定

复杂适应能力是指作为复杂适应系统的区域经济主体在一段时间内,适应环境或另一主体的程度。事实是,相比于那些区域经济发达或较发达地区,落后或较落后地区正是在应对市场环境和管理对象的程度较低,即复杂适应能力较低,才导致了其在实力、竞争力上较弱。因此,有必要从复杂适应系统适应能力的视角深入研究我国区域经济的发展和差异问题,这具有较好的理论实践意义和现实意义。

(二)复杂适应能力模型的构建

复杂适应系统认为,以主体为节点,以相互作用为边,主体间发生着物质、能量与信息等要素的流动(称为"要素流"或"流"),其效果表现为:①乘数效应(Multi-Plie Efect),要素通过流动得到放大;②再循环效应(Re-Cycling Efect),要素在流动中提高循环利用率。因此,对于一个主体而言,考察其复杂适应能力,就表现为两方面:一是要素的"流"入,即一个主体能否从环境或另一主体那儿得到"流"的输入。显然,获得的"流"的输入量越多越好。二是要素的"流"出,即一个主体能否向环境或另一主体进行"流"的输出。诚然,进行的"流"的输出量越大越好。"流"入和"流"出之间是一种非线性关系。

由此决定，其关于复杂适应能力计量的实质是：

（1）明确一个主体从环境或另一主体获得的"流"入量为多少。为简便计，我们假设：一个主体从环境或另一主体所获得的各种要素的"流"入量，分别为 $x_1, x_2, \cdots, x_n$ 转换为"流"入复杂适应能力，借鉴信息量计算方法则有下列公式：

$$I = -k_0 \sum_{i=1}^{n} A_i \ln(1 - u_i) \tag{7-62}$$

式中：I 为"流"入复杂适应能力；k_0 为质量系数；A_i 为 $x_1, x_2, x_3, \cdots, x_n$ 的权重；u_i 为 $x_1, x_2, x_3, \cdots, x_n$ 的隶属度。

（2）明确一个主体向环境或另一主体输出的"流"出量为多少。为简便计，我们假设：一个主体向环境或另一主体输出的各种要素的"流"出量，分别为 $y_1, y_2, y_3 \cdots, y_m$，转换为"流"出复杂适应能力，借鉴信息量计算方法则有下列公式：

$$S = -h_0 \sum_{j=1}^{m} B_j \ln(1 - \theta_i) \tag{7-63}$$

式中：S 为"流"输出复杂适应能力；h_0 为质量系数；B_j 为 $y_1, y_2, y_3, \cdots, y_m$ 的权重；θ_j 为 $y_1, y_2, y_3, \cdots, y_m$ 的隶属度。

（3）明确复杂适应能力的高低、大小、强弱的度量。分两种情形：

1）一个主体的情形。如果其"流"出复杂适应能力大于"流"入复杂适应能力，则可以认为，其主体复杂适应能力高、大、强，否则认为低、小、弱。即有：

$$\begin{cases} \dfrac{S}{I} > 1, & 高、大、强 \\ \dfrac{S}{I} \leq 1, & 低、小、弱 \end{cases}$$

式中：$\dfrac{S}{I}$ 称为区域经济主体复杂适应能力。

2）两个主体进行比较的情形。考虑"流"出复杂适应能力与"流"入复杂适应能力之比后的相对值，即有：

$$\begin{cases} \dfrac{S_1}{I_1} > \dfrac{S_0}{I_0}, & 则可以认为主体1的主体复杂适应能力要比主体0高、大、强 \\ \dfrac{S_1}{I_1} > \dfrac{S_0}{I_0}, & 则可以认为主体1的主体复杂适应能力要比主体0低、小、弱 \end{cases}$$

综合上述分析,最后我们得到复杂适应能力的计量模型为:

$$\begin{cases} S > 1 \\ \dfrac{S_1}{I_1} > \dfrac{S_0}{I_0} \end{cases}$$

该模型的含义为:之于某个区域经济主体,只有当 $S > I$ 时,才可认为该主体的复杂适应度高(大、强);而在两个区域经济主体比较中,只有当 $\dfrac{S_1}{I_1} > \dfrac{S_0}{I_0}$ 时,才可认为区域经济主体 1 的复杂适应度比区域经济主体 0 高(大、强)。

二、我国主要城市和苏锡常区域经济复杂适应能力的实证分析

(一)指标体系构建

1. 反映"流"入量的指标体系构建

就一个主体而言,要素"流"入主要有人、财、物等的流入。考虑到指标数据的可收集性和可比性,我们选取以下几个指标以反映要素"流"入量:①

(1)反映资金"流"入的指标:人均城乡居民储蓄年末余额(万元/人)——该指标反映一个区域经济主体来自自身的资金的最大供给状况——用 x_1 表示。

(2)反映财力"流"入的指标:人均地方财政预算内支出(万元/人)——该指标反映一个区域经济主体自身财力的主要需求状况——用 x_2 表示。

(3)反映商品"流"入的指标:人均社会商品零售总额(万元/人)——该指标反映一个区域经济主体自身商品的主要需求状况——用 x_3 表示。

(4)反映物质"流"入的指标:人均货物运输量(吨/人)②——该指标反映一个区域经济主体自身物质的主要需求状况——用 x_4 表示。

2. 反映"流"出量的指标体系构建

就一个主体而言,要素"流"出主要是产品的流出。考虑到指标数据的可收集性和可比性,我们选取以下几个指标以反映要素"流"出量:

(1)反映总产品"流"出的指标:人均国内生产总值(GDP)(万元/

---

① 反映要素"流"入量的指标体系中,之所以没有选取反映人"流"入的指标,只是因为无法一次性直接收集到我国主要城市关于反映人"流"入的指标,而分市逐一收集,依然有相当困难。

② 严格意义上说,应是人均流入货物运输量。但由于没有这一指标,也难以从人均货物运输量中加以分解,所以,只能以该指标反映。

人)——该指标反映一个区域经济主体总产品流出的状况——用 y_1 表示。

(2) 反映总财力"流"出的指标：人均地方财政预算内收入（万元/人)——该指标反映一个区域经济主体总财力流出的状况——用 y_2 表示。

(3) 反映产品向国外"流"出的指标：人均货物进出口总额（百美元/人)[①]——该指标反映一个区域经济主体产品向国外流出的状况——用 y_3 表示。

(4) 反映产品向在岗职工"流"出的指标：在岗职工平均工资（万元/人)——该指标反映一个区域经济主体产品向在岗职工流出的状况——用 y_4 表示。

(二) 数据来源

(1) 全国主要城市和苏锡常三城市的人均城乡居民储蓄年末余额（万元/人）、人均地方财政预算内支出（万元/人）、人均社会商品零售总额（万元/人）、人均货物运输量（吨/人）以及人均国内生产总值（万元/人）、人均地方财政预算内收入（万元/人）、人均货物进出口总额（百美元/人）均依据城乡居民储蓄年末余额（亿元）、地方财政预算内支出（亿元）、社会商品零售总额（亿元）、货物运输量（万吨）、国内生产总值（亿元）、地方财政预算内收入（亿元）、货物进出口总额（百万美元）除以年末总人口计算而得。

(2) 全国主要城市上述数据均来自中国统计局网站"统计数据""数据查询""国家数据""地区数据""主要城市年度数据"；苏锡常三城市上述数据均来自江苏统计局网站"统计数据""统计年鉴"，以及《江苏统计年鉴2014》。

(三) 权重、隶属度、质量系数计算

(1) 权重计算。我们运用离散系数法加以计算。全国主要城市及苏锡常"流"入各指标权重2012年分别为28、29、19、24，2013年分别为28、28、21、23；"流"出各指标权重2012年分别为18、21、56、5，2013年分别为17、20、54、9。

(2) 隶属度计算。为避免 $(1-u_i)=0$ 和 $(1-\theta_i)=0$ 时，$\ln(1-u_i)$ 和 $\ln(1-\theta_i)$ 无法计算，在陈守煜所改造的札德公式基础上再作改造。公式如下：

对越大越优指标，有：

[①] 严格意义上说，应是人均货物出口总额。但由于中国统计局网站"统计数据""数据查询""国家数据""地区数据""主要城市年度数据"中仅提供了货物进出口总额（百万美元）数据，而如果分市逐一收集仍有相当困难，所以，只能以该指标反映。

$$\mu_i = \left[\frac{x_i - \min(x_1, x_2, \cdots, x_n)}{\max(x_1, x_2, \cdots, x_n) - \min(x_1, x_2, \cdots, x_n)} \right]^q \times p + l$$

$$\theta_i = \left[\frac{y_i - \min(y_1, y_2, \cdots, y_n)}{\max(y_1, y_2, \cdots, y_n) - \min(y_1, y_2, \cdots, y_n)} \right]^q \times p + l \quad (7-64)$$

对越小越优指标,有:

$$\mu_i = \left[\frac{\max(x_1, x_2, \cdots, x_n) - x_i}{\max(x_1, x_2, \cdots, x_n) - \min(x_1, x_2, \cdots, x_n)} \right]^q \times p + l$$

$$\theta_i = \left[\frac{\max(y_1, y_2, \cdots, y_n) - y_i}{\max(y_1, y_2, \cdots, y_n) - \min(y_1, y_2, \cdots, y_n)} \right]^q \times p + l \quad (7-65)$$

q 为距离参数,$q=1$ 为海明距离,$q=2$ 为欧氏距离,我们取 $q=1$。这样 u_i 或 θ_j 的取值在 $(p, p+l)$ 之间。p 取 0.6,l 取 0.3。

(3) 质量系数计算。质量系数应是关于区域经济主体要素"流"入和"流"出质量的衡量。"流"入质量,应结合"流"出,表现为"流"出与"流"入之比。为简便计,"流"出仅选择人均国内生产总值一项指标为代表,以此计算出"流"出与"流"入之比,再以各"流"出与"流"入指标权重进行加权平均,最终得出区域经济主体"流"入质量系数 k_0。"流"出质量则应考虑其对全社会的贡献,表现为某一"流"出与全国该"流"出之比,再以各"流"出指标权重进行加权平均,最终得出区域经济主体"流"出质量系数 h_0。所得结果如表 7-22 前 4 列所示。

(四) 计算结果

运用 $I = -k_0 \sum_{i=1}^{n} A_i \ln(1 - u_i)$ 和 $S = -h_0 \sum_{j=1}^{m} B_j \ln(1 - \theta_j)$ 以及 $\frac{S}{I}$ 得到最终计算结果,如表 7-22 后 6 列所示。

(五) 若干分析

1. 总体分析

表 7-22 显示,我国各城市区域经济主体复杂适应能力总体水平较低。2012 和 2013 年,区域经济主体复杂适应能力的平均值分别为 0.75 和 0.87,均没有达到 1。而且在 38 个城市中,区域经济主体复杂适应能力大于 1 的,无论是 2012 年,还是 2013 年,仅有 5 个城市,比例不及 15%。究其原因,其实质是主体的要素流自身所具有的活力以及内部运动和变化的强度较弱。

从表 7-22 还可以看出,我国各城市区域经济主体复杂适应能力之间的差异较大。2012 年和 2013 年,区域经济主体复杂适应能力最强的城市是深圳,而最

表7-22 全国主要城市及苏锡常区域经济复杂适应能力

地区		输入质量系数 k_0		输出质量系数 h_0		复杂适应能力					
						"流"入		"流"出		区域经济主体	
		2012年	2013年	2012年	2013年	2012年	2013年	2012年	2013年	2012年	2013年
东部	北京	2.32	2.23	7.09	7.52	1.83	1.81	5.04	4.78	2.76	2.63
	天津	3.09	2.90	3.23	3.55	1.93	1.89	1.73	1.84	0.90	0.97
	石家庄	3.75	3.51	0.55	0.60	1.54	1.51	0.20	0.22	0.13	0.15
	沈阳	3.55	3.27	1.04	1.09	1.79	1.69	0.45	0.46	0.25	0.27
	大连	3.54	3.18	2.90	3.13	2.25	2.16	1.41	1.49	0.63	0.69
	上海	2.38	2.29	6.97	7.20	2.02	1.95	4.80	4.56	2.38	2.34
	南京	3.76	3.66	2.45	2.53	2.34	2.18	1.19	1.17	0.51	0.54
	杭州	3.93	3.68	2.48	2.61	2.24	2.17	1.18	1.21	0.53	0.56
	宁波	3.46	3.21	3.94	4.16	2.11	2.09	1.99	2.04	0.94	0.98
	福州	3.87	3.28	1.36	1.43	1.75	1.56	0.55	0.58	0.32	0.37
	厦门	3.04	2.81	8.40	9.33	2.29	2.31	5.38	5.89	2.35	2.55
	济南	3.97	3.75	0.85	0.90	2.01	1.82	0.34	0.36	0.17	0.20
	青岛	4.02	3.41	2.44	2.63	2.00	1.80	1.09	1.17	0.54	0.65
	广州	3.84	3.99	3.76	3.87	3.55	4.42	2.04	1.99	0.58	0.45
	深圳	3.69	3.68	32.99	35.92	8.49	8.07	73.54	77.16	8.67	9.57
	海口	2.79	2.58	0.87	1.01	1.55	1.58	0.33	0.39	0.21	0.24
	苏州	4.75	3.07	6.13	9.94	2.16	1.69	3.19	5.96	1.48	3.54
	无锡	4.81	3.43	2.83	3.70	2.31	1.92	1.28	1.75	0.56	0.91
	常州	4.13	3.26	1.76	2.18	1.96	1.66	0.73	0.93	0.37	0.56
中部	太原	3.16	2.77	0.91	0.97	1.63	1.49	0.37	0.38	0.23	0.25
	长春	3.45	3.34	0.91	0.98	1.44	1.36	0.36	0.38	0.25	0.28
	哈尔滨	2.97	2.87	0.44	0.50	1.17	1.13	0.17	0.18	0.14	0.16
	合肥	3.47	3.37	0.91	0.97	1.61	1.67	0.36	0.38	0.23	0.23
	南昌	3.75	3.41	0.74	0.83	1.51	1.41	0.28	0.32	0.19	0.23
	郑州	3.32	3.10	1.03	1.40	1.38	1.43	0.40	0.56	0.29	0.39
	武汉	3.70	3.31	1.20	1.48	2.09	1.97	0.52	0.69	0.25	0.35
	长沙	4.23	4.05	0.93	0.99	2.13	2.12	0.39	0.41	0.18	0.19

续表

地区		输入质量系数 k_0		输出质量系数 h_0		复杂适应能力					
						"流"入		"流"出		区域经济主体	
		2012年	2013年	2012年	2013年	2012年	2013年	2012年	2013年	2012年	2013年
西部	呼和浩特	3.78	3.67	0.96	0.84	2.29	2.48	0.43	0.35	0.19	0.14
	南宁	2.80	2.66	0.40	0.43	1.21	1.20	0.15	0.16	0.12	0.13
	重庆	2.16	2.18	0.83	0.74	0.88	0.89	0.32	0.28	0.36	0.31
	成都	3.35	3.10	1.28	1.42	1.61	1.55	0.52	0.61	0.33	0.39
	贵阳	2.34	2.43	0.66	0.78	1.11	1.27	0.26	0.30	0.23	0.24
	昆明	2.45	2.39	1.15	1.12	1.26	1.29	0.46	0.45	0.37	0.35
	西安	2.86	2.58	0.73	0.89	1.53	1.47	0.28	0.35	0.19	0.24
	兰州	3.02	2.80	0.55	0.56	1.35	1.23	0.21	0.21	0.15	0.17
	西宁	2.31	2.37	0.40	0.66	0.95	0.94	0.15	0.35	0.16	0.38
	银川	3.03	2.85	0.69	0.83	1.88	1.96	0.28	0.33	0.15	0.17
	乌鲁木齐	2.89	2.61	1.39	1.24	1.78	1.74	0.60	0.52	0.34	0.30

弱的城市是南宁。两者相比,相对差异超过 70 倍以上。以 2012 年和 2013 年平均值为限,2012 年和 2013 年有多达 31 个城市低于其平均值,比例高达 80% 以上;38 个城市的离散系数更是超过 100%,分别在 194.93% 和 189.56% 以上。差异较大,表明我国各城市区域经济主体在聚集(这里的聚集与城市经济学中的聚集经济概念不同,不是单指空间层面的靠近,它强调的是主体间通过一种非线性的结合形成一种更大的主体)功能的发挥上还存在较大的差异。

2. 动态分析

动态比较 2013 年与 2012 年的区域经济主体复杂适应能力,可以发现,除上海、北京、昆明、乌鲁木齐、重庆、广州、呼和浩特 7 个城市有所下降外,其余 31 个城市均有不同程度的上升,其中上升最快的是西宁和苏州,增长率超过或接近 140%;此外,增长率在 40% 以上的城市有 3 个,在 20% 以上的城市有 3 个,在 10% 以上的城市有 12 个,表明各城市主体的主动性和要素流的活力得到了进一步的迸发,正朝着适应环境和其他主体协调发展的方向发展。

受此影响,各个城市位移频繁。2013 年与 2012 年相比,除深圳、宁波、天津、南京、长春、南宁 6 个城市的位次没有发生变化外,其余 32 个城市的位次俱发生了不同程度的变化。在 2013 年,苏州取代北京,厦门取代上海;无锡超越大连、广州;成都、福州、郑州、武汉、太原、海口位次有所提升,而昆明、重庆、乌鲁木齐、沈阳的位次则退后;等等。这表明,各城市主体也正设法在主体—环境—主体的交互学习过程中调整自己的行为。显然,在区域经济发展中,各个城市发生位移将会是一种新常态。

3. 区域分析

通过计算,区域经济主体复杂适应能力的平均值,东部地区 2012 年为 1.28,2013 年为 1.48;中部地区 2012 年为 0.22,2013 年为 0.26;西部地区 2012 年为 0.23,2013 年为 0.25;显示出东部地区高于中西部地区,中西部地区大体相当的基本格局。

但也应该看到,在区域内部,不平衡性则是东部地区最大,2012 年、2013 年离散系数分别高达 153.37% 和 147.71%;西部地区其次,2012 年、2013 年离散系数分别为 40.57%、37.30%,中部地区最低,2012 年、2013 年离散系数分别为 21.33%、29.80%。上述所呈现出的特征,基本与我国各城市区域经济发展水平的分布相吻合。运用复杂适应系统理论加以解析,这是由于我国各城市区域经济主体在经济发展的进程中所形成的"内部模型"(Internal Model)的不同而引起的。

4. 影响因素分析

首先是分析引起动态变化的影响因素。动态指数分析体系如下:

$$\frac{S_1}{I_1} \bigg/ \frac{S_0}{I_0} = \left(\frac{h_{o1}}{k_{o1}} \div \frac{h_{o0}}{k_{o0}}\right) \times \left[\frac{\sum_{j=1}^{m} B_{j1} \ln(1-\theta_{j0})}{\sum_{j=1}^{m} B_{j0} \ln(1-\theta_{j0})} \div \frac{\sum_{i=1}^{n} A_{i1} \ln(1-\mu_{i0})}{\sum_{i=1}^{n} A_{j0} \ln(1-\mu_{j0})}\right]$$

$$\times \left[\frac{\sum_{j=1}^{m} B_{j1} \ln(1-\theta_{j1})}{\sum_{j=1}^{m} B_{j1} \ln(1-\theta_{j0})} \div \frac{\sum_{i=1}^{n} A_{i1} \ln(1-\mu_{j1})}{\sum_{i=1}^{n} A_{i1} \ln(1-\mu_{j0})}\right] \quad (7-66)$$

式中:0 代表基期;1 代表报告期。

并据此计算相应的结果,如表 7-23 前 4 列所示。

其次是分析引起差异变化的影响因素。差异指数分析体系如下:

$$\frac{S_p}{I_p} \bigg/ \frac{S_q}{I_q} = \left(\frac{h_{op}}{k_{op}} \div \frac{h_{oq}}{k_{oq}}\right) \times \left[\frac{\sum_{j=1}^{m} B_{jp} \ln(1-\theta_{jp})}{\sum_{j=1}^{m} B_{jp} \ln(1-\theta_{jq})} \div \frac{\sum_{i=1}^{n} A_{ip} \ln(1-\mu_{jp})}{\sum_{i=1}^{n} A_{ip} \ln(1-\mu_{jq})}\right] \quad (7-67)$$

式中:p 为比较城市;q 为基准城市。

并据此以深圳为基准城市计算了相应的结果,如表 7-23 后 6 列所示。

表 7-23 全国主要城市及苏锡常区域经济复杂适应能力影响因素分析

地区		动态分析				差异分析					
		质量系数比值指数	权数比值指数	隶属度比值指数	复杂适应能力指数	质量系数比值比较指数		隶属度比值比较指数		复杂适应能力指数	
						2012年	2013年	2012年	2013年	2012年	2013年
东部	北京	1.10	1.10	0.78	0.95	0.34	0.35	0.93	0.80	0.32	0.28
	天津	1.17	1.04	0.89	1.09	0.12	0.13	0.89	0.81	0.10	0.10
	石家庄	1.17	1.00	0.95	1.11	0.02	0.02	0.92	0.87	0.02	0.02
	沈阳	1.14	1.02	0.93	1.09	0.03	0.03	0.88	0.83	0.03	0.03
	大连	1.20	1.01	0.91	1.10	0.09	0.10	0.79	0.72	0.07	0.07
	上海	1.07	1.06	0.86	0.98	0.33	0.32	0.84	0.76	0.27	0.24
	南京	1.06	1.03	0.97	1.06	0.07	0.07	0.80	0.80	0.06	0.06
	杭州	1.12	1.02	0.92	1.06	0.07	0.07	0.86	0.80	0.06	0.06
	宁波	1.14	1.02	0.90	1.04	0.13	0.13	0.85	0.77	0.11	0.10
	福州	1.24	1.02	0.92	1.17	0.04	0.04	0.93	0.86	0.04	0.04
	厦门	1.20	0.99	0.91	1.08	0.31	0.34	0.88	0.78	0.27	0.27
	济南	1.13	1.02	1.02	1.17	0.02	0.02	0.83	0.85	0.02	0.02
	青岛	1.27	1.01	0.92	1.19	0.07	0.08	0.93	0.86	0.06	0.07
	广州	0.99	1.03	0.77	0.78	0.11	0.10	0.61	0.47	0.07	0.05
	深圳	1.09	0.97	1.04	1.10	1.00	1.00	1.00	1.00	1.00	1.00
	海口	1.26	0.99	0.91	1.14	0.03	0.04	0.71	0.64	0.02	0.03
	苏州	2.51	1.00	0.95	2.39	0.14	0.33	1.18	1.11	0.17	0.37
	无锡	1.84	0.99	0.90	1.64	0.07	0.11	0.98	0.86	0.06	0.10
	常州	1.58	0.99	0.96	1.50	0.05	0.07	0.90	0.85	0.04	0.06
中部	太原	1.21	1.02	0.92	1.13	0.03	0.04	0.80	0.75	0.03	0.03
	长春	1.11	1.02	0.99	1.13	0.03	0.03	0.97	0.97	0.03	0.03
	哈尔滨	1.15	1.02	0.98	1.15	0.02	0.02	0.98	0.96	0.02	0.02
	合肥	1.10	1.02	0.90	1.01	0.03	0.03	0.89	0.81	0.03	0.02
	南昌	1.24	1.02	0.95	1.20	0.02	0.02	0.99	0.95	0.02	0.02
	郑州	1.45	1.01	0.92	1.34	0.03	0.05	0.97	0.89	0.03	0.04
	武汉	1.37	1.01	1.02	1.41	0.04	0.05	0.79	0.80	0.03	0.04
	长沙	1.11	1.02	0.93	1.05	0.02	0.02	0.86	0.81	0.02	0.02

续表

地区		动态分析				差异分析					
		质量系数比值指数	权数比值指数	隶属度比值指数	复杂适应能力指数	质量系数比值比较指数		隶属度比值比较指数		复杂适应能力指数	
						2012年	2013年	2012年	2013年	2012年	2013年
西部	呼和浩特	0.91	1.05	0.78	0.74	0.03	0.02	0.76	0.62	0.02	0.01
	南宁	1.15	1.01	0.95	1.10	0.02	0.02	0.88	0.83	0.01	0.01
	重庆	0.88	1.02	0.96	0.86	0.04	0.03	0.98	0.94	0.04	0.03
	成都	1.21	1.02	0.98	1.20	0.05	0.05	0.88	0.87	0.05	0.05
	贵阳	1.14	1.00	0.91	1.04	0.03	0.03	0.84	0.76	0.03	0.03
	昆明	0.99	1.01	0.94	0.94	0.05	0.05	0.81	0.75	0.05	0.05
	西安	1.36	1.01	0.93	1.28	0.03	0.04	0.75	0.70	0.02	0.02
	兰州	1.11	1.01	0.99	1.11	0.03	0.03	0.87	0.86	0.03	0.03
	西宁	1.60	1.02	1.48	2.42	0.02	0.03	0.93	1.39	0.02	0.04
	银川	1.27	1.01	0.88	1.12	0.03	0.03	0.68	0.59	0.03	0.03
	乌鲁木齐	0.99	1.01	0.90	0.89	0.05	0.05	0.72	0.64	0.05	0.03

由表7-23可见，在引起动态变化的质量系数比值、权数比值、隶属度比值这三个影响因素中，对于绝大多数城市而言，更多的是来自质量系数比值提高的贡献率，其次是权数比值变动的贡献率，而隶属度比值则是在下降。质量系数比值提高，表明"流"出的质量比"流"入的质量提高得要快，也说明绝大多数城市的经济增长质量有了明显的改善。

与动态分析所不同的是，引起差异变化的影响因素只涉及两个，即质量系数比值和隶属度比值。表7-23显示，对于绝大多数城市而言，差异更多的是来自质量系数比值不及深圳。显然，区域经济主体的差异本质是增长质量的差异。

三、复杂适应能力对区域经济差异的影响分析

反映区域经济差异最常用的指标是人均GDP。为此，以人均GDP为被解释变量，以区域经济主体复杂适应能力、"流"入复杂适应能力、"流"出复杂适应能力为解释变量，运用面板数据分析技术分析解释变量对被解释变量的影响。

（一）计量模型设定

首先建立一个只包含人均GDP与区域经济主体复杂适应能力变量的模型，

记作模型1，以检验和确定全国范围和东、中、西部地区各层面区域经济主体复杂适应能力对人均GDP的影响形式；其次建立一个包含人均GDP与"流"入复杂适应能力、"流"出复杂适应能力变量的模型，记作模型2，以进一步分析全国总体和东部、中部、西部各区域内"流"入、"流"出复杂适应能力对人均GDP的影响效应。

模型1：$GDP_{i,t} = c_{i,t} + b_1 sznl_{i,t} + \mu_{i,t}$

模型2：$GDP_{i,t} = \alpha_{i,t} + \beta_1 lrnl_{i,t} + \beta_2 lrnl_{i,t} + \varepsilon_{i,t}$

其中：$GDP_{i,t}$代表第i城市第t年的人均GDP，$lrnl_{i,t}$代表第i城市第t年的"流"入复杂适应能力，$lcnl_{i,t}$代表第i城市第t年的"流"出复杂适应能力，$sznl_{i,t}$代表第i城市第t年的区域经济主体复杂适应能力，$\mu_{i,t}$、$\varepsilon_{i,t}$代表随机扰动项。

(二) 模型检验

（1）Hausman检验。经检验，模型1之全国模型和模型2之全国、东部、中部地区，建立固定影响模型；而模型1之东部、中部、西部地区模型以及模型2之西部地区则建立随机影响模型。

（2）模型设定形式检验。经检验，模型1之全国、东部地区和模型2之全国、东部、中部、西部地区应采用不变系数模型；而模型1之中部、西部地区应采用变系数模型。

由于横截面个数大于时序个数，所以采用截面加权估计法（Cross Section Weights）。

(三) 全国以及分区域城市实证结果①

表7-24给出了38个城市的估计结果。

表7-24 全国38个城市实证检验结果

Variable	模型1 Coefficient	模型2
c	6.845422（41.64473）	-0.587223（-2.399073）
$sznl_{i,t}$	3.025602（17.33635）	
$lrnl_{i,t}$		4.523391（23.74360）
$lcnl_{i,t}$		1.140405（12.00740）

---

① 由表7-24~表7-27所得结果，在显著性水平（α）等于0.05的条件下，均能通过相关统计检验和计量检验。受篇幅所限，不再特别列出。

可以看到,无论是区域经济主体复杂适应能力,还是"流"入、"流"出复杂适应能力均对人均GDP具有显著的正向促进作用。随着各区域经济主体复杂适应能力以及"流"入、"流"出复杂适应能力的不断提升,人均GDP呈现不断增长的趋势。

表7-25~表7-27给出了东部、中部、西部三大地区的实证检验结果。

表7-25　东部地区19个城市实证检验结果

Variable	模型1 Coefficient	模型2
c	9.130261 (32.15883)	2.197393 (2.589454)
$sznl_{i,t}$	2.186804 (7.919924)	
$lrnl_{i,t}$		3.516518 (8.944594)
$lcnl_{i,t}$		0.872149 (9.322561)

表7-26　中部地区8个城市实证检验结果

Variable		模型1 Coefficient	模型2 Coefficient
$sznl_{i,t}$	太原	26.82929 (44.93614)	
	长春	23.66572 (250.7143)	
	哈尔滨	32.02655 (53.22059)	
	合肥	27.02174 (17.50704)	
	南昌	29.51798 (22.51157)	
	郑州	17.49280 (70.26871)	
	武汉	33.99189 (9.578827)	
	长沙	55.39124 (37.53017)	
c			-2.238118 (-2.218808)
$lrnl_{i,t}$			4.946437 (6.405722)
$lcnl_{i,t}$			3.765511 (1.987047)

表7-27　西部地区11个城市实证检验结果

Variable		模型1 Coefficient	模型2 Coefficient
$sznl_{i,t}$	呼和浩特	65.77558（5.269994）	
	南宁	29.53035（114.1111）	
	重庆	10.61719（7.985005）	
	成都	20.23563（30.09402）	
	贵阳	21.39548（13.47891）	
	昆明	16.33500（11.34485）	
	西安	26.62860（14.84295）	
	兰州	30.12451（15.00388）	
	西宁	13.69412（2.479233）	
	银川	44.78405（46.88187）	
	乌鲁木齐	25.07685（9.949440）	
c			-1.008200（-2.581517）
$lrnl_{i,t}$			3.906587（11.96336）
$lcnl_{i,t}$			4.002673（5.253461）

表7-25～表7-27也显现了区域经济主体复杂适应能力以及"流"入、"流"出复杂适应能力与人均GDP之间具有显著的正相关关系。但上述三个区域也表现出了一些区域性的特征。

（1）影响的方式不同。之于模型1，东部地区建立固定影响模型，中部、西部地区则建立随机影响模型；东部地区采用不变系数模型，而中部、西部地区则采用变系数模型。这表明在东部地区，区域经济主体复杂适应能力已成为经济发展的一支较为稳定的力量，而在中部、西部地区，区域经济主体复杂适应能力效应的发挥还处于一种不太稳定的状态。

（2）影响的水平不同。之于模型2，在"流"入复杂适应能力对人均GDP的影响方面，影响系数的全国平均水平为4.52，而东部、中部、西部地区的影响系数则分别为3.52、4.95、3.91，表现出东部、西部地区低于全国平均水平。不仅如此，还表现出东部地区低于中部、西部地区的水平。在"流"出复杂适应能力对人均GDP的影响方面，影响系数的全国平均水平为1.14，而东部、中部、西部地区的影响系数则分别为0.87、3.77、4.00，表现出东部地区不仅低于全国平均水平,而且低于中部、西部地区的水平。这结果表明,在中部、西部地区,无论是提高"流"入复杂适应能力,还是提高"流"出复杂适应能力,其效应都要比东部地区更大、更明显。也显示出要缩小人均GDP之间的差距,根本在于缩小"流"入、"流"出复杂适应能力之间的差距。

四、政策建议

不断缩小区域经济发展差异,关键在于切实提高区域经济主体以及"流"入、"流"出复杂适应能力,核心在经济发展模式转型。为此,各区域经济主体有必要:

(1)"标识"增长质量,实现经济发展目标转型。在经济新常态下,环境承载能力已经达到或接近上限,人民群众不再仅仅满足于收入和物质的增长,而是对良好生态环境有着迫切的期待,对保证产品质量安全有着急切的需求,这就要求我国各区域在发展目标上必须顺应人民群众的意愿,推动形成绿色低碳循环发展新方式,实现向满足人民群众生命安全、生活幸福转型。要达到这一目标,就必须在经济增长过程中,将不断提高经济增长质量作为一种贯穿始终的"标识",作为区域经济主体的一面旗帜或一个组织纲领,以引导主体辨别方向,加快主体聚集,促进主体选择性相互作用,揭示层次的产生,获得不以自然资源消耗为前提的经济增长。

(2)强化"内部模型",促进经济发展体制机制转型。"内部模型"是主体将过去与其他主体及环境间互动中得到的大量经验经过存储、提炼而形成的各种可行的反映规则的集合。作为具有主动性和适应性的各区域经济主体,正是通过"内部模型"指导着自身的行动,使之更好地适应环境。在经济新常态下,整个市场环境正发生着剧烈的变化,这就是传统产业供给能力大幅超出需求,数量扩张和价格竞争减弱,各类隐性风险日益显现,全面刺激政策的边际效果明显递减,这要求我国各区域主体要强化"内部模型",并使之成为具有"活"的、生长和发展前途的机制:顺应新兴产业、服务业、小微企业作用更加凸显的要求,实现产业组织向生产小型化、智能化、专业化的转型;顺应向质量型、差异化为主竞争的趋势,实现提高资源配置效率向深化改革开放,加快形成统一透明、有序规范市场环境的转型;顺应化解以高杠杆和泡沫化为主要特征的各类风险将持续一段时间的现实,实现各类风险化解向建立健全标本兼治、对症下药体制机制的转型;顺应发挥市场机制作用探索未来产业发展的方向,实现宏观调控方式向

（3）加快功能聚集，推动经济发展动力转型。聚集功能较强的区域经济主体，由于多次聚集，形成了大规模以及更大规模的介主体、介介主体，使其在环境面前不再脆弱，而涌现出原来主体所不具备的协调性、适应性和持存性等特质。相反，聚集功能较弱的城市主体则难以形成这样的特质。因此，对于各区域经济主体，在今后经济新常态下的区域经济发展中，要强化人力资本质量和技术进步等要素流的聚集功能，使之通过相互之间的耦合聚集为突破口，推动经济发展动力由要素规模驱动向创新驱动转型，让创新成为驱动发展新引擎，形成大规模以及更大规模的介主体、介介主体，以不断涌现和提升主体的协调性、适应性和持存性等特质。

（4）增强要素活力，助力经济发展路径转型。经济新常态一方面是模仿型排浪式消费阶段基本结束，传统产业相对饱和，全球总需求不振，我国低成本比较优势也发生了转化。另一方面是多样化消费渐成主流，保证产品质量安全、通过创新供给激活需求的重要性显著上升；基础设施互联互通和一些新技术、新产品、新业态、新商业模式的投资机会大量涌现；同时，我国出口竞争优势依然存在，高水平"引进来"、大规模"走出去"正在同步发生。这一切意味着在今后的区域经济发展中，要更多地关注其自身各要素流，如消费、投资、出口等的发展变化，不断增强这些要素流运动和变化的强度，使其更具有活力，而不只仅仅强调外部原因推动的作用。一条可行的路径就是，采取正确的消费政策，释放消费潜力，使消费继续在推动经济发展中发挥基础性作用；善于把握投资方向，消除投资障碍，使投资继续对经济发展发挥关键作用；加紧培育新的比较优势，使出口继续对经济发展发挥支撑作用。

第八章 估 算

第一节 引 论

一、统计估算的意义

统计估算，又称统计推算，是根据已掌握的有关调查统计资料，运用相应的统计方法和数学方法，进行科学的推算和估计，以间接取得所需的统计资料的方法。

根据所利用的资料来源性质不同，统计估算可以分为两大类：一类是抽样估计，另一类是间接推算。

抽样估计所利用的资料是按照随机的原则，通过专门组织的抽样调查取得的。

而间接推算所利用的资料一般是有关单位的行政业务记录，或是通过其他调查方式取得的统计资料。

统计估算既是一种取得统计信息的方法，又是对现象作进一步深入分析和研究的方法，它是整个统计研究方法体系的一个重要组成部分。作为一种非全面调查的统计方法，统计估算具有投入少、效率高的特点。

二、统计估算的准确性

统计估算的准确性来自世间的一切客观事物所具有的互相联系和内在规律。

任何社会经济现象都有其产生的原因，任何原因也都必然会产生一定的结果。而且事物的发展具有连续性和相关性，同时在一定时期内存在相对稳定性。

统计利用客观事物之间的这种联系和变动规律去估计和推算社会现象的数量关系，有其科学的依据。

从理论上分析，统计上的误差可分为登记性误差、代表性误差和推算误差。

（1）登记性误差是指由于各种原因（包括无意、有意和计算错误等）使登记的结果与事实有出入。

（2）代表性误差是指由于调查的单位只是总体的一部分，这部分单位不能完全反映总体的性质而产生的误差。

（3）推算误差是指由于推算所假定的前提不完全符合实际而产生的误差。

无论是全面调查还是统计估算都会存在登记误差。而代表性误差和推算误差则是统计估算所固有的。这样从表面来看，似乎全面调查的准确性一定会高于统计估算，但是问题并不那么简单。一是社会经济现象空前复杂化，给准确把握统计口径带来困难。二是各类经济组织发展迅速，统计调查单位急剧膨胀，训练有素的基层统计人员日显匮乏。再加上决策主体和利益主体的多层次化，各方面对统计数字真实性的干扰明显增加。这些都使全面调查有可能产生较大的登记误差。

而统计估算所涉及的调查单位较少，可以由经过专门训练的人员去完成。另外，其所利用的资料一般是与被调查者没有直接利害关系的数据或者通过其他渠道取得的数据。这样，就有可能大大减少登记误差。如果在统计估算的过程中，又经过周密的分析和研究，注意科学地选取样本，采用与所要估算的社会经济现象的变动规律相适应的估算方法，那么就有可能将代表性误差和推算误差控制在一个较低的水平上，从而使估算的结果能够基本符合实际情况，满足国家和社会公众对统计信息的需求。因此，在不少场合，统计估算的结果甚至比通过全面报表、逐级汇总得到的数字更接近客观实际。我国农产量调查中，利用抽样调查资料估算的粮食产量数字的可信程度大于全面报表数字的可信程度，就是一个很有说服力的事例。

三、统计估算的科学性和规范性

必须指出，统计估算的准确性是以统计估算的科学化和规范化为前提的。

所谓统计估算的科学化，是指统计估算应当和其他任何一种科学的认识活动一样，具备可检验性和可复制性。可检验性是指统计估算的结果是明确的而不是模棱两可的，其正确与否有可能得到验证。可复制性则是指估算具有清楚、精密的程序，可以按照一定的步骤重复地、连续不断地进行下去，而且当所利用的方法和信息完全相同时，同一数据只能得到同一种估算结果。具有可检验性和可复制性的统计估算是科学的估算，同完全凭主观经验和纯粹依靠直觉的所谓"七分估计"有本质的区别。

所谓统计估算的规范化，是指对于各种统计估算方法应用的场合、应用的原则、所利用的各种资料（会计资料、业务资料与统计资料）之间指标口径的衔接以及具体实施的细节应有明文规定的标准。统计估算的规范化是防止不恰当地滥用估算方法的重要保证。

应该说，在我国目前的社会经济统计工作实践中，统计估算的应用离上述科学化和规范化的要求还有较大的距离。

为了改变统计估算应用落后的现状，真正实现我国统计估算的科学化和规范化，需要开展大量艰苦细致和脚踏实地的工作。

首先，要重视有关统计估算的基础理论特别是间接推算基础理论的研究。科学的理论是推广和应用的基础。抽样估计方法之所以能够在社会经济统计活动中得到比较有效和规范的运用，其重要原因之一就是它具有科学的理论依据。概率论中的大数法则和中心极限定理，以及各种抽样分布的理论和参数估计的理论都为抽样估计的应用奠定了坚实的理论基础。与抽样估计相比，间接推算的理论基础显得比较薄弱。国内外的统计学界对此研究得都很不够。

为此，有必要对国内外实际采用过的各种间接推算方法进行认真的考察，研究其特点、应用的前提条件和局限性，并不断进行系统的总结，逐渐将其上升到理论的高度。在此基础上，还可以提出一些新观点、新概念和新方法。

其次，对于统计估算的研究，不能只停留在理论研究阶段，单纯地就方法论方法，而必须密切联系我国的实际，从统计实践中迫切需要解决的各种问题出发，去研究统计估算方法的应用。在进行应用研究时，除了要根据所要研究的问题的特点，选择合适的估算方法外，还要着重研究各种资料（会计资料、业务资料与统计资料）之间指标口径的衔接问题。

同时，要特别注重实证研究。通过实证分析去验证各种方法的实际可行性，从中发现理论研究的疏漏之处，从而进一步改善各种估算方法。

最后，要及时地将理论研究和应用研究的成果转化为具体的规范和原则，用来指导实际的社会经济统计工作。这方面，日本的一些做法值得借鉴。为了从原来实行的旧 SNA 体系向新 SNA 体系过渡，日本由经济企划厅牵头，组织一批专家学者组成"国民经济核算调查审议会"，除了对国民经济核算的理论概念、分类、标准、账户体系和有关指标的计算口径进行研究外，将主要的精力放在建立与原有的基础统计相衔接的新 SNA 估算方法体系上。经过大约 8 年的时间，在充分调查研究的基础上，提出了符合日本国情的新 SNA 体系。该体系不是简单地照搬联合国新 SNA 的版本，而是根据日本的情况，对国民核算账户的编制方法、有关指标的估算方法和资料来源、负责估算的部门等问题做了非常详细和具体的规定，从而为日本按照新 SNA 口径编制和发表国民经济核算资料铺平了道路。

第二节 缺省数据估算新方法——虚拟变量法

在统计分析中，常常遇到数据缺省的情况。数据缺省，或使分析研究无法进行，或使计算结果受到影响。解决的办法就是要估算出缺省的数据。常用的估算方法包括平衡关系估算法、比例估算法、因素估算法、模型估算法以及插值（线性插值和拉格朗日插值）估算法等。这些方法在估计和推算某些未知的社会经济现象的数值，或者估计和推算虽已掌握但很不准确的数据的校正值方面发挥着重要的作用。目前，随着计量经济学的不断发展，一些以计量经济学为基础的估算方法也日益运用到实际中，其中虚拟变量法就是一种具有代表性的新的统计估算方法。

虚拟变量法是一种用计量经济学的方法来估算缺省数据的方法。其基本思想如下：

虚拟变量法依据的一般数学模型为：

$$\frac{q_{mj}}{q_{mk}} = G_{jk} \times (\varepsilon_i)_{jk} \qquad (8-1)$$

式中：$\frac{q_{mj}}{q_{mk}}$ 表示第 m 类指标在 j、k 不同地区或时期上的对比关系，G_{jk} 表示第 m 类指标在 j、k 不同地区或时期上的比值。

考虑到 $\frac{q_{mj}}{q_{mk}}$ 与 G_{jk} 两者之间的差异性，因而两者之间会有一定的误差，即

$(\varepsilon_i)_{jk}$,假定 $(\varepsilon_i)_{jk} \sim N(0, \sigma^2)$,即 $(\varepsilon_i)_{jk}$ 服从均值为 0 的同方差正态分布。

于是,上式可变形为:

$$q_{mj} = q_{mk} \times G_{jk} \times (\varepsilon_i)_{jk} \quad (8-2)$$

两边取对数则为:

$$\ln(q_{mj}) = \ln(G_{jk}) + \ln(q_{mk}) + \ln(\varepsilon_i)_{jk} \quad (8-3)$$

这时,我们引入虚拟变量 X_j 和 Y_m。所引入的两个虚拟变量有两个原则:

第一,X_j 是针对系数 $\ln(G_{jk})$ 的虚拟变量,被称为地区或时期虚拟变量。它的取值与分析指标种类的变化无关,只与地区或时期有关。$j = 1, 2, \cdots, k-1, \cdots, k+1, \cdots, p-1$($p$ 表示地区或时期数)。如果用矩阵表示,X_j 则为一个 $(p-1) \times (p-1)$ 阶的单位矩阵。

第二,Y_m 是针对系数 $\ln(q_{mk})$ 的虚拟变量,被称为指标种类虚拟变量。它的取值与地区或时期的变化无关,只与指标种类有关。$m = 1, 2, \cdots, A$(A 表示指标种类)。如果用矩阵表示,Y_m 则为一个 $A \times A$ 阶的单位矩阵。

因此,有如下方程:

$$\ln(q_{mj}) = b_1 X_1 + b_2 X_2 + \cdots + b_{p-1} X_{p-1} + z_1 Y_1 + z_2 Y_2 + \cdots + z_A Y_A + \mu \quad (8-4)$$

式中:$b_j = \ln(G_{jk})$,$z_m = \ln(q_{mk})$,$\mu = \ln(\varepsilon_i)_{jk}$。

很显然,对于上式我们可运用多元回归的方法求出系数 b_j 和 z_m 的估计量。再利用反对数的关系,便可求得 k 地区或时期的相关指标值,即 q_{mk} 以及第 m 类指标在 j、k 不同地区或时期上的比值 G_{jk},然后,再利用关系式 $q_{mj} = q_{mk} \times G_{jk}$,推算出在 j 地区或时期的相关缺省值。

下面,用一实例说明虚拟变量法的应用。

以 A 地区作为基准地区,B、C、D 作为比较地区,根据表 8-1 的资料,运用虚拟变量法做多元回归,其计算结果如下:

$$\ln(p_{mj}) = 1.574x_1 + 2.315x_2 + 4.296x_3 + 0.805y_1 + 1.766y_2 - 0.422y_3 +$$
$$(17.55) \quad (22.44) \quad (43.88) \quad (8.77) \quad (19.24) \quad (-3.36)$$
$$0.171y_4 + 2.208y_5 - 0.030y_6 + 0.043y_7 + 1.35y_8$$
$$(1.51) \quad (30.60) \quad (-0.23) \quad (0.39) \quad (2.60)$$

表 8-1 4 个地区、8 种商品的价格资料

	1	2	3	4	5	6	7	8
A	2	6	—	—	10	—	1	4
B	12	35	3	5	40	—	—	18

续表

	1	2	3	4	5	6	7	8
C	25	50	7	12	—	10	—	—
D	150	400	—	100	—	70	80	—

相关系数 $R=0.999$，价格观测数 $n=21$，自由度 $df=11$（括号内为 t 统计量）。

由表 8-1 可知，A 地区表现为商品 3、4、6 价格数据缺省，对应其系数分别为（-0.422）、0.171 和（-0.030），求反对数得：$q_{5A}=0.66$，$q_{4A}=1.19$，$q_{6A}=0.97$。

对于 B 地区，其系数为 1.574，求反对数：$G_{BA}=4.83$，即 B 地区各商品价格与 A 地区各商品价格的平均比值为 4.83，根据这一比值，B 地区所缺省的商品 6、7 的价格数据为 $q_{6B}=4.83\times0.97=4.69$，$q_{7B}=4.83\times1=4.83$。

同理，对于 C 地区，其系数为 2.315，求反对数得：$G_{CA}=10.12$，即 C 地区各商品价格与 A 地区各商品价格的平均比值为 10.12，根据这一比值，C 地区所缺省的商品 5、7、8 的价格数据为：$q_{5C}=10.12\times10=101.2$，$q_{7C}=10.12\times1=10.12$，$q_{8C}=10.12\times4=40.48$。

对于 D 地区，其系数为 4.296，求反对数得：$G_{DA}=73.44$，即 D 地区各商品价格与 A 地区各商品价格的平均比值为 73.44，根据这一比值，D 地区所缺省的商品 3、5、8 的价格数据为：$q_{3D}=73.44\times0.66=48.47$，$q_{5D}=73.44\times10=734.4$，$q_{8D}=73.44\times4=293.8$。

从而，我们能够获得一份完整的价格数据资料，如表 8-2 所示。

表 8-2 对缺省数据估算后的完整价格数据资料

	1	2	3	4	5	6	7	8
A	2	6	(0.66)	(1.19)	10	(0.97)	1	4
B	12	35	3	5	40	(4.69)	(4.83)	18
C	25	50	7	12	(101.2)	10	(10.12)	(40.48)
D	150	400	(48.47)	100	(734.4)	70	80	(293.8)

注：括号内的数据为缺省数据的估算值。

可见，运用虚拟变量法的最大优势在于能够一次性地获得多个缺省数据的估算值，这对于进一步研究问题和分析问题有着重要的帮助作用。但其缺陷也是明显的，就是在操作上不够简便。通常只有具有一定计量经济学知识的人才能很好地运用它，这也使这种方法在实际应用过程中受到一定的限制。

这里，还有几个问题需要做进一步的说明：

（1）G_{jk}的性质。从多元线性回归模型中可以看到，q_{mj}估算的重要依据之一是G_{jk}。那么，$\frac{q_{mj}}{q_{mk}}$又是什么呢？它是（A）个$\frac{q_{mj}}{q_{mk}}$的几何平均数，即：

$$G_{jk} = \sqrt[A]{\prod \frac{q_{mj}}{q_{mk}}} \tag{8-5}$$

如 $G_{BA} = \sqrt[1]{\frac{12}{2} \times \frac{35}{6} \times \frac{2}{0.66} \times \frac{5}{1.99} \times 4.83 \times 4.83 \times \frac{18}{4}} = 4.80$

与x_1系数之反对数4.83几乎一致。

（2）估算值的性质。正是由于q_{mj}的估算是依据（A）个$\frac{q_{mj}}{q_{mk}}$的几何平均数G_{jk}进行的，因而q_{mj}估算值与实际值之间存在着一定的误差，这是一种随机误差，是不可避免的。而且，如果在求出的数据矩阵中缺省的数据越多，那么其估计误差就越大，也就越不可靠。因而，就其得出的估算值的性质而言，都是一个近似值或者说都是一个平均值。所以，要提高估算的精度，一个可行的办法就是减少缺省数据的数量。

（3）基准的选择。在运用虚拟变量法进行缺省数据的估算时，要求基准的选择所遵循的原则是，无论以哪个对象作为比较的基准，所得的比较结果应该是一样的。基准所起的是一个比较的作用，因此，各对象的数量对比关系不应受基准变更的影响。这就是基准不变性。如果G_{jk}代表以基准对象k为分母，对比对象j为分子的一个比值，G_{kj}代表以基准对象j为分母，对比对象k为分子的一个比值，满足基准不变性即为：$G_{jk}G_{kj} = 1$。事实上，在虚拟变量法的实际应用中，并不总是需要运用等式$G_{jk}G_{kj} = 1$去一一验证的。相反，总是在假定基准不变性的前提下去选择基准对象的。如当表现为地区资料时，可选择没有缺省数据或缺省数据较少的地区作为基准；而当表现为时期资料时，由于时间所具有不可逆性，又常常选择初期作为基准。这样，既可大大简化计算过程，又可提高估算精度。

此外，在有些情况下，还需要将运用虚拟变量所得结果与其他方法所得结果进行相互印证，从而提供所估算结果的准确度，使实际调查资料发挥更大作用，说明更多的问题。

第三节 中国各省市民营经济 GDP 的估算

在对民营经济统计范围研究的基础上，将多种估算方法综合运用，首先对能全面反映民营经济发展全貌的总量指标——民营经济 GDP 进行估算，并对估算结果做了分析，以期获得对民营经济发展基本情况的粗略认识，并起到抛砖引玉的作用。

一、民营经济统计范围的界定及民营经济 GDP 的内容

要对民营经济统计范围作出科学的界定，其关键在于对民营经济的科学理解。我们认为，民营经济依然是一个所有制的概念。这是因为，首先，民营经济的实质是指民间资本经营的经济成分，而不是指由民间人士来经营的经济组织。显然，我们不能将由民间人士来经营的经济组织理解为民营经济，就像不能将由外国人来管理的国有企业理解为外商投资企业一样。其次，在我国，民营经济本身就是作为一种经济成分存在的，无论是私营经济，还是个体经济，在我国经济类型的划分中，都是按所有制来划分的，而不是按经营权来划分的。如果我们一方面将民营经济作为一种经营权来认识，另一方面又将属于所有权范畴的私营经济和个体经济纳入其中，无疑这在逻辑上是站不住脚的。最后，将民营经济作为所有制划分，与国家统计局和国家工商局所做的划分一致，也符合中国的实际。

由民营经济的概念所决定，我们可将民营经济的统计范围确定为：民营企业和民营控股企业。前者是指企业全部资产归民营资本所有，并按《中华人民共和国企业法人登记管理条例》规定登记注册的非公司制的经济组织。后者是指在混合制企业的全部资产中民营经济的资产（股份）相对其他所有者中的任何一个所有者占资（股）最多的企业。具体包括：

1. 内资民营

(1) 私营企业。

(2) 个体经营单位。

(3) 除国有独资和国有控股以外的有限责任公司和股份有限公司。

(4) 股份合作企业、其他联营企业和其他内资企业。

(5) 其他企业。

2. 外资民营

(1) 港澳台商独资企业。

(2) 外商独资企业。

(3) 港澳台商和外商合资、合作企业中,由港澳台商、外商或国内私人资本控股的企业。

(4) 港澳台商和外商投资股份有限公司,由港澳台商、外商或国内私人资本控股的企业。

为此,民营经济 GDP 包括的内容,则是上述所有企业 GDP 的总和。

二、中国各省市民营经济 GDP 估算的方法和结果

(一) 估算的基本思想与步骤

第一,根据一个国家或地区的以 GDP 计算的劳动生产率,总是等于按所有制划分的各种(假设为 n 个)经济类型劳动生产率的加权算术平均数之和这一理论,运用回归分析法估计出 m ($m<n$) 个经济类型的劳动生产率。

对于一个国家或地区的以 GDP 计算的劳动生产率来说,它总是等于按所有制划分的各种经济类型的劳动生产率的加权算术平均数之和。用公式表示,则为:

$$y = \sum_{i=1}^{n} b_i x_i \quad (8-6)$$

式中:y 表示以 GDP 计算的一个国家或地区总的劳动生产率;b_i 表示以 GDP 计算的第 i 个经济类型的劳动生产率;x_i 表示第 i 个经济类型的从业人员数占某省全部从业人员数的比重。

在现有的统计资料中,Y 和 x_i 是可以计算出来的,而 b_i 则无法直接计算得到。自然而然,我们就想到用回归分析法来估计它。为符合回归分析的一般要求,我们将 n 个经济类型分解为两部分,一部分由 m 个经济类型组成,构成解释

变量组,它反映各个解释变量(即 x_i)与被解释变量(即 y)之间的经济关系,用 $\sum_{i=1}^{m} b_i x_i$ 表示;另一部分由 $(n-m)$ 个经济类型组成,它表现为 $(n-m)$ 个经济类型的平均劳动生产率与总劳动生产率之间的经济关系,且是一种固定的关系,用 a 表示。于是,在 Y 和 x_i 之间建立回归模型如下:

$$y = a + \sum_{i=1}^{m} b_i x_i \quad (m < n) \tag{8-7}$$

式中:a 是回归模型的截距,其经济意义是 $(n-m)$ 个经济类型平均的劳动生产率。

比较式(8-6)和式(8-7),可以看出,虽然两者在表现形式上有所不同,但两者的性质是完全一样的。显然,我们可通过式(8-7)估算出 m 个经济类型的劳动生产率,但要注意的是,b_i 是一个全国平均数。

第二,将第 i 个经济类型的劳动生产率与其对应的全国总的从业人数相乘,则能得到第 i 个经济类型的全国总的 GDP。应该说,在 b_i 和相应的全国总的从业人数已经确定的情况下,第 i 个经济类型的全国总的 GDP 这一总量也就是既定的了。显然,各个省市自治区第 i 个经济类型的 GDP 总和必须等于这一总量。

第三,确定各个省市自治区的第 i 个经济类型的劳动生产率,设为 b_{ij},j 表示省份,$j=1,2,\cdots,31$。又设第 i 个经济类型中第 j 个省份的从业人数为 F_{ij},占全国的比重为 f_{ij},则求 b_{ij} 的过程如下:

(1)将 b_i 乘以 f_{ij},这一结果表示第 i 个经济类型中第 j 个省份按全国平均数加权计算的劳动生产率,不妨设为 $\hat{b}_{ij}$。

(2)将 $\hat{b}_{ij}$ 乘以 F_{ij},这一结果表示第 i 个经济类型中第 j 个省份按 $\hat{b}_{ij}$ 计算的 GDP,可设为 $\hat{G}_{ij}$。

(3)加总 $\hat{G}_{ij}$,得 $\sum_{j=1}^{31} \hat{G}_{ij}$。

(4)正如前说,$\sum_{j=1}^{31} \hat{G}_{ij}$ 必须等于 b_i 与 $\sum_{j=1}^{31} F_{ij}$ 之乘积。如果不等,则要计算调整系数 p_i,

$$p_i = b_i \sum_{j=1}^{31} F_{ij} \Big/ \sum_{j=1}^{31} \hat{G}_{ij} \tag{8-8}$$

(5)用调整系数 p_i 调整 $\hat{b}_{ij}$,最后所得即为 b_{ij}。即:

$$b_{ij} = p_i \times \hat{b}_{ij} \tag{8-9}$$

第四,计算第 i 个经济类型中第 j 个省份的 GDP,它等于 b_{ij} 乘以 F_{ij}。显然有:

$$b_i \times \sum_{j=1}^{31} F_{ij} = \sum_{j=1}^{31} (b_{ij} \times F_{ij}) \qquad (8-10)$$

(二) 实际数据的处理和结果

仅对 2000 年的中国民营经济 GDP 做出估算和分析,所用数据资料均来源于《中国统计年鉴》(2001)。在实际处理过程中,我们做了一些变通。其一,并没有严格地按照分类标准进行分类,为简单起见,将股份合作单位、股份有限公司、港澳台商投资单位、外商投资单位、私营企业、个体经营单位通通归为民营经济类型,而将其他单位列为非民营经济类型;其二,将股份合作单位和股份有限公司的从业人员数、私营企业和个体经营单位的从业人员数加总在了一起,以便于能够更好地运用回归模型进行分析;其三,对西藏、青海两省的部分缺省数据,在回归分析时一律按零处理。

设股份合作单位和股份有限公司的从业人员数占某省的全部从业人员数的比重为 X_1;港澳台商投资单位的从业人员数占某省的全部从业人员数的比重为 X_2;外商投资单位的从业人员数占某省的全部从业人员数的比重为 X_3;私营企业和个体经营单位的从业人员数占某省的全部从业人员数的比重为 X_4;各省市自治区的劳动生产率为 Y,则运用 SPSS 统计软件得到下列回归模型:

$Y = 0.232 + 28.3X_1 + 14.5X_2 + 14.95X_3 + 1.81X_4$

S_{bi}:(0.133)(10.009)(11.01)(8.087)(1.02)

t 值:(1.744)(5.645)(2.631)(3.699)(3.547)

$Sig.$:(0.094)(0.00)(0.015)(0.001)(0.002)

$R^2 = 0.955$ 调整后的 $R^2 = 0.947$ $F = 126.004$($Sig.$:0.00)

可见,在显著水平 $\alpha = 0.05$ 的条件下,回归模型和回归系数的统计特征都是非常显著的。

运用上述各回归系数,并根据各计算步骤,最终估算出股份合作单位和股份有限公司、港澳台商投资单位、外商投资单位、私营企业和个体经营单位等民营经济类型以及全部民营经济的各省市自治区的劳动生产率和 GDP,如表 8-3 所示。同时,为便于分析,我们也计算出了民营经济各种类型的 GDP 比重,结果如表 8-4 所示。

表8-3 各省市自治区民营经济生产率和GDP估算　　单位：万元/人

省份	全部民营经济		股份合作单位、股份有限公司		港澳台商投资单位		外商投资单位		私营企业、个体经营单位	
	生产率（%）	GDP（亿元）	生产率（%）	GDP（亿元）	生产率（%）	GDP（亿元）	生产率（%）	GDP（亿元）	生产率（%）	GDP（亿元）
北京	7.94	827.55	20.72	466.27	4.21	59.78	12.32	293.12	0.19	8.39
天津	4.01	406.36	6.35	43.85	3.17	33.94	12.73	313.16	0.26	15.41
河北	4.45	4215.84	21.83	517.33	1.48	7.41	3.57	24.64	4.02	3666.47
辽宁	3.62	1679.82	25.42	701.60	3.02	30.84	10.81	226.04	1.78	721.34
上海	6.84	1823.72	25.14	686.43	6.91	160.94	20.85	840.43	0.77	135.92
江苏	6.44	3970.72	44.67	2166.49	5.93	118.58	16.25	510.21	2.28	1175.44
浙江	5.06	3263.54	38.87	1640.20	4.71	74.94	7.19	99.98	2.53	1448.41
福建	7.11	1895.48	11.88	153.27	15.27	786.25	20.85	840.43	0.71	115.53
山东	7.00	4131.58	45.59	2256.75	3.53	41.98	20.03	775.02	2.16	1057.83
广东	9.41	6692.46	35.73	1386.55	30.44	3126.72	22.25	956.82	2.32	1222.37
海南	0.36	16.49	2.58	7.22	0.50	0.86	0.88	1.49	0.17	6.92
东部地区	6.08	28923.6	33.12	10026	16.63	4442.25	17.10	4881.36	2.45	9574.04
山西	1.85	206.81	12.34	165.38	0.50	0.86	0.46	0.42	0.42	40.16
吉林	2.38	497.26	17.50	332.49	0.71	1.71	3.05	18.01	0.80	145.05
黑龙江	4.95	1696.43	34.54	1295.20	1.04	3.63	1.76	5.98	1.31	391.63
安徽	2.81	1211.22	21.27	491.47	0.62	1.31	1.86	6.71	1.77	711.74
江西	0.98	195.39	5.89	37.72	0.77	2.00	0.72	1.01	0.83	154.65
河南	5.34	2112.61	37.95	1563.39	2.84	27.32	2.85	15.65	1.49	506.25
湖北	4.59	1691.59	33.43	1213.63	1.21	4.98	2.43	11.43	1.43	461.54
湖南	1.74	510.69	12.62	172.87	0.80	2.16	1.50	4.35	1.21	331.31
中部地区	3.70	7611.35	28.82	5099.28	1.61	41.81	2.33	59.22	1.32	2411.03
内蒙古	1.81	572.19	10.22	113.48	0.50	0.85	1.14	2.50	0.89	178.47
广西	1.36	295.30	9.39	95.82	0.89	2.67	1.96	7.47	0.75	127.68
重庆	1.24	233.65	12.98	183.11	0.59	1.185	1.34	3.50	0.60	82.46
四川	1.73	270.25	32.51	1147.68	0.77	2.00	1.71	5.63	1.10	275.37
贵州	4.91	1430.69	3.96	17.03	0.18	0.11	0.62	0.74	0.35	27.54
云南	0.53	45.42	12.06	158.06	0.50	0.86	0.67	0.87	0.56	72.75
陕西	1.60	232.54	12.80	177.95	0.38	0.50	0.83	1.32	1.32	392.42

续表

省份	全部民营经济		股份合作单位、股份有限公司		港澳台商投资单位		外商投资单位		私营企业、个体经营单位	
	生产率（%）	GDP（亿元）	生产率（%）	GDP（亿元）	生产率（%）	GDP（亿元）	生产率（%）	GDP（亿元）	生产率（%）	GDP（亿元）
甘肃	0.63	50.49	4.97	26.86	0.09	0.03	0.46	0.42	0.32	23.19
宁夏	0.36	10.28	2.58	7.22	0.09	0.03	0.52	0.52	0.11	2.52
新疆	0.87	79.85	6.72	49.08	0.27	0.24	0.26	0.13	0.37	30.40
西部地区	1.94	3735.3	16.30	2149.62	0.62	10.64	1.29	27.47	0.88	1547.57
全国总计	4.61	40270.3	28.3	17274.9	14.5	4494.70	14.95	4968.05	1.81	13532.6

表 8-4 民营经济结构　　　　　　　　　　　　　　　　　单位:%

省份	总计	其中:			
		股份合作单位、股份有限公司	港澳台商投资单位	外商投资单位	私营企业、个体经营单位
北京	33.38	18.81	2.41	11.82	0.34
天津	24.78	2.67	2.07	19.10	0.94
河北	82.84	10.16	0.14	0.48	72.04
辽宁	35.97	15.02	0.66	4.84	15.45
上海	40.07	15.08	3.53	18.46	2.99
江苏	46.26	25.24	1.38	5.94	13.69
浙江	54.06	27.17	1.24	1.65	23.99
福建	48.35	3.91	20.05	21.44	2.94
山东	48.36	26.42	0.49	9.07	12.38
广东	69.26	14.35	32.36	9.90	12.65
海南	3.18	1.39	0.16	0.28	1.33
东部地区	51.94	18.00	7.97	8.76	17.19
山西	12.58	10.06	0.05	0.02	2.44
吉林	27.30	18.25	0.09	0.99	7.96
黑龙江	52.15	39.81	0.11	0.18	12.03
安徽	39.86	16.17	0.04	0.22	23.42
江西	9.75	1.88	0.10	0.05	7.72
河南	41.12	30.43	0.53	0.30	9.85

续表

省份	总计	其中：			
		股份合作单位、股份有限公司	港澳台商投资单位	外商投资单位	私营企业、个体经营单位
湖北	39.55	28.38	0.11	0.26	10.79
湖南	13.83	4.68	0.06	0.11	8.97
中部地区	32.66	21.2	0.17	0.25	11.03
内蒙古	21.07	8.10	0.06	0.17	12.73
广西	11.39	4.67	0.13	0.36	6.22
重庆	17.00	11.52	0.07	0.22	5.18
四川	35.67	28.61	0.05	0.14	6.86
贵州	4.57	1.71	0.01	0.07	2.77
云南	11.89	8.08	0.04	0.04	3.72
陕西	34.45	10.71	0.03	0.08	23.62
甘肃	5.13	2.73	0.00	0.04	2.35
宁夏	3.87	2.72	0.01	0.19	0.95
新疆	5.85	3.59	0.01	0.01	2.22
西部地区	18.36	10.56	0.05	0.13	7.60
全国	41.42	17.77	4.62	5.11	13.92

三、若干分析

从表 8-3、表 8-4 可以看出：

（1）2000 年全国全部民营经济 GDP 为 40270.3 亿元，占全国 GDP 的 41.42%；2000 年全国全部民营经济以 GDP 计算的劳动生产率达到 4.61 万元/人，是全国总劳动生产率的 3 倍，非民营经济劳动生产率的 4.4 倍。这表明中国的民营经济已经成为促进中国经济发展的重要力量，也是改善中国经济增长质量的重要力量。

（2）从内资民营与外资民营比较看，内资民营所创造的 GDP 明显超过外资民营。在全国全部民营经济 GDP 中，股份合作单位、股份有限公司创造的 GDP 最多，为 17274.9 亿元，占全国 GDP 的比重为 17.77%，其次是私营企业和个体经济，其 GDP 为 13532.6 亿元，占 13.92%，两者累计超过三成；外商投资单位和港澳台投资单位则分别为4968.05亿元和4494.70亿元，其比重分别为5.11%和4.62%，两者累计约占1/10。一方面显示出了内资民营经济的勃勃生机，另一方面也表现出了外资民营对中国经济增长所起的积极作用。但从经济效率来看，外资民营的经济效率比较均衡，外商投资单位和港澳台投资单位的劳动生产率分别为14.95万元/人和14.5万元/人，两者相差近3%，而内资民营则反差较大，股份合作单位和股份有限公司的劳动生产率是私营企业和个体经营单位的15倍多。之所以如此，我们认为，最主要的原因还是私营企业和个体经营单位在企业规模、组织形式和管理模式上无论是与外商投资单位和港澳台投资单位相比，还是与股份合作单位和股份有限公司相比都有着极大的不同和差距。股份合作单位和股份有限公司的经济效率最高，达到28.3万元/人，也说明了企业规模、组织形式和管理模式的提升对企业的发展乃至一国或地区经济的发展所具有的重要性。

（3）就民营经济GDP总量而言，排在全国前十位的省份依次是广东、河北、山东、江苏、浙江、河南、福建、上海、黑龙江、湖北。其中，东部地区7个，中部地区3个，西部地区则1个也没有。而按劳动生产率排序，排在全国前十位的省份依次是广东、北京、福建、山东、上海、江苏、浙江、河南、黑龙江、四川。其中，东部地区7个，中部地区2个，西部地区1个。在民营经济结构方面，东部地区民营经济GDP占其全部GDP的比重已经超过一半以上，中部地区则近1/3，而西部地区则不到1/5。所有这些均表明，三大经济地带之间无论是在民营经济总量方面，还是在民营经济效率和结构方面都存在着十分明显的差距，而这也正是造成东中西各地区经济发展极大差异的最重要原因。

（4）民营经济的发展不仅在三大经济地带之间存在着十分明显的差距，而且在各经济地带内部的各省市之间也极不平衡。

表8-5　各经济地带内部和之间劳动生产率离散系数　　　　单位：%

地区	全部民营经济	股份合作单位、股份有限公司	港澳台商投资单位	外商投资单位	私营企业、个体经营单位
东部地区	41.94	55.40	75.31	52.25	75.57
中部地区	50.25	51.05	66.40	47.80	35.69
西部地区	82.16	74.46	61.40	56.50	56.53
经济地带之间	41.6	27.98	75.70	72.13	40.43

如表 8-5 所示,从全部民营经济的劳动生产率看,东部、中部、西部地区内部劳动生产率的离散系数均超过三大地带之间劳动生产率离散系数的水平,这表明在总体上,各经济地带内部的差异要比三大经济地带之间的差异更大。但具体反映在各民营经济类型的劳动生产率上又有所不同,之于股份合作单位、股份有限公司经济来说,是各经济地带内部的差异明显地大于三大经济地带之间的差异;之于港澳台商投资经济和外商投资经济来说,则相反,是各经济地带之间的差异明显地大于三大经济地带内部的差异;私营个体经济却介于上述两者之间,东部、西部两大地带内部的差异较各经济地带之间的差异大,而中部地带内部的差异却要比各经济地带之间的差异小。此外,从表 8-5 还可以发现,除股份经济的三大经济地带之间的离散系数和私营个体经济的中部地区内部的离散系数低于 40% 以外,其余的无论是三大经济地带之间的离散系数,还是各经济地带内部的离散系数均高于 40%,这一结果表明,各地区之间、各民营经济类型之间不仅存在差距,而且存在很大的差距。同时,也向人们昭示着不断缩小这种差距的艰巨性和长期性。

(5) 在民营经济的发展过程中,各省市根据自身的条件和优势,走出了不同的民营经济发展之路,表现出了不同的类型特征。如广东省,得港澳台近水楼台之势,积极发展港澳台经济,2000 年港澳台经济占全部民营经济的比重为 47.0%,是地地道道的港澳台经济;而对于上海、天津来说,则挟直辖市和经济中心以及优良港口之力,不断吸引外资,2000 年,两省外商投资经济占全部民营经济的比重分别为 46.1% 和 77.1%,是典型的外商投资经济;而福建省,则借毗邻港澳台和吸引外资之利,将发展港澳台经济和外商投资经济并重,2000 年这两者的比重分别达到 41.0% 和 44.3%,累计达到 85.3%,成为港澳台经济和外商投资经济并重的典范;而诸如山西、吉林、黑龙江、河南、湖北、重庆、四川、云南、宁夏、新疆等省、市、自治区,则借国有企业改革之东风,积极改制,使股份合作单位和股份有限公司经济成为本地区民营经济的主导力量,其比重在 60%~80%,是具有显著的股份经济特征的民营经济类型;还有的省市属于私营和个体经济特征相当明显的私营和个体经济民营经济类型,这类省、市、自治区有河北、安徽、江西、湖南、内蒙古、广西、陕西、贵州,其比重在 55%~87%;其余的省市则是一种混合制民营经济类型,其中,又有股份—外商型的,如北京;股份—私营型的,如辽宁、浙江、海南、甘肃;股份—私营—外商型的,如江苏、山东。显然,积极发展不同类型的民营经济,走出一条符合自己实际情况的民营经济发展之路是各地区民营经济发展的第一要务,它不仅对于本地区民营经济的发展起着至关紧要的作用,而且对提升整个地区国民经济发展水平,缩小与发达地区的差距有着深远的影响。

综上所述,我们可以得出的基本结论是:①作为国民经济重要组成部分的民营经济,将在推动地区经济和国民经济发展和改善经济增长质量等各方面居于主体地位。②民营经济发展状况的好坏将是决定一个地区乃至一个国家经济发展状况好坏的最直接的因素。③民营经济的不发达是导致中西部经济落后的主要原因之一;要缩小地区间整个经济发展的差距,首先要缩小地区间民营经济发展的差距;但这并不是一朝一夕就能完成的,应看到其间的艰巨性和长期性。④民营经济的发展道路有多条,发展模式也有多种,对于各地区来说,其关键是要走出一条适合自身特点的符合实际的发展道路,找出一种能推动本地区经济发展和提高本地区生产力水平的发展模式,切忌照搬照抄。为此,各地区政府必须进一步解放思想,正确认识民营经济的性质和作用;应加快成立新的多层次的、多类型的服务于民营经济发展的组织;要在法规上和政策上为民营经济发展提供支持和保护;要在政府服务上创新,实现由对民营经济的"越位、错位、缺位"向"让位、入位、归位"转变;要在监管上进行创新,政府一方面要减少不必要的审批,另一方面要在加强整顿市场,强化监管上下功夫,引导、教育民营企业守法、守信,走大道、走正途,使民营企业从不规范经营向重质量、重信用、遵纪守法的规范经营转变。

第四节 江苏省中等职业教育 GDP 的估算

一、引言

对中等职业教育问题进行研究,一个重要的基础工作就是要能够获得中等职业教育的相关数据资料,其中一项重要的基础数据资料就是中等职业教育 GDP。然而,由于种种原因,这项数据资料并没有被统计出来,致使没有现成的中等职业教育 GDP 可资利用,这对中等职业教育问题,如效益问题等的深入研究形成了障碍。因此,有必要对中等职业教育 GDP 的估算方法进行探讨。

这里拟提出一种新的估算方法——两部门要素单位产出法,并运用该方法,估算江苏中等职业教育 GDP,分析江苏中等职业教育 GDP 的动态变化特征。

二、中等职业教育 GDP 估算方法:两部门要素单位产出法

所谓两部门要素单位产出法,其基本思路是在将整个教育部门分为中等职业教育部门和除中等职业教育部门以外的其他教育部门两个部门的基础上,以中等和除中等职业教育部门以外的其他教育部门(简称其他教育部门)相关要素为自变量,通过回归分析手段估计两部门要素单位产出,以最终估算中等职业教育部门总产出。其操作步骤如下:

(一)模型的构建

假设整个教育部门只有两个部门(这种假设总是成立的):一个是中等职业教育部门;另一个是除中等职业教育部门以外的其他教育部门,因而整个教育部门的总产出也就表现为这两个部门的产出之和。为方便计,第 i 年整个教育部门的总产出,用 $ECGDP_i$ 表示,中等职业教育部门的总产出用 $MEGDP_i$ 表示,除中等职业教育部门以外的其他教育部门的总产出用 $NEGDP_i$ 表示。

对于第 i 年,显然有:

$$ECGDP_i = NEGDP_i + MEGDP_i \qquad (8-11)$$

就整个中等职业教育部门而言,其 $MEGDP$ 又可表现为中等职业教育部门某一要素总量与该要素单位产出之乘积,设中等职业教育部门第 i 年的某一要素总量为 X_i^E,该要素单位产出为 β_i,即有,第 i 年:

$$MEGDP_i = \beta_1 \times X_i^E \qquad (8-12)$$

同理,第 i 年的整个除中等职业教育部门以外的其他教育部门的 $MEGDP_i$ 也可用下式表示,第 i 年:

$$MEGDP_i = \alpha_i \times X_i^{NE} \qquad (8-13)$$

式中,X_i^{NE} 为除中等职业教育部门以外的其他教育部门第 i 年的某一要素总量;α_i 为该要素单位产出,因而,式(8-11)又可表示为:

$$MEGDP_i = \alpha_i X_i^{NE} + \beta_1 \times X_i^E \qquad (8-14)$$

其增量则为 $\Delta EGDP = \Delta NEGDP + \Delta MEGDP$,而:

$$\Delta NEGDP = (\alpha_i + \Delta\alpha)(X_i^{NE} + \Delta X^{NE}) - \alpha_i X_i^{NE} = (\alpha_i + \Delta\alpha)\Delta X^{NE} + \Delta\alpha X_i^{NE}$$

$$\Delta MEGDP = (\beta_i + \Delta\beta)(X_i^E + \Delta X^E) - \beta_i X_i^E = (\beta_i + \Delta\beta)\Delta X^E + \Delta\beta X_i^E \qquad (8-15)$$

所以,

$$\frac{\Delta EGDP}{EGDP_i} = \frac{\Delta NEGDP}{EGDP_i} + \frac{\Delta MEGDP}{EGDP_i} = \eta_i \frac{\Delta \alpha}{\alpha_i} + (1-\eta_i)\frac{\Delta \beta}{\beta_i} + \eta_i \left(1 + \frac{\Delta \alpha}{\alpha_i}\right)\frac{X^{NE}}{X_i^{NE}} + (1-\eta_i)\left(1+\frac{\Delta \beta}{\beta_i}\right)\frac{\Delta X^N}{X_i^{NE}} \quad (8-16)$$

式中，Δ 为增量，$\eta_i = \frac{NEGDP_i}{EGDP_i} = \frac{\alpha_i X_i^{XE}}{EGDP_i}$，$1 - \eta_i = \frac{MEGDP_i}{EGDP_i} = \frac{\beta_i X_i^{XE}}{EGDP_i}$，$\eta\left(1 + \frac{\Delta \alpha}{\alpha_i}\right)$ 为 X_i^{XE} 的弹性系数，$(1-\eta_i) = \left(1 + \frac{\Delta \beta}{\beta_i}\right)$ 为 X_i^{XE} 的弹性系数。

考虑到报酬不变，设 $\eta\left(1 + \frac{\Delta \alpha}{\alpha_i}\right) + (1-\eta_i)\left(1 + \frac{\Delta \beta}{\beta_i}\right) = 1$，则：

$$\eta \frac{\Delta \alpha}{\alpha_i} + (1-\eta_i)\frac{\Delta \beta}{\beta_i} = 0 \quad (8-17)$$

将式（8-17）代入式（8-16），有：

$$\frac{\Delta EGDP_i}{EGDP_i} = \eta_i \left(1 + \frac{\Delta \alpha}{\alpha_i}\right)\frac{\Delta X^{NE}}{X_i^{NE}} + (1-\eta_i)\left(1 + \frac{\Delta \beta}{\beta_i}\right)\frac{\Delta X^E}{X_i^E} \quad (8-18)$$

由于教育部门 $EGDP_i$ 难以直接取得，而教育部门 $EGDP_i$ 又包含在整个国民经济 GDP_i 中，因此，不妨设教育部门 $EGDP_i$ 增长率与整个国民经济 GDP_i 增长率之间的比例为 ω_i，即第 i 年：

$$\frac{\Delta EGDP}{EGDP_i} = \omega_i \frac{\Delta GDP_i}{GDP_i} \quad (8-19)$$

将式（8-19）代入式（8-18），并整理有：

$$\frac{\Delta GDP_i}{GDP_i} = \frac{\eta_i}{\omega}\left(1 + \frac{\Delta \alpha}{\alpha_i}\right)\frac{\Delta X^{EN}}{X_i^{EN}} + \frac{(1-\eta_i)}{\omega_i}\left(1 + \frac{\Delta \beta}{\beta_i}\right)\frac{\Delta X^E}{X_i^E} \quad (8-20)$$

对式（8-20）各项求不定积分，则有：

$$\ln(GDP_i) = \ln(C)\frac{\eta_i}{\omega}\left(1 + \frac{\Delta \alpha}{\alpha_i}\right)\ln(X_i^{EN}) + \frac{(1-\eta_i)}{\omega_i}\left(1 + \frac{\Delta \beta}{\beta_i}\right)\ln(X_i^E) \quad (8-21)$$

令：$\frac{\eta_i}{\omega_i}\left(1 + \frac{\Delta \alpha}{\alpha_i}\right) = b_{1i}$，$\frac{(1-\eta_i)}{\omega_i}\left(1 + \frac{\Delta \beta}{\beta_i}\right) = b_{2i}$，$\ln(C) = b_{0i}$，因而，式（8-21）又可变换为：

$$\ln(GDP_i) = b_{0i} + b_{1i}\ln(X_i^{NE}) + b_{2i}\ln(X_i^E) \quad (8-22)$$

其中，b_{1i}、b_{2i} 为弹性系数。

在式（8-22）中，GDP_i、X_i^{NE}、X_i^E 的数据是可以得到的，但 b_{1i}、b_{2i} 却难以得到，自然而然想到的办法用回归分析的方法去估计 b_{1i}、b_{2i}。实际上，用回归分析的方法所能得到的并不是 b_{1i}、b_{2i}，而是一个时间序列内 b_{1i}、b_{2i} 的平均数 b_1、b_2。

（二）运用回归模型估计 b_0、b_1、b_2

样本回归估计模型为：
$$\ln(GDP_i) = b_{0i} + b_{1i}\ln(X_i^{NE}) + b_{2i}\ln(X_i^E) + \varepsilon_i \tag{8-23}$$

其估计的回归方程式为：
$$\ln(GDP_i) = \hat{b}_0 + \hat{b}_1\ln(X_i^{NE}) + \hat{b}_2\ln(X_i^E) \tag{8-24}$$

显然，利用最小二乘法可以得到计 $\hat{b}_0$、$\hat{b}_1$、$\hat{b}_2$，即 b_0、b_1、b_2。

这样，就可以利用 b_1、b_2 以及实际的 X_i^{NE}、X_i^E 资料对各年的 $b_1\ln(X_i^{NE})$、$b_2\ln(X_i^E)$ 进行估计。但问题在于，各年数据的估计都是基于同样的 b_1 和 b_2，其结果使各年 $b_1\ln(X_i^{NE})$、$b_2\ln(X_i^E)$ 的差异只来自 X_i^{NE}、X_i^E，而不来自 b_1、b_2，其原因在于 b_1、b_2 是一个平均数，仅仅是一个代表值，它掩盖了各个具体数值之间的差异性。显然，这是不符合现实情况的。当实际的回归系数低于 b_1、b_2 时，其估计值则将偏高；而当实际的回归系数高于 b_1、b_2 时，其估计值则将偏低，而无论哪种情况出现，都将有失偏颇。显然，b_0 也存在类似的问题。由此决定，需要对各年的 b_{0i}、b_{1i}、b_{2i} 进行估计。

（三）各年的 b_{0i}、b_{1i}、b_{2i} 估计

根据数理统计理论可知，对于式（8-23），假设 $\varepsilon_i \sim N(0, \sigma^2)$，则 $\hat{b}_0 \sim (b_0, s_{b0}^2)$，$\hat{b}_1 \sim (b_1, s_{b1}^2)$，$\hat{b}_2 \sim (b_2, s_{b2}^2)$，式中：$s_{b0}$、$s_{b1}$、$s_{b2}$ 分别为 $\hat{b}_0$、$\hat{b}_1$、$\hat{b}_2$ 的估计标准误，是 $\hat{b}_0$、$\hat{b}_1$、$\hat{b}_2$ 标准差 σ_{b0}、σ_{b1}、σ_{b2} 的估计值。

由于 $\hat{b}_1$ 为随机变量，对任意实数 b_{1i}，则有分布函数：
$$F(b_{1i}) = P(\hat{b}_1 \leq b_{1i}) = \frac{1}{\sqrt{2\pi}\sigma}\int_{-\infty}^{b_{1i}} e^{-\frac{(t-b_1)^2}{2}}dt = \Phi\left(\frac{b_{1i} - b_1}{s_{b1}}\right) \tag{8-25}$$

现假设随机变量 $\hat{b}_1$ 落在各区间 $(-\infty, b_{11}), (b_{11}, b_{12}), \cdots, (b_{1i}, b_{1i+1}), \cdots, (b_{1n}, b_{1n+1})$，$(b_{1n}, +\infty)$ 上的概率相等，即：
$$P(\hat{b}_1 \leq b_{11}) = \frac{1}{n+1}, \ P(b_{11} \leq \hat{b}_1 \leq b_{12}) = \frac{1}{n+1}, \cdots, P(b_{1i} \leq \hat{b}_1 \leq b_{1i+1}) = \frac{1}{n+1}, \cdots,$$
$$P(b_{1n-1} \leq \hat{b}_1 \leq b_{1n}) = \frac{1}{n+1}, \ P(\hat{b}_1 \geq b_{1n}) = \frac{1}{n+1} \tag{8-26}$$

所以，$F(b_{1i}) = P(\hat{b}_1 \leq b_{1i}) = \frac{1}{\sqrt{2\pi}\sigma}\int_{-\infty}^{b_{1i}} e^{-\frac{(i-b_1)^2}{2}}dt = \Phi\left(\frac{b_{1i} - b_1}{s_{b1}}\right) = \frac{i}{n+1}(i = 1,2,\cdots,n)$
$$\tag{8-27}$$

显然,可以通过查正态分布表,求得 b_{1i}。

实质上,$F(b_{1i}) = P(\hat{b}_1 \leq b_{1i}) = \dfrac{1}{\sqrt{2\pi}\sigma}\int_{-\infty}^{b_{1i}} e^{-\frac{(t-b_1)^2}{2}} dt = \Phi\left(\dfrac{b_{1i} - b_1}{s_{b1}}\right) = \dfrac{i}{n+1}$

$(i = 1, 2, \cdots, n)$ \hfill (8-28)

即为求得的 b_{1i} 随机模型。

同理,可得 b_{2i} 的随机模型:

$F(b_{2i}) = P(\hat{b}_2 \leq b_{2i}) = \dfrac{1}{\sqrt{2\pi}\sigma}\int_{-\infty}^{b_{2i}} e^{-\frac{(t-b_2)^2}{2}} dt = \Phi\left(\dfrac{b_{2i} - b_2}{s_{b2}}\right) = \dfrac{i}{n+1}(i = 1,$

$2, \cdots, n)$ \hfill (8-29)

b_{0i} 的随机模型为:

$F(b_{0i}) = P(\hat{b}_0 \leq b_{0i}) = \dfrac{1}{\sqrt{2\pi}\sigma}\int_{-\infty}^{b_{0i}} e^{-\frac{(t-b_0)^2}{2}} dt = \Phi\left(\dfrac{b_{0i} - b_0}{s_{b0}}\right) = \dfrac{i}{n+1}(i = 1,$

$2, \cdots, n)$ \hfill (8-30)

(四)为估算出 $MEGDP_i$、$NEGDP_i$、$EGDP_i$,有必要先求出 ε_i、η_i、α_i、β_i

经推导:

$$\omega_i = \dfrac{1}{b_{1i} + b_{2i}} \tag{8-31}$$

$$\eta_i = \dfrac{b_{1i-1} X_i^{NE}/X_{i-1}^{NE}}{b_{1i-1} X_i^{NE}/X_{i-1}^{NE} + b_{2i-1} X_i^{E}/X_{i-1}^{E}} \tag{8-32}$$

$$1 - \eta_i = \dfrac{b_{2i-1} X_i^{E}/X_{i-1}^{E}}{b_{1i-1} X_i^{NE}/X_{i-1}^{NE} + b_{2i-1} X_i^{E}/X_{i-1}^{E}} \tag{8-33}$$

$$\alpha_i = b_{1i-1}(b_{1i} + b_{2i})(X_i^{NE}/X_{i-1}^{NE}) \tag{8-34}$$

$$\beta_i = b_{2i-1}(b_{1i} + b_{2i})(X_i^{E}/X_{i-1}^{E}) \tag{8-35}$$

(五)估算中等职业教育部门的总产出($MEGDP_i$),除中等职业教育部门以外的其他教育部门的总产出($NEGDP_i$)以及整个教育部门的总产出($EGDP_i$)

中等职业教育部门的总产出:

$$MEGDP_i = \beta_i X_i^{E} \tag{8-36}$$

除中等职业教育部门以外的其他教育部门的总产出:

$$NEGDP_i = \alpha_i X_i^{NE} \tag{8-37}$$

整个教育部门的总产出:

$$EGDP_i = \alpha_i X_i^{NE} + \beta_i X_i^{E} \tag{8-38}$$

（六）计量中等职业教育的贡献

（1）中等职业教育总产出发展速度 $\left(\dfrac{MEGDP_{i+1}}{MEGDP_i}\right)$ 对整个教育总产出发展速度 $\left(\dfrac{EGDP_{i+1}}{EGDP_i}\right)$ 的贡献。

贡献额：

$$(1-\eta_i)\dfrac{MEGDP_{i+1}}{MEGDP_i} \tag{8-39}$$

贡献率：

$$(1-\eta_i)\dfrac{MEGDP_{i+1}}{MEGDP_i}\bigg/\dfrac{EGDP_{i+1}}{EGDP_i}\times 100\% \tag{8-40}$$

（2）中等职业教育总产出发展速度 $\left(\dfrac{MEGDP_{i+1}}{MEGDP_i}\right)$ 对整个经济发展速度 $\left(\dfrac{GDP_{i+1}}{GDP_i}\right)$ 的贡献。

贡献额：

$$(1-\eta_i)\dfrac{MEGDP_{i+1}}{MEGDP_i}\times\dfrac{EGDP_i}{GDP_i} \tag{8-41}$$

贡献率：

$$(1-\eta_i)\dfrac{MEGDP_{i+1}}{MEGDP_i}\times\dfrac{EGDP_i}{GDP_i}\bigg/\dfrac{GDP_{i+1}}{GDP_i} \tag{8-42}$$

三、江苏中等职业教育总产出（$MEGDP_i$）的实证研究（1992~2009年）

（一）指标的选择

对于中等职业教育部门，指标选择为历年的在校人数；对于除中等职业教育部门以外的其他教育部门，指标选择为历年教职工数。之所以这样选择，一是因为它们是构成中等职业教育部门和除中等职业教育部门以外的其他教育部门的重要要素；二是因为它们能够更好地反映中等职业教育部门和除中等职业教育部门以外的其他部门的办学规模；三是因为它们较易收集，也较为完整、系统。

（二）数据来源

所有数据均来源于各年《江苏统计年鉴》。有关原始数据如表8-6第1~3列所示。

表 8-6 各项数据（1990~2009 年）

年份	GDP/亿元	除中等职业教育部门以外的其他教育部门教职工数 (X_i^{NE}) / (万人)	中等职业教育在校生数 (X_i^E) / (万人)	ln(GDP_i)	ln(X_i^{NE})	ln(X_i^E)
1990	1416.50	70.36	29.53	7.255944	4.253625	3.385407
1991	1601.38	71.50	31.22	7.378621	4.269697	3.441059
1992	2136.02	71.91	34.76	7.6667	4.275415	3.548467
1993	2998.16	72.05	41.32	8.005754	4.277360	3.721347
1994	4057.39	73.45	49.04	8.308295	4.296605	3.892636
1995	5155.25	74.47	58.11	8.547771	4.310396	4.062338
1996	6004.21	75.45	66.84	8.700216	4.323470	4.202302
1997	6680.34	75.19	70.95	8.806924	4.320018	4.261975
1998	7199.95	74.47	71.02	8.881829	4.310396	4.262962
1999	7697.82	81.78	78.25	8.948692	4.404033	4.359909
2000	8553.69	83.14	69.45	9.054118	4.420526	4.240607
2001	9456.84	80.74	67.16	9.154494	4.391234	4.207078
2002	10606.85	82.28	75.75	9.269255	4.410128	4.327438
2003	12442.87	82.19	84.88	9.428903	4.409034	4.441238
2004	15003.60	83.94	107.0967	9.616045	4.430102	4.673732
2005	18598.69	86.02	125.9530	9.830846	4.454580	4.853909
2006	21742.05	87.6254	142.78	8.987003	4.473071	4.961305
2007	26018.48	99.6748	145.9646	10.16656	4.601913	4.983364
2008	30981.98	92.9841	140.3959	10.34116	4.532429	4.944466
2009	34457.30	93.3791	131.8136	10.447.48	4.536668	4.881389

（三）数据的平稳性分析

直接对时间序列变量进行回归分析可能会存在伪回归的问题，因此，需要首先对经济变量进行平稳性分析。由于是采用 $\ln(GDP_i) = b_{0i} + b_{1i}\ln(X_i^{NE}) + b_{2i}\ln(X_i^E) + \varepsilon_i$ 进行回归，所以为了从理论上准确检验时间序列的平稳性，并判断差分的阶数，我们运用 Eviews 6.0 对经济变量 $\ln(GDP_i)$、$\ln(X_i^{NE})$、$\ln(X_i^E)$ 进行单位根检验。表 8-7 显示了检验结果。

表8-7　$\ln(GDP_i)$、$\ln(X_i^{NE})$、$\ln(X_i^E)$ 的 ADF 单位根检验

变量	ADF 检验值	1%临界值	5%临界值	10%临界值	结果
$\ln(GDP_i)$ **	-3.933 01	-4.667 88	-3.733 2	-3.310 35	平稳
$\ln(X_i^{NE})$ *	-3.472 53	-4.532 60	-3.673 62	-3.277 36	平稳
$\ln(X_i^E)$ **	-4.152 19	-4.667 88	-3.733 20	-3.310 35	平稳

注：***、**、*分别表示1%、5%和10%显著性水平；检验形式带有常数和趋势项；滞后阶数的选择标准以 AIC 和 SC 值最小为准则。

从表8-7可以看出，$\ln(GDP_i)$、$\ln(X_i^E)$ 在5%显著性水平上，$\ln(X_i^{NE})$ 在10%显著性水平上，其序列的 ADF 统计量绝对值均大于临界值的绝对值，即不存在单位根，是平稳序列。因此，可以进行回归分析。

（四）回归分析

运用 Eviews 6.0，对 $\ln(GDP_i) = b_{0i} + b_{1i}\ln(X_i^{NE}) + b_{2i}\ln(X_i^E) + \varepsilon_i$ 回归，结果如表8-8所示。

表8-8　$\ln(GDP_i) = b_{0i} + b_{1i}\ln(X_i^{NE}) + b_{2i}\ln(X_i^E) + \varepsilon_i$ 回归结果

Dependent Variable: $\ln(GDP_i)$		Method: Least Squares	Sample: 1990~2009
Variable	Coefficient	Std. Error	t-Statistic	Prob.
$\hat{b}_0$	-5.295 983	3.243 715	-1.632 691	0.120 9
$\hat{b}_1$	1.776 857	0.894 843	1.985 662	0.063 4
$\hat{b}_2$	1.516 726	0.177 794	8.530 802	0.000 0
R-squared	0.974 470	Mean dependent var	8.989 831
Adjusted R-squared	0.971 467	S. D. Dependent var	0.941 541
S. E. of regression	0.159 043	Akaike info criterion	-0.701 806
Sum squared resid	0.430 008	Schwarz criterion	-0.552 446
Log likelihood	10.018 06	Hannan-Quinn criter	-0.672 649
F-statistic	324.445 9	Durbin-Watson stat	1.018 947
Prob (F-statistic)	0.000 000		

表8-8显示，$\hat{b}_0$、$\hat{b}_1$ 的 t 检验很不理想。为此，改 $\ln(X_i^{NE})$ 为 $\ln(X_{i-1}^{NE})$，结果如表8-9所示。

表8–9 $\ln(GDP_i) = b_{0i} + b_{1i}\ln(X_{i-1}^{NE}) + b_{2i}\ln(X_i^E) + \varepsilon_i$

Dependent Variable: $\ln(GDP_i)$		Method: Least Squares	Sample: 1991~2009
Variable	Coefficient	Std. Error	T – Statistic	Prob.
$\hat{b}_0$	-8.755869	2.010628	-4.354793	0.0005
$\hat{b}_1$	2.759106	0.552620	4.992769	0.0001
$\hat{b}_2$	1.330631	0.112964	11.77925	0.0000
R – squared	0.985126	Mean dependent var	9.081088
Adjusted R – squared	0.983267	S. D. Dependent var	0.871744
S. E. of regression	0.112765	Akaike info criterion	-1.383081
Sum squared resid	0.203455	Schwarz criterion	-1.233959
Log likelihood	16.13927	Hannan – Quinn criter	-1.357843
F – statistic	529.8624	Durbin – Watson stat	1.218790
Prob (F – statistic)	0.000000		

表8–9显示，各项检验指标均通过检验，且均比表8–8有较大改善，说明非中等职业教育教职工数是以滞后一年的方式对GDP产生影响。

（五）各年b_0、b_1、b_2、ω_i、η_i、$1-\eta_i$、α_i、β_i的估计

由于表8–6回归的时间范围是1990~2009年共20年的数据，所以，各区间的概率为$\frac{1}{n+1} = \frac{1}{2} = 0.05$，利用$b_{0i}$、$b_{1i}$、$b_{2i}$各变量的随机模型计算各变量结果如表8–10第（1）~（3）列所示；再计算ω_i、η_i、$1-\eta_i$、α_i、β_i结果如表8–10第（4）~（8）列所示。

表8–10 b_0、b_1、b_2、ω_i、η_i、$1-\eta_i$、α_i、β_i 计算结果

年份	b_0	b_1	b_2	ω_i	η_i	$1-\eta_i$	α_i	β_i
甲	(1)	(2)	(3)	(4)	(5)	(6)	(7)	(8)
1991	-12.05	1.85	1.15	0.33	—	—	—	—
1992	-11.37	2.04	1.18	0.31	59.24	40.76	5.99	4.12
1993	-10.85	2.18	1.21	0.29	59.30	40.70	6.93	4.76
1994	-10.37	2.31	1.24	0.28	60.75	39.25	7.89	5.10
1995	-10.16	2.37	1.25	0.28	61.45	38.55	8.48	5.32

续表

年份	b_0	b_1	b_2	ω_i	η_i	$1-\eta_i$	α_i	β_i
甲	(1)	(2)	(3)	(4)	(5)	(6)	(7)	(8)
1996	-9.77	2.48	1.27	0.27	62.55	37.45	9.00	5.39
1997	-9.56	2.54	1.29	0.26	64.71	35.29	9.47	5.16
1998	-9.17	2.65	1.31	0.25	66.08	33.92	9.96	5.11
1999	-8.96	2.70	1.32	0.25	66.85	33.15	11.70	5.80
2000	-8.76	2.76	1.33	0.24	70.09	29.91	11.23	4.79
2001	-8.55	2.82	1.34	0.24	67.57	32.43	11.15	5.35
2002	-8.35	2.87	1.35	0.24	65.53	34.47	12.13	6.38
2003	-7.95	2.98	1.38	0.23	65.46	34.54	12.50	6.60
2004	-7.74	3.04	1.39	0.23	63.61	36.39	13.48	7.71
2005	-7.35	3.15	1.41	0.22	65.59	34.41	14.21	7.45
2006	-7.14	3.20	1.42	0.22	66.75	33.25	14.82	7.38
2007	-6.66	3.33	1.45	0.21	71.49	28.51	17.40	6.94
2008	-6.14	3.48	1.48	0.20	69.02	30.98	15.41	6.92
2009	-5.46	3.67	1.52	0.19	71.55	28.45	18.14	7.21

(六) 中等职业教育部门总产出 ($MEGDP_i$),除中等职业教育部门以外的其他教育部门的总产出 ($NEGDP_i$) 以及整个教育部门总产出 ($EGDP_i$) 的估算结果如表8-11所示。

表8-11 $MEGDP_i$、$NEGDP_i$、$EGDP_i$ 估算结果　　　　单位:亿元

年份	$MEGDP_i$	$NEGDP_i$	$EGDP_i$
1992	143.31	208.29	351.60
1993	196.48	286.27	482.76
1994	250.01	386.96	636.96
1995	309.09	492.70	801.78
1996	360.38	601.92	962.30
1997	366.33	671.72	1038.05
1998	363.16	707.47	1070.63
1999	454.03	915.59	1369.63

续表

年份	$MEGDP_i$	$NEGDP_i$	$EGDP_i$
2000	332.78	779.82	1112.60
2001	359.33	748.69	1108.02
2002	483.14	918.48	1401.62
2003	599.82	1060.97	1620.79
2004	826.09	1444.02	2270.11
2005	938.90	1789.67	2728.58
2006	1054.36	2116.64	3171.00
2007	1012.85	2539.79	3552.60
2008	971.21	2163.74	3134.94
2009	950.59	2390.69	3341.28

中等职业教育总产出发展速度 $\left(\dfrac{MEGDP_{i+1}}{MEGDP_i}\right)$ 对整个教育总产出发展速度以及整个经济发展速度 $\left(\dfrac{GDP_{i+1}}{GDP_i}\right)$ 的贡献额和贡献率如表 8-12 所示。

表 8-12 中等职业教育总产出发展速度贡献　　　　　　单位:%

年份	$MEGDP_i$				$NEGDP_i$				$EGDP_i$	
	对教育总产出发展的贡献额	对教育总产出发展的贡献率	对整个经济发展的贡献额	对整个经济发展的贡献率	对教育总产出发展的贡献额	对教育总产出发展的贡献率	对整个经济发展的贡献额	对整个经济发展的贡献率	对教育总产出发展的贡献额	对整个经济发展的贡献率
1993	55.88	40.70	9.20	6.55	81.42	59.3	13.40	9.55	22.60	16.10
1994	51.79	39.25	8.34	6.16	80.16	60.75	12.91	9.54	21.25	15.70
1995	48.53	38.55	7.62	6.00	77.35	61.45	12.14	9.56	19.76	15.55
1996	44.95	37.45	6.99	6.00	75.07	62.55	11.68	10.02	18.67	16.03
1997	38.07	35.29	6.10	5.48	69.80	64.71	11.19	10.06	17.29	15.54
1998	34.98	33.92	5.44	5.04	68.15	66.08	10.59	9.83	16.03	14.87
1999	42.41	33.15	6.31	5.90	85.52	66.85	12.72	11.89	19.02	17.79
2000	24.30	29.91	4.32	3.89	56.94	70.09	10.13	9.12	14.45	13.01
2001	32.30	32.43	4.20	3.80	67.29	67.57	8.75	7.92	12.95	11.72
2002	43.60	34.47	5.11	4.55	82.89	65.53	9.71	8.66	14.82	13.21

续表

年份	$MEGDP_i$				$NEGDP_i$				$EGDP_i$	
	对教育总产出发展的贡献额	对教育总产出发展的贡献率	对整个经济发展的贡献额	对整个经济发展的贡献率	对教育总产出发展的贡献额	对教育总产出发展的贡献率	对整个经济发展的贡献额	对整个经济发展的贡献率	对整个经济发展的贡献额	对整个经济发展的贡献率
2003	39.94	34.54	5.28	4.50	75.70	65.46	10.00	8.53	15.28	13.03
2004	50.97	36.39	6.64	5.51	89.09	63.61	11.61	9.62	18.24	15.13
2005	41.36	34.41	6.26	5.05	78.84	65.59	11.93	9.62	18.19	14.67
2006	38.64	33.25	5.67	4.85	77.57	66.75	11.38	9.74	17.05	14.58
2007	31.94	28.51	4.66	3.89	80.09	71.49	11.68	9.76	16.34	13.05
2008	27.34	30.98	3.73	3.13	60.91	69.02	8.32	6.98	12.05	10.12
2009	30.32	28.45	3.07	2.76	76.26	71.55	7.72	6.94	10.78	9.70

（七）若干分析

（1）由表8-11可知，江苏省中等职业教育总产出呈现出迅速增长的势头。其总产出（$MEGDP_i$）由1992年的143.31亿元增加到2009年的950.59亿元，年均增长速度达到11.77%。

（2）由表8-10可知，江苏省中等职业教育效益显示出日益提高的趋势。从弹性系数（b_{2i}）看，1992年为1.18，而2009年则为1.52，年均提高幅度在1.5%左右；再从要素单位产出（β_i）看，1992年为4.12，而2009年则为7.21，年均提高幅度在3.35%。

（3）从表8-12可以看出，江苏省中等职业教育总产出发展速度对教育总产出以及整个经济总产出发展速度的贡献率是在逐年下降的，在对教育总产出发展速度的贡献方面，1993年贡献率达到40.70%，而到2009年，则下降至28.45%，下降了12.35个百分点，年均下降幅度在2%以上；在对整个经济总产出发展速度贡献方面，1993年贡献率为16.10%，而在2009年则为9.70%，不到10%，下降了6.4个百分点，年均下降幅度在3%以上。究其原因，是由于自20世纪90年代以来，江苏高等教育的发展规模以及速度大大超过中等职业教育的发展规模和速度所致。在这里，特别要指出的是，无法或不能从江苏省中等职业教育总产出发展速度对教育总产出以及对整个经济总产出发展速度的贡献率在逐年下降中得出江苏省的中等职业教育没必要大力发展的结论。事实上，中等职业教育的发展对整个经济发展的贡献除了体现在自身GDP的贡献之外，更为重要的还在于它为各行业提供了具有较高技术、技能的人力支撑,而这种贡献却是无法估算的。

总之,江苏省的中等职业教育正处于一个快速发展期。在这样的快速发展期,如何不断提高中等职业教育自身 GDP 对教育发展以及整个经济发展的贡献率仍是一个值得各方关注的问题。

第五节 高校服务地方经济溢出效益的估算

高校服务地方经济的溢出效益是指高校在服务地方经济的过程中,通过人才培养、科学研究和社会服务等职能要素的非自愿扩散,对当地经济增长的促进影响,是经济外在性的一种表现。那么,高校服务地方经济的溢出效益又是如何呢?所具有的特征又是怎样呢?对此,我们提出了测量高校服务地方经济溢出效益的计量模型,并以江苏常州的几所高校为例,具体测量出我们高校服务地方经济溢出效益的实际数据,并以此为依据,对其特征进行了分析。同时,还提出了促进高校服务地方经济溢出效益提高的若干思路。

一、高校服务地方经济溢出效益模型研究

高校具有培养人才、科学研究和服务社会三大职能,并以此为手段,对经济的发展起着积极的促进作用。第一,通过人才的培养,提高劳动力素质,改善经济增长质量;第二,通过科学研究和知识创新,促进科学技术向生产力的转化,提高经济增长质量;第三,通过为社会服务,满足社会各方面的需求,成为生产力提高和社会经济发展最重要的资源和最核心的生产要素,实现经济增长质量的提高。由此决定,高校服务地方经济的全部溢出效益也就表现为这三大职能溢出效益,即培养人才溢出效益、科学研究溢出效益和社会服务溢出效益的总和。

为简便计,分别将高校服务地方经济的全部溢出效益、培养人才溢出效益、科学研究溢出效益和社会服务溢出效益记为 TSE、MSE、RSE、SSE,则有:

$$TSE = MSE + RSE + SSE \tag{8-43}$$

下面就各个溢出效益的计量方式进行讨论。

（一）培养人才溢出效益的计量方式

选择每年高校的在校生这一指标作为衡量高校培养人才溢出效益的主要指标。其理由在于：每年高校的在校生能综合地、全面地反映高校培养人才的情况。首先，它可以反映高校人才培养的总规模有多大；其次，它也包含了毕业生的数量。

不妨设：每年高校的在校生为 X_1，每一高校在校生所产出的溢出效益为 m_1，则 $MSE = m_1 X_1$。

（二）科学研究溢出效益的计量方式

选择每年高校的科研经费收入总额这一指标作为衡量科学研究溢出效益的主要指标。其理由在于：每年高校的科研经费收入总额能综合地、全面地反映高校科学研究的情况。首先，它可以反映高校科学研究现实的总规模有多大；其次，它能反映高校的科学研究对当地的技术和生产力水平提高的能力有多大。

不妨设：每年高校的科研经费收入总额为 X_2，每一高校的科研经费收入总额所产出的溢出效益为 m_2，则 $RSE = m_2 X_2$。

（三）社会服务溢出效益的计量方式

选择每年高校的专任教师数这一指标作为衡量服务社会溢出效益的主要指标。其理由在于：它可以反映高校社会服务现实的总规模和能力有多大，进而能综合地、全面地反映高校社会服务的情况。

不妨设：每年高校的专任教师数为 X_3，每一高校专任教师所产出的溢出效益为 m_3，则 $SSE = m_3 X_3$。

于是式（8－43）可变换为：

$$TSE = m_1 X_1 + m_2 X_2 + m_3 X_3 \qquad (8-44)$$

假定各指标的单位产出的溢出效益的总和为 1，即令 $m_1 + m_2 + m_3 = 1$。

（四）高效服务地方经济的全部溢出效益的计量方式

高校服务地方经济的全部溢出效益体现在当地的总产出（一般用 GDP 表示）中。不妨设高校服务地方经济的全部溢出效益与当地总产出（GDP）的比为 w，则 $TSE = wGDP$。将其代入式（8－44）得：

$$wGDP = m_1 X_1 + m_2 X_2 + m_3 X_3 \qquad (8-45)$$

式（8－45）两边同时除以 w，则有：

$$GDP = \frac{m_1}{w} X_1 + \frac{m_2}{w} X_2 + \frac{m_3}{w} X_3 \qquad (8-46)$$

为简便计,记 $\frac{m_1}{w}$ 为 b_1,$\frac{m_2}{w}$ 为 b_2,$\frac{m_3}{w}$ 为 b_3。于是式(8-46)变换为:

$$GDP = b_1X_1 + b_2X_2 + b_3X_3 \qquad (8-47)$$

在式(8-47)中,引入随机项 w,则有:

$$GDP = b_1X_1 + b_2X_2 + b_3X_3 + w \qquad (8-48)$$

式(8-48)为三元一次线性回归模型。可运用最小二乘法对回归系数 b_1、b_2、b_3 进行估计求得。

最后,可利用下列方程组:

$$\begin{cases} b_1 = \dfrac{m_1}{w}, \\ b_2 = \dfrac{m_2}{w}, \\ b_3 = \dfrac{m_3}{w}, \\ m_1 + m_3 + m_3 = 1 \end{cases} \text{或} \begin{cases} m_1 = b_1w, \\ m_2 = b_2w, \\ m_3 = b_3w, \\ m_1 + m_3 + m_3 = 1 \end{cases} \qquad (8-49)$$

求得 m_1、m_2、m_3、w,进而最终估算出各年高校服务地方经济的全部溢出效益、培养人才溢出效益、科学研究溢出效益和社会服务溢出效益的有关数据情况。

二、在常高效服务地方经济溢出效益的估算

(一)数据收集

所用的各指标均来自《常州统计年鉴》(2000~2006年)。原始数据如表8-13所示。

表8-13 常州市GDP以及高校各指标数据

年份	GDP总量(万元)	在校学生数(人)	科研经费收入总额(万元)	专人教师数(人)
1999	5387217	15120	44629	1123
2000	6006573	20013	45259	1233
2001	6729008	26668	55173	1731
2002	7606035	35159	68734	2654
2003	9014200	53059	82636	2979

续表

年份	GDP总量（万元）	在校学生数（人）	科研经费收入总额（万元）	专人教师数（人）
2004	11006100	73862	89489	3443
2005	13033600	95396	106860	4515

注：①限于资料收集难度，相关数据只能收集到1999~2005年的数据。②科研经费收入总额，无法直接收集到常高校的数据，而只收集到常州市科研开发机构的数据。但无论怎样，高校是其重要力量，而且其他科研机构也与高校有着千丝万缕的联系或合作。基于此，我们权且将该数据视作在常高校的科研经费收入总额。

（二）数据处理

由于表8-13中数据过少，难以利用表8-13数据直接进行回归分析。为此，有必要对表8-13数据进行处理，扩大其数据量，以解决数据量过少的问题。鉴于表8-13数据是年度数据，且有7年，扩大其数据量最简便的方法是将年度数据化为半年度数据，即数据不变；对于时期数据，由于其数据大小与时间长短有关，因此，可采用简单平均的方法，将年度数据直接除以2，即得半年度数据。我们将在校学生数和专任教师数看作时点数据，而GDP总量和科研经费收入总额则为时期数据。经过数据处理后的新数据如表8-14所示。

表8-14 常州市GDP以及高校各指标数据

年份	GDP总量（万元）	在校学生数（人）	科研经费收入总额（万元）	专任教师数（人）
1999（1）	2693600	15120	22314.5	1123
1999（2）	2693600	15120	22314.5	1123
2000（1）	3003287	20013	22629.5	1233
2000（2）	3003287	20013	22629.5	1233
2001（1）	3364504	26668	27586.5	1731
2001（2）	3364504	26668	27587.5	1731
2002（1）	3803018	35159	34367	2654
2002（2）	3803018	35159	34367	2654
2003（1）	4507100	53059	41318	2979
2003（2）	4507100	53059	41318	2979

续表

年份	GDP总量（万元）	在校学生数（人）	科研经费收入总额（万元）	专任教师数（人）
2004（1）	5503050	73862	44744.5	3443
2004（2）	5503050	73862	44744.5	3443
2005（1）	6516800	95396	53430	4515
2005（2）	6516800	95396	53430	4515

注：（1）表示上半年。（2）表示下半年。

将表8-14数据代入回归模型 $GDP = b_1X_1 + b_2X_2 + b_3X_3 + w$，运用Excll，求得回归模型为：

$GDP = 23.87X_1 + 147.72X_2 - 830.50X_3$
　　　（3.04）　（10.97）　（-2.87）

$F = 3.96E - 09$，$R^2 = 0.98$，调整后的 $R^2 = 0.98$。

可见，在显著性水平条件下 $\alpha = 0.05$，总体回归模型的总体拟合效果显著。X_1、X_2、X_3 回归系数显著。但也存在着一定的问题，就是专任教师数的回归系数（b_3）为负数，表现出了其计算结果与经济分析相互矛盾的情形。因此，有必要对其进行矫正，① 矫正过的新的回归模型（矫正系数 $P_1 = -0.492384372$）为：
$GDP = 11.51X_1 + 27.73X_2 + 405.48X_3$。

根据方程组 $\begin{cases} m_1 = b_1w, \\ m_2 = b_2w, \\ m_3 = b_3w, \\ m_1 + m_2 + m_3 = 1 \end{cases}$ 最后求得 $m_1 = 0.02$，$m_2 = 0.15$，$m_3 = 0.83$，

$w = 0.002$。所以，在常高校服务地方经济的全部溢出效益为 $TSE = 0.02X_1 + 0.15X_2 + 0.83X_3$。

根据上述模型，可测的在常高校服务地方经济的培养人才溢出效益（MSE）、科学研究溢出效益（RSE）、社会服务溢出效益（SSE）和全部溢出效益（TSE），详细数据如表8-15所示。

---

① 具体矫正方法见谢忠秋：《非负系数线性回归模型的构建》，《统计教育》2006年第1期。

表 8-15 常州高校服务地方经济溢出效益数据表

年份	TSE		MSE		RSE		SSE	
	总量（万元）	比重（%）	总量（万元）	比重（%）	总量（万元）	比重（%）	总量（万元）	比重（%）
1999	9163.33	100.00	604.80	6.60	6694.35	73.06	1864.18	20.34
2000	9636.15	100.00	800.52	8.31	6788.85	70.45	2046.78	21.24
2001	12216.13	100.00	1066.72	8.73	8275.95	67.75	2873.46	23.52
2002	16122.10	100.00	1406.36	8.72	10310.10	63.95	4405.64	27.33
2003	19462.9	100.00	2122.36	10.90	12395.40	63.69	4915.14	25.41
2004	22093.21	100.00	2954.48	13.37	13423.35	60.76	5715.38	25.87
2005	27339.74	100.00	3815.84	13.96	16029.00	58.63	7494.90	7.41

（三）若干分析

（1）由模型 $TSE = 0.02X_1 + 0.15X_2 + 0.83X_3$ 可知，在常高校三大职能服务地方经济的单位溢出效益以社会服务职能为最高，其每一单位投入产出溢出效益 0.83 个单位。培养人才和科学研究职能的单位溢出效益则较低。科学研究仅为 0.15 个单位，人才培养仅有 0.02 个单位。这一结果表明，在服务地方经济方面，在常高校人才培养和科学研究所体现出来的效率较低。分析其原因，这与高校的三大职能与地方经济建设之间的相关程度高低有着直接关系。就服务社会这一职能来说，它与地方经济建设的相关程度较高，易于与地方经济建设的各类项目相连，也较为容易满足地方经济建设的各类需求，从而能够更好地为地方经济建设做出贡献。而在常高校的人才培养则不然，主要原因在于其所培养的人才并不仅仅为常州所用，更大部分是为其他地区贡献人力资本，因而也就表现为与地方经济建设联系的紧密程度并不高。科学研究介于其中。

（2）从高校服务地方经济的全部溢出效益（TSE）看，表现为逐年快速增长的态势。与 1999 年相比，2005 年增加了 18176.41（27339.74 - 9163.33）万元，增长了近 2 $\left(\dfrac{27339.74}{9163.33}-1\right)$ 倍，年均增长率达 20% $\left(\sqrt[6]{\dfrac{27339.74}{9163.33}}-1\right)$。这一结果表明，在常高校服务地方经济建设的溢出效益也表现出相似的情形。

（3）从高校服务地方经济的全部溢出效益的结构上分析，科学研究职能的溢出效益占据着绝对的主导地位。1999~2005 年，其所占平均比重为 64%；服务社会职能其次，所占平均比重为 25%。这既与各职能的单位溢出效益高低有关,也与各职能的总体投入大小有关。值得注意的是,科学研究职能的溢出效益在全部溢出效益中所占的比重正表现出逐年下降的趋势。这固然与其他两项职能的比重不断上升有关,但也显现出科学研究职能服务地方经济建设的能力有不断下降的迹象。

(4) 从高校服务地方经济的全部溢出效益(TSE)与当地总产出(GDP)的比例(w)来看,仅为 0.2%。客观地说,这一比例是比较低的。从在常高校方面来说,说明在常高校服务地方经济的总体水平依然不高,对地方经济建设的贡献不大;但从地方政府方面来说,也说明地方政府有着对本地高校不太重视的倾向,使在常高校缺乏用武之地。

从上面的分析中可以看出,在常高校服务地方经济溢出效益的总体特征是"两高与两低并存"。一方面,无论是全部溢出效益,还是各职能的溢出效益,都呈现出持续上升的趋势,显现出在常高校服务地方经济的能力在不断增强。其中,尤以科学研究的成效最为突出,已成为全部溢出效益的主要贡献者。另一方面,存在着明显的不足:一是人才培养和科学研究的单位溢出效益最低;二是在常高校服务地方经济对地方 GDP 的贡献率较低。

(四) 促进在常高校服务地方经济溢出效益提高的若干思考

从当前在常高校服务地方经济的现实状况出发,未来地方政府及在常高校一个较长期的中心任务和政策取向是:

(1) 进一步加强常州市政府、企业和在常高校相互之间的联系,要着重解决好以下几个问题:一是政府如何依靠和利用在常高校的问题。长期以来,市政府积极发展高等教育,大力倡导科教兴市,取得了积极的成效。但也存在不足,如对如何依靠和利用在常高校的人才、智力、信息、技术和思想来提升与发展本区域的社会经济这一根本性问题的考虑不多;政府的一些重大社会经济决策听取地方高校的专家、学者的意见和建议的不多;引导和激励在常高校积极围绕政府中心工作为本区域社会经济发展服务的项目不多;等等。二是地方企业如何依靠和利用在常高校的问题。长期以来,由于在常高校与本地区企业之间缺乏沟通,其结果使地方企业对在常高校的办学性质和培养什么样的人才、社会服务状态了解不够或了解不多,对其社会服务能力持怀疑态度。尽管在常高校完全有条件、有能力提供人才、技术、培养等方面的服务,但有些企业还是舍近求远,寻求区域外重点高校、专业院校提供服务。三是在常高校如何依靠和利用市政府、地方企业的问题。长期以来,在常高校由于缺乏对社会需求的了解,缺乏对有关人才市场行情的研究,加之主动服务社会,推进发展的意识较低,从而使在常高校人才培养、科学研究和社会服务的功能与常州区域经济和社会发展的要求脱节,与企业人才、生产、管理应用的要求脱节的现象仍十分普遍。因此,切实加强常州市政府、企业、在常高校相互之间的联系,充分发挥在常高校人才培养、科学研究和社会服务的主动性和优势,加快在常高校和企业的科技创新,加强常州市政府、企业、在常高校相互之间的产、学、研结合已迫在眉睫。

(2) 加快在常高校科技创新平台建设应成为常州市政府的一项重要工作。常州市政府应主动加大精力和财力投入,与在常高校一起加快常州市科研基础能力建设,重点建设以基础性科学研究和高技术研究为目标的创新研发平台;以行业共性技术、产品开发和技术转移为目标的技术创新与成果转化平台;以建设一批跨学科、具有创新性、交叉性、开放性的哲学社会科学创新基地为目标的人文社科重点研究平台;以公共服务和科技资源共享为目标的公共服务平台,包括大型科学装置、公共实验平台、科学数据系统等,实现高校科研、教学资源的共享,提高效率,为常州市科研创新和产业化活动提供有效的支持。

(3) 在常高校要把提高自主创新能力、推动产学研结合和主动服务社会摆在高校工作的首要位置,积极地参与到地方经济的建设中来。具体地说,就是一要为常州和谐社会构建强大的科技支撑,二要为推进常州工业化和新农村建设做出新贡献,三要为加快常州经济结构调整和增长方式转变提供新动力。在常高校要发挥各自的优势和特色,抓住机遇,为推动经济社会全面协调可持续发展做出更大贡献。

(4) 在常高校应努力推进科研工作的持续健康发展。在常高校应该清醒地看到:与社会经济发展的要求以及和其他地方如南京、苏州的高校相比在科研工作方面还有较大差距。突出表现在高层次、高级别的项目还不多,科技队伍建设还需要进一步加强,基础条件还较薄弱。同时,高校的学术组织结构小而分散,科研整合程度不高,难以实现科技资源和成果共享;现有科技创新平台的综合性、交叉性、集成性普遍较低;交叉学科、新兴学科不愿费力去争取国家、省部、市厅项目的思想观念;自娱自乐现象仍然存在,主动服务社会,推进发展不够。对此,在常高校一定要增强责任感和使命感,科学分析存在的矛盾、问题及其产生的原因,不断解决工作中出现的新情况、新问题,努力推进在常高校科研工作持续健康发展。

(5) 在常高校要坚定不移地走产学研相结合的正确道路,大力提升高校的知识贡献能力和社会服务水平，为经济社会全面协调可持续发展提供科技保障。在常高校要更加重视科技与经济结合，更加重视人才培养与社会经济发展相结合；要更加主动地加强和企业全面而深入的合作，要在研究项目的开发、联合建立研究中心和建立创新联盟等方面，积极探索校企（地）合作的新机制。在建立以企业、行业主体的创新体系中，在常高校的科技力量要围绕企业、行业发展的需求，与企业、行业开展多种形式的创新活动；要通过创办科技企业，进一步加强科技成果转化与产业化工作，增强为社会服务意识，使科技成果的开发与应用和市场紧密结合，为企业技术创新提供保障和支撑。

第九章 协 调

第一节 速度、结构、质量、效益的协调发展

我国的经济建设实施反复证明：要保证经济持续快速健康发展，就必须在速度、结构、质量、效益上相互协调。如何处理四者的关系，并保持持续增长，不仅是经济理论问题，更是经济工作的指导思想问题。对此，必须加以高度重视和深入研究。

一、分析指标的选取和处理

在我国经济增长过程中，速度、结构、质量、效益相互之间的关系到底又表现出何种特征呢？首要解决的问题是分析指标的选取。选取的分析指标应同时具备下列特征：第一，内涵无偏性，即能够准确地体现速度、结构、质量、效益的本质特征。具体地说就是：①速度既要体现投入的增长情况，又要体现人均或每个劳动者评价产量的持续增长，这是因为绝大多数增长常伴随着人口增长和结构的巨大变化；②结构应体现出协调化和高度化的动态演进过程，表现为产业结构协调化和高度化的统一；③经济增长是一种高质量的增长，就是生产产品过程中废品率低、成本率高，从而使燃料、动力、原材料、劳动力和资金消耗少、成本低；④效益不仅表现为投入少，产出大，而且表现为给广大人民群众带来较高实惠和利益，是"以人为本"的经济效益。第二，运用的简易性，即要易于收集数据、易于计算、易于运用，容易被人们接受。

基于以上认识，我们选取了下列各个指标：①反映速度指标：固定资产投资

增长率和人均GDP增长率——前者反映投入的增长速度,后者反映人均产出的增长速度;②反映结构指标:第三产业GDP占整个GDP的比重和第三产业就业人数占全部就业人数的比重——它们的变动,反映着由第一、第二产业占优势比重向第三产业占优势比重方向演进,反映着产业结构协调化和高度化;③反映质量指标:综合要素生产率、单位产品能耗——它们的高低,反映着经济增长的质量状况;④反映效益指标:投资利润率和城乡居民家庭人均收入——前者反映投入经济效益大小;后者反映给人民群众所带来的实际利益状况。实际上,只有广大人民群众收入的真正提高,才是效益的最大提高,这也是全面建设小康社会的内在要求。城乡居民家庭人均收入又由农村居民家庭人均纯收入和城镇居民家庭人均可支配收入组成。

为了更好地反映各类指标的综合情况,有必要将各单个指标,合成为一个综合性指标。其合成方法为:"原子论方法"。各合成指标为:

速度综合指数 = $\sqrt{\text{固定资产投资增长率} \times \text{人均GDP增长率}}$

结构综合指数 = $\sqrt{\text{第三产业GDP比重} \times \text{第三产业就业比重}}$

综合要素生产率 = $\sqrt{\text{全员劳动生产率} \times \text{资本生产率}}$

质量综合指数 = $\sqrt{\dfrac{\text{某年综合要素生产率}}{\text{各年平均综合要素生产率}} \times \dfrac{\text{各年平均单位产品能耗}}{\text{某年单位产品能耗}}}$

居民家庭人均收入 = $\sqrt{\text{农村居民家庭人均纯收入} \times \text{城镇居民家庭人均可支配收入}}$

效益综合指数 = $\sqrt{\dfrac{\text{某年投资利润率}}{\text{各年平均投资利润率}} \times \dfrac{\text{某年居民家庭人均收入}}{\text{各年评价居民家庭人均收入}}}$

需要指出的是:①在具体计算中,由于GDP、固定资产投资额、农村居民家庭人均纯收入、城镇居民家庭人均可支配收入均为现价,包含价格因素影响,所以为了消除价格因素影响,分别对上述各指标进行了价格指数缩减,基期为1985年,即1985年=100。②由于某些指标所表现出的量纲和数量级不同,所以需要进行无量纲化处理,其处理方法是中心化方法,即将各指标值除以其平均值。进行中心化处理的指标有综合质量指数和综合效益指数。③单位产品能耗是逆指标,为了与其他指标相一致,采用了倒数计算。经上述处理后各指标的具体数据如表9-1所示。

表9-1 各指标数据 单位:%

年份	速度综合指数	结构综合指数	质量综合指数	效益综合指数
1986	14.69	22.30	79.73	32.24
1987	15.50	22.84	86.70	32.49
1988	17.18	23.51	91.49	32.32
1989	-2.47	24.20	101.46	27.25
1990	2.35	24.06	107.67	19.11
1991	15.52	25.12	76.21	192.43
1992	18.87	26.06	82.43	219.02
1993	19.74	26.33	85.99	268.75
1994	14.69	27.09	90.41	240.39
1995	10.11	27.59	92.70	193.39
1996	9.37	27.97	96.48	142.17
1997	7.22	28.56	104.01	191.54
1998	3.43	29.29	113.03	196.55
1999	10.18	29.79	120.46	245.29
2000	5.52	30.32	128.21	334.00
2001	8.25	30.72	130.43	344.30
2002	10.18	31.32	130.48	383.50
2003	11.50	31.19	128.07	455.53

资料来源:根据各年《中国统计年鉴》相关数据计算而成。

二、速度、结构、质量、效益关系的实证研究

提高经济效益,是整个经济工作的出发点和归宿。一方面,只有符合国情和国力的增长速度,才能带来良好的经济效益,取得良好的经济效益,也必然会形成一定的增长速度;另一方面,更需要狠抓产业结构的优化升级和不断提高经济增长质量。实现产业结构的优化升级和经济增长质量的不断提高,是提高经济效益的根本途径。不以优化结构和提高经济增长质量以及经济效益为基础和前提的高速度,不仅不能够长久保持,而且会给经济发展带来危害。因此,当前就实现经济效益的途径来看,一要以规模(速度)求效益,二要以结构求效益,三要以质量求效益。从这一基本认识出发,我们以效益为因变量(Y)、速度(X_1)、

结构（X_2）、质量（X_3）为自变量，将四者关系构造为：

$$Y = \beta_0 + \beta_1 X_1 + \beta_2 X_2 + \beta_3 X_3 \tag{9-1}$$

运用表9-1数据建立1986～2003年速度、结构、质量、效益关系之实际总体模型为：

$$Y = -1051.12 + 7.92X_1 + 40.39X_2 + 0.66X_3$$
$$\quad\quad (-8.1)\quad (3.03)\quad (5.15)\quad (0.47)$$

$R^2 = 0.88$，调整后的 $R^2 = 0.85$，$F = 32.16$。

进一步得到1986～2003年速度、结构、质量、效益关系之标准化总体回归模型为：

$$Y = -0.42X_1 + 6.40X_2 + 0.02X_3$$

可见，在显著性水平 $\alpha = 0.05$ 条件下，就1986～2003年的总体回归模型来说，总体拟合效果显著。除 X_3 回归系数不显著外，X_1、X_2 回归系数显著。

依据以上模型的计算结果，可以得出以下三点结论：

一是速度变动对效益变动有显著正影响。模型1的数据显示，当速度每提高一个单位时，引起效益平均提高 0.42 个单位，可以认为在提高整个国民经济效益的过程中，保持符合国情和国力增长速度仍然是必要的，因为它也是实现良好的经济效益的重要因素之一。

二是结构变动对效益变动有非常显著的正影响，国民经济效益的提高受结构提高的影响较大，模型1的数据显示，当结构每提高一个单位时，引起效益平均提高 6.4 个单位，是速度影响的15倍多。这反映了国民经济结构调整已经具有产生效益的效应，而且已成为产生效益的主导力量。

三是质量变动对效益变动的影响并不明显，模型1的数据显示，当质量每提高一个单位时，引起效益平均提高仅为 0.02 个单位，这意味着在中国经济增长过程中，经济增长质量不高的问题并没有得到根本解决，经济增长方式并没有得到根本转变。经济增长质量不高所带来的最直接的后果就是减少了国民经济效益。

三、速度、结构、质量、效益的统一性研究

所谓速度、结构、质量和效益相统一，是指在整个经济增长过程中，四者之间依照一定的比例关系而协调发展。按速度、结构、质量、效益的相互关系来分，其相统一有三个层次：第一层次是两两要素之间的统一，如速度与结构、速

度与质量、速度与效益之间的统一;第二层次是某一要素与其他要素组合之间的统一,如速度与结构、质量、效益组合之间的统一;第三层次是速度、结构、质量、效益四者的统一。显然,只有真正实现了速度、结构、质量、效益四者的统一,中国的经济才能够持续地、有效地和健康地发展。这既是党的十六大总结的建设社会主义的一条宝贵经验,也是全面建设小康社会、加快推进社会主义现代化的内在要求。

(一) 两两要素之间的相统一

分析两两要素之间的统一,最简单的方法无疑是相关系数法,即通过相关系数的大小来判别两两要素之间统一的程度如何。根据表 9-1,我们计算出了相关系数矩阵,如表 9-2 所示。

表 9-2 相关系数矩阵

r_{ij}	速度	结构	质量	效益
速度	1.00			
结构	-0.19	1.00		
质量	-0.52	0.79	1.00	
效益	0.16	0.88	0.58	1.00

由表 9-2 可以看出:

(1) 速度与结构、速度与质量、速度与效益之间统一的程度非常低,有的还为负相关关系。究其原因,这是由我国经济增长过程中长期存在的重速度、轻结构、轻质量和轻效益的倾向造成的。这进一步表明,那种就速度抓速度,以提高速度为中心目标的做法是片面的和错误的,不仅不利于结构的优化和升级、经济增长质量提高和取得良好的经济效益,而且由于没有高的境界增长质量和良好的经济效益,一时的较高速度也难以为继。

(2) 结构与质量、结构与效益之间统一的程度则表现得较高。这表明以产业结构的优化升级为我国经济发展主导力量的结构调整已取得显著成效,以经济增长质量经济效益提高为主要特征的结构效益正日益凸显。但值得注意的是,结构与质量的相关关系仅为 0.79,远没有达到高度相关的程度,这固然与我国产业经济增长整体质量本身就不高有关,但也反映了我国产业转移中的一种客观存在,就是所转移到第三产业的主要的或更多的是传统的附加值较低的商业、运输和服务业，而新兴的附加值较高的服务产业如金融保险、信息、咨询、物流等严重不足，其结果致使第三产业的经济增长质量不尽如人意，进而对我国产业经济增长整体质量的提升产生影响。因此，在当前结构调整工作中，我们面临两大任务：一是在结构优化和升级的同时，不断提高经济增长质量；二是不断提高结构调整自身的质量。

（3）质量与效益之间统一的程度为0.58，尚处于一个不高的水平。这说明，一方面质量与效益之间所应有的一种良性循环关系已基本形成，另一方面通过质量提高给人们带来的实惠还不是很多，以质量求效益的空间还很大。

（二）某一要素与其他要素组合的统一

依据简化的思路，根据研究的需要，具体分解为速度与非速度、结构与非结构、质量与非质量、效益与非效益相互之间的统一。对此，我们可以计算出协调系数，根据其大小来度量。这里借用层次分析法的基本原理来计算协调系数。计算步骤如下：

（1）构造判断矩阵。这里以相关系数绝对值矩阵（R）替代，如表9-3所示。

表9-3 相关系数绝对值矩阵

R	速度	结构	质量	效益
速度	1.00	0.19	0.52	0.16
结构	0.19	1.00	0.79	0.88
质量	0.52	0.79	1.00	0.58
效益	0.16	0.88	0.58	1.00

（2）运用方根法求得相关系数绝对值矩阵（R）的特征向量：

$W = (W_1、W_2、W_3、W_4)^T = (0.16, 0.28, 0.32, 0.24)^T$

（3）计算协调系数 $B = (RW) = (B_1、B_2、B_3、B_4)^T$

$B = (B_1、B_2、B_3、B_4)^T = (0.42, 0.77, 0.76, 0.70)^T$

式中的（$B_1、B_2、B_3、B_4$）即为速度与非速度、结构与非结构、质量与非质量、效益与非效益之间的协调系数。由计算结果可知，速度与非速度之间的统一程度偏低，而结构与非结构、质量与非质量、效益与非效益之间的统一程度属于中等水平。

（三）速度、结构、质量、效益四者的统一

可以用协调指数和协调级别来反映。

协调指数 $\overline{B} = (B_1、B_2、B_3、B_4)/4 \times 100\% = 66\%$

协调级别 $\lambda_{max} = \sum_{i=1}^{p} \frac{(RW)_i}{PW_1} = 2.66$（$P$ 为 R 矩阵的阶数）

设速度、结构、质量、效益四者的统一性按 4 个级别识别，4 级为速度、结构、质量、效益四者相"协调"，3 级为"基本协调"，2 级为"不协调"，1 级为"严重不协调"。由计算结果可见，就速度、结构、质量、效益四者的统一而言，其程度还只属于及格偏上水平，其级别接近"基本协调"。究其原因，主要是由速度与非速度之间的不协调引起的，也与结构与非结构、质量与非质量、效益与非效益之间的协调度不高有关。

综上所述，在我国经济增长过程中，速度、结构、质量、效益四者的发展基本上呈现出"基本协调"的格局，但总体协调度不高。其中，受速度的不协调影响最大，质量其次。

四、对实现速度、结构、质量、效益四者统一的思考

综合以上分析，笔者对我国速度、结构、质量、效益之关系和实现统一协调发展状况做出如下评判：①速度、结构、质量、效益之关系总体上正趋于好转，但由于速度依然受政府意志掌控，使体制中的不协调问题还比较突出，这也是导致速度、结构、质量、效益总体协调度不高的主要原因。②结构优化和升级的作用正不断得到发挥，它既是提高经济效益的重要源泉，又是提高协调性的主导力量。但结构的低层次性依然相当明显。因此，尽快提升结构层次成为我们面临的一个非常紧迫的任务。③经济增长质量虽然有明显的改善，但对经济效益提高的动力作用还相当有限，人们从经济增长质量的改善中所得的实惠还不多。因此，应大力提高经济增长质量。而提高经济增长质量的关键在于经济增长方式的根本转变，这也是中国经济能否顺利实现速度、结构、质量、效益统一和经济起飞的关键。由此决定，从当前我国经济发展的实际情况分析，未来我国实现速度、结构、质量、效益四者统一的关键取决于经济增长质量的提高和结构的优化、升级。

总之，我国经济尚处在速度、结构、质量、效益的"基本协调"阶段，正确处理好速度、结构、质量、效益之间的关系，实现速度、结构、质量、效益由"基本协调"向"协调"迈进已成为经济工作的重点之所在。从当前我国社会经

济条件出发，未来一个较长期的中心任务和经济政策取向应当是：

（1）坚持速度服从效益，以效益求速度。把提高经济效益作为整个经济工作的出发点，将转变国民经济增长方式作为整个经济工作的核心，从提高经济效益和转变国民经济增长方式入手抓速度。要适度放慢第二产业尤其是工业的增长速度，特别是适度限制加工工业的过快增长，以保持一个与国情和国力相符合的国民经济增长速度。

（2）大力发展第三产业，要重点发展新兴的附加值较高的服务产业，如金融保险、信息、咨询、物流等，不断提高新兴的附加值较高的服务产业的产出占第三产业产出的比重和第三产业占总产出的比重，以努力提高结构层次。各地区应立足地区产业特色，实施与国家宏观调控政策相协调的产业政策，推动产业结构高度化，实现高加工度、高附加值和高科技含量，以不断促进产业结构的优化升级。其有效途径就是，将存量调整与增量调整相结合，以存量调整为主，在存量调整的基础上进行增量调整；在增量调整中，将基建与技改并举，以技改为主。

（3）提高经济效益，其民生之意就是提高城乡居民家庭人均收入水平，让人民群众从经济增长中获得更多的实实在在的好处。离开这一点，经济效益也就无从谈起。因此，切实提高城乡居民家庭人均收入水平，就成为各级政府工作的头等大事、长久之计。要做到这点，各级政府的小康战略定位应侧重于：一要以创造全民创业良好环境为突破口，转变就业思路，拓展就业门路，提高就业水平，降低失业率，以实现充分就业的目标；二要以解决"三农"问题为重点，加大农业投入，加快农村城镇化建设，加强农民技能培训，以保障农民不仅有挣钱的机会，更有挣钱的持续能力和水平。

第二节 城市转型与产业转型的协调发展

一、城市转型与产业转型协调发展的理论基础

（一）转型、城市转型、产业转型的内涵

1. 转型的内涵

所谓转型，是指一个主体的结构形态、运转模式、功能内容、目标定位等由

现有的状态向理想状态发生的根本性转变。转型至少包含三个层面的内容：

一是为什么要转：这是动机性的问题。运用系统理论加以分析，就是因为现行的"型"已不能适应它所依赖的客观环境的变化。由此可见，转型就是要转变现行的"型"。

二是向何处转：这是目标性的问题。当然，是要向能够适应环境变化的方向转变。适应环境变化的"型"，是一个新"型"，是"转"的目标、结果。所以，转型就有了第二层含义，就是转变为新"型"。

三是如何转：这是路径选择性的问题。由于不同转型主体的状态及其与客观环境的适应程度的不同，决定了转型方向和路径选择的多样性。

所以，转型的实质就是由现行的"型"向新的"型"转变过程与结果的统一。

2. 城市转型的内涵

转型这一概念在城市发展领域的具体应用，则是城市转型，是指一个城市的结构形态、运转模式、功能内容、目标定位等由现有的状态向理想状态发生的根本性转变。

江苏城市向何处转？即要转变为什么样的新"型"？应该说，这一问题的答案是现成的，就是回归城市的本质：让群众安居乐业。更为具体地说，就是将现行的江苏城市转变为生态、低碳、宜居、智慧的城市。

（1）生态城市：指一个经济高度发达、社会繁荣昌盛、人民安居乐业、生态良性循环四者保持高度和谐，城市环境及人居环境清洁、优美、舒适、安全，失业率低、社会保障体系完善，高新技术占主导地位，技术与自然达到充分融合，最大限度地发挥人的创造力和生产力，有利于提高城市文明程度的稳定、协调、持续发展的城市。

低碳生活：即以低碳经济为发展模式及方向、市民以低碳生活为理念和行为特征、政府公务管理层以低碳社会为建设标本和蓝图的城市。

（2）宜居城市：即具有良好的居住和空间环境、人文社会环境、生态与自然环境和清洁高效的生产环境，人们在此工作、生活和居住都感到满意，并愿意长期继续居住下去的城市。宜居城市是经济持续繁荣的城市；是社会和谐稳定的城市；是文化丰富厚重的城市；是生活舒适便捷的城市；是景观优美怡人的城市；是具有公共安全的城市。

（3）智慧城市：即以城市全面网络化和信息化为基础，以市民的全面知识化和高智力化为核心，以产业轻型化和高新技术化为主体，并与之相适应的管理系统"软性化"为特征的城市发展的高级形态。

3. 产业转型的内涵

转型这一概念在产业发展领域的具体应用，则是产业转型，是指一个产业的结构形态、运转模式、功能内容、目标定位等由现有状态向理想状态发生的根本性转变。

江苏产业转型"向何处转"？2011年10月17日，江苏发布的《转型升级工程推进计划》明确回答了这一问题，这就是：

（1）坚定不移地把优化产业结构作为转型升级的主攻方向，拓展产业升级"三大计划"内涵，加快构建以高新技术产业为主导、服务经济为主体、先进制造业为支撑、现代农业为基础的现代产业体系。

（2）把培养壮大新兴产业作为抢占未来发展制高点的重要途径，着力形成市场规模优势和技术领先优势，特别是要尽快掌握一批具有战略意义的核心技术，增强对产业链中最具附加价值和影响力环节的控制力。

（3）把大规模改造传统产业作为提升产业整体竞争力的重要内容，顺应工业化和信息化融合的趋势，广泛运用信息技术提高装备和工艺水平，提高产品附加值和产业竞争力。

（4）把加快发展现代服务业作为产业结构调整的重中之重，扎扎实实推进各项重点任务和关键举措的落实，进一步实现服务业发展提速、比重提高、结构提升。

为此，重点要在"三化"上下功夫：

一是高端化。适应制造业升级和居民消费升级的需要，提升生产性服务业和生活性服务业的层次，大力发展具有高融合度的研发设计、物流、金融、服务外包、信息服务业等高端生产性服务业，积极运用现代经营方式和管理手段提升商贸、健康、医疗、养老等生活性服务业发展水平，加快发展文化产业、体育产业和旅游业。注重研究掌握全球服务业发展的最新发展趋势和前沿业态，加快发展新兴服务业，积极抢占现代服务业发展的制高点。

二是聚集化。一方面，要优化空间布局。推进沿沪宁线、沿江、沿海和沿东陇海前服务业聚集带建设，结合城市功能区布局服务业项目，增强城市的整体服务功能和辐射带动作用。另一方面，要打造发展特色。各地要根据自身的基础条件和比较优势，选准市场定位，明确主攻方向，集中力量培育一批特色鲜明、竞争力强的现代服务业聚集区,支持有条件的地方大力发展总部经济,实现资源的聚约利用和高效配置。

三是国际化。主动承接国际服务业转移,加快服务业对外开放步伐,积极推进服务业招商引资和招才引智,大力发展服务贸易和服务外包,鼓励支持服务业企业开展国际投资和跨国并购,引导企业加快融入国际分工合作体系,培育一批国内著名、国际知名的服务业品牌,更好地辐射周边、服务全国、走向世界。

(二) 城市转型与产业转型的关系

1. 城市与产业的关系

城市的形成无论多么复杂,都可以归结为两类:一类是因"城"而"市",另一类是因"市"而"城"。而不管哪种,都随"市"的发展而发展。"市"则是产业。世界城市5000年的发展历史显示,除了城市发展最初阶段的防御性统治中心的"城",没有或只有较少的产业以外,无论是发展到城市第二阶段的经济性交易中心的"市",还是再发展到城市第三阶段的封建社会消费性统治中心,即合二为一的"城市",还是再发展到现代——城市的第四阶段——成为一个区域、国家乃至国际性的政治、经济、文化、中心,城市的发展是离不开产业发展的,城市功能寓于城市的产业之中。有什么样的城市产业,一般也就具有相应的城市功能,并且城市主导功能往往由城市的优势产业创造出来。所以,就城市与城市产业的一般关系为言,城市产业的发展决定了城市的发展。

然而,城市进入21世纪,随着人们对城市新的理解,城市与产业的关系变得复杂起来。如果说,在过去的世界城市5000年历史进程中,城市的产业主体经历了两次升级转移:一是从最初手工业、商业向工业,又从近代工业向现代化服务产业升级转移;二是近代工业从纺织工业为主向原材料工业、机械工和组装工业、高技术产业的升级专业的话,那么城市进入21世纪,则正在进行的三次产业升级,就是围绕城市的功能和目标进行产业升级,其特征是:①不再像前两个产业升级那样按照工业序列升级,而是按照城市功能所需进行产业升级。②不再像前两个产业升级那样按照技术等级升级,而是按照城市目标进行产业升级。

2. 城市转型与产业转型的关系

由城市与产业的关系决定,城市转型与产业转型的关系也有两种:一是产业转型决定城市转型;二是城市转型决定产业转型。决定的关系不同,所表现出的转型理念也就不同,转型的路径也就不同。

事实上,无论是哪种决定关系,归根结底是城市转型与产业转型两者之间要表现出一种协调发展。只有两者协调发展了，产业的发展才有广阔的城市空间，城市的发展才有坚实的产业基础，而最终有利于人的全面发展。

二、城市转型与产业转型协调发展研究的方法

研究城市转型与产业转型协调发展的方法很多，我们重点采用三种方法，即综合指标法、综合指数法和耦合协调度模型法。

综合指标法：旨在通过城市转型和产业转型评价指标体系的构建，反映城市转型和产业转型的状况。

综合指数法：旨在通过这一方法将分散城市转型和产业转型评价指标体系信息合成一个综合信息。

耦合协调度模型法：旨在通过这一方法计算出城市转型和产业转型两者之间的协调度，以定量分析两者之间协调发展的情况。

（一）城市转型评价指标体系的构建以及综合水平指数测算方法

正如前述，江苏的城市转型是转变为生态、低碳、宜居和智慧的城市。以此为依据，并根据科学、系统、简便以及指标数据可获得性等原则，在借鉴相关研究成果的基础上，我们设计出城市转型评价指标体系——共有4个一级指标、21个二级指标：

（1）城市发展可持续。包含3个二级指标，即人均地区生产总值（按常住人口计算，元）（x_1）、城镇居民人均消费支出与人均可支配收入比例（%）（x_2）、城镇化率（%）（x_3）。

（2）城市低碳和生态性。包含4个二级指标，即单位GDP能耗（x_4），人均公园绿地面积（平方米）（x_5）、污水处率（%）（x_6）、环境保护支出占地方财政一般预算支出的比重（%）（x_7）。

（3）城市宜居性。包含10个二级指标，即恩格尔系数（城镇）（%）（x_8）、城镇居民人均住房建筑面积（平方米）（x_9）、居民消费价格指数（上年=100）（x_{10}）、年末城镇登记失业率（%）（x_{11}）、燃气普及率（%）（x_{12}）、人均拥有道路面积（平方米）（x_{13}）、每万人拥有公共交通车辆（标台）（x_{14}）、万人卫生技术人员数（人）（x_{15}）、社会保障和就业、卫生医疗支出占地方财政一般预算支出的比重（%）（x_{16}）、万人公共图书馆（个）（x_{17}）。

（4）城市智慧性。包含4个二级指标，即万元贸易额本地电话（户）（x_{18}）、万元贸易额本地移动电话用户（户）（x_{19}）、万元贸易额国际互联网用户（户）

(x_{20})、发明专利占专利申请授权量比重（%）（x_{21}）。

根据上述指标体系计算出城市转型水平综合指数，具体步骤如下：

第一，计算出一级指标的综合指数，我们采用主成分分析法，公式如下：

$$F_i = f_{i1}x_1 + f_{i2}x_2 + \cdots + f_{in}x_n \qquad (9-2)$$

式中：F_i 为 i 个主成分；f_{ik} 为第 i 个主成分第 k 个主成分系数；x_k 为第 k 个标准化的二级指标值。

第二，计算出城市转型水平的综合指数。

对一级指标的综合指数再次进行主成分分析，公式如下：

$$X = \omega_1 X_1 + \omega_2 X_2 + \cdots + \omega_l X_l + \omega_m X_m \qquad (9-3)$$

式中：X 为城市转型水平综合指数；ω_l 为第 l 个主成分的权重，它等于第 l 个主成分特征值的贡献率。

（二）产业转型评价指标体系的构建以及综合水平指数的测算方法

我们根据江苏省《转型升级工程推进计划》和《江苏省"十二五"工业转型升级纲要》的精神，本着科学、系统、简便以及指标数据可获得性等原则，在借鉴相关研究成果的基础上，设计出产业转型评价指标体系——共有 3 个一级指标、14 个二级指标：

（1）现代产业体系。包含 4 个二级指标，即高新技术产业产值占规模以上工业比重（%）（y_1）、第三产业占地区生产总值比重（%）（y_2）、现代农业水平（分）（y_3）、第三产业相对劳动生产率（即第三产业与第二产业劳动生产率之比，第二产业劳动生产率为1）（y_4）。

（2）产业升级。包含 6 个二级指标，即信息化水平总指数（%）（y_5）、百亿元 GDP 企业专利授权量（件）（y_6）、科技进步水平（分）（y_7）、万元贸易额国际互联网用户（户）（y_8）、工业固体废弃物综合利用率（%）（y_9）、单位 GDP 能耗（y_{10}）。

（3）现代服务业。包含 4 个二级指标，即社会消费品零售额（亿元）（y_{11}）、国内旅游业收入（亿元）（y_{12}）、旅游外汇收入（亿美元）（y_{13}）、邮电业务总量（亿元）（y_{14}）。

根据上述指标体系计算出产业转型水平综合指数，步骤同城市转型水平综合指数计算。

（三）城市转型与产业转型协调发展评价模型——耦合协调度模型

协调是指系统演变过程内部各要素各种质的差异部分，在组成一个统一整体时的相互和谐一致的属性。为了描述系统之间或系统内部要素的协调程度，我们借用了耦合协调度概念，并以此建构耦合协调度模型。

"耦合"是物理学概念，是指两个或两个以上的系统通过各种相互作用而彼此影响一致联合起来的现象。这种耦合的基础是两个系统存在某种联系，双方通过这种相互作用的联系机制，使各方的属性发生变化。城市转型和产业转型作为两个相互作用、相互影响的系统，无疑具备这种交互耦合作用关系。对城市转型和产业转型之间通过各自的耦合要素产生相互作用、彼此影响程度的度量，则是耦合度。

但城市转型系统之间仅存在交互耦合作用关系还是不够的，因为从协同学角度看，耦合作用仅决定了系统由无序走向有序的趋势。除此之外，还要求城市转型与产业转型这两个系统之间的协同作用，始终保持和谐一致程度的度量，则为协调度。

（1）将耦合度和协调度两者集成于一起，则为耦合协调度。计算过程如下：

$$C_{XY} = \frac{2\sqrt{X \cdot Y}}{X + Y} \tag{9-4}$$

式中：C_{XY}为城市转型与产业转型发展耦合度；X为城市转型水平综合指数；Y为产业转型水平综合指数。

从式（9-4）可以看出，C_{XY}由变量X、Y决定，当X、Y均为正值且相等时，C_{XY}的值最大，为1；反之，若X、Y均为负值且相等时，则C_{XY}的值最小，为-1。其他任何情况，皆居于两者之间。所以，$-1 \leqslant C_{XY} \leqslant 1$。

（2）计算耦合协调度公式如下：

$$C = (C_{XY} \times T)^{\theta} \tag{9-5}$$

$$T = \alpha \frac{X}{|X+Y|} + (1-\alpha) \frac{X}{|X+Y|} \tag{9-6}$$

式中：C为城市转型与产业转型发展耦合协调度；T为城市转型和产业转型的综合评价指数，反映两者的整体水平，$-1 \leqslant T \leqslant 1$；$\theta$、$\alpha$为待定参数，一般取$\theta = 0.5$。

（3）耦合协调度评价标准。我们借用廖重斌①（1999）所提出的耦合协调度评价标准作为我们的评判标准（见表9-4）。

---

① 廖重斌：《环境与经济协调发展的定量评判及其分类体系》，《热带地理》1999年第2期。

表9-4 耦合协调度评价标准

序号	协调度	协调等级	序号	协调度	协调等级
1	0~0.09	极度失调	6	0.50~0.59	勉强协调
2	0.10~0.19	严重失调	7	0.60~0.69	初级协调
3	0.20~0.29	中度失调	8	0.70~0.79	中级协调
4	0.30~0.39	轻度失调	9	0.80~0.89	良好协调
5	0.40~0.49	濒临失调	10	0.90~0.1	优质协调

三、江苏城市转型与产业转型协调发展的实证研究

(一) 研究范围

江苏13个省辖市。

(二) 数据来源

一是《江苏统计年鉴》(2011),或直接取之或加工整理;二是江苏省有关职能部门的各类统计公报或分析报告,或直接取之,如科技进步状况直接取省科技厅的《2010年各市科技进步统计监测》、农业现代化水平直接取省统计局的《江苏现代农业发展踏上新征程》等。或加以推算,如单位GDP能耗根据省统计局、省经信委、省发改委发布的《2008年全省及各省辖市单位GDP能耗等指标公报》,再依据从2008~2010年,江苏单位GDP能耗降低20%推算而得。

(三) 数据显示

根据城市转型和产业转型评价指标体系,我们收集到有关数据如表9-5和表9-6所示。

(四) 耦合协调度计算

1. 一级指标综合指数的计算

运用SPSS_v18,得到城市转型各一级指标的主成分如下:

城市发展可持续性:

$F_1 = 0.64x_1 + 045x_2 + 0.62x_3$

表9-5 城市转型评价指标数据

一级	二级	南京	无锡	常州	苏州	镇江	南通	扬州	泰州	徐州	连云港	淮安	盐城	宿迁
一、城市发展可持续发展	x_1	65273	92167	67327	93043	64284	48083	49786	44118	34084	26987	28861	31640	22525
	x_2	0.64	0.62	0.66	0.62	0.57	0.62	0.66	0.61	0.63	0.63	0.69	0.71	0.67
	x_3	78.5	71	63.9	70.6	62	56	56.7	55.7	53.9	51.8	50.8	52.5	48.30
	x_4	0.972	0.639	0.747	0.725	0.715	0.584	0.591	0.843	0.982	0.666	0.783	0.579	0.609
二、城市低碳和生态性	x_5	13.70	14.40	14.70	12.40	16.90	10.50	12	11	11.70	19.10	16	9.30	12.10
	x_6	88.80	95.20	81.70	89.80	90.30	91.40	81.40	81.60	82	88.90	86.10	83.70	83
	x_7	1.53	6.23	4.14	3.48	4.88	2.20	3.33	2.72	3.08	1.86	2.44	2.00	2.31
	x_8	35.20	37.20	32.60	35	39.90	35.60	37.20	36.70	35.20	37.50	36.20	35.80	37.90
	x_9	30.10	35.80	36.70	34.80	39.10	38.30	35	37.10	32.90	35.80	32.70	33.70	37.80
	x_{10}	104.20	103.40	103.40	103.40	103.70	103.70	103.40	103.80	103.60	103.50	103.30	103.50	103.60
	x_{11}	2.58	2.56	2.64	2.88	2.34	2.74	2.72	2.75	2.63	2.91	2.62	2.47	2.90
三、城市宜居性	x_{12}	99.50	99.60	99.00	99.00	100.00	100.00	99.70	97.00	99.40	97.00	100.00	98.00	93.00
	x_{13}	19.40	23.50	16.30	22.90	27.60	18.90	22.40	17.10	19.20	20.80	20.80	22.20	26.80
	x_{14}	15.40	15.60	10.30	19.10	14.60	7.90	5.70	70.00	4.30	10.80	10.90	6.50	6.00
	x_{15}	60.32	45.85	44.94	44.55	42.40	42.48	43.28	39.12	38.26	36.60	33.80	30.61	31.01
	x_{16}	14.30	11.85	14.09	11.88	10.41	14.39	13.11	13.71	18.04	11.45	16.79	15.57	16.92
四、城市智慧性	x_{17}	0.02	0.01	0.01	0.01	0.03	0.01	0.02	0.01	0.01	0.02	0.02	0.01	0.01
	x_{18}	0.05	0.04	0.06	0.02	0.12	0.06	0.13	0.13	0.14	0.13	0.16	0.32	0.28
	x_{19}	0.17	0.13	0.20	0.06	0.25	0.22	0.32	0.30	0.48	0.40	0.46	0.23	0.80
	x_{20}	0.03	0.02	0.03	0.01	0.04	0.03	0.05	0.04	0.06	0.06	0.05	0.06	0.08
	x_{21}	27	4	6	3	6	1	6	4	3	8	12	5	6

表 9-6 产业转型评价指标数据

一级	二级	南京	无锡	常州	苏州	镇江	南通	扬州	泰州	徐州	连云港	淮安	盐城	宿迁
一、现代产业体系	y_1	38.69	31.76	31.80	36.60	37.81	19.14	38.68	32.39	20.99	30.74	17.89	15.91	6.29
	y_2	51.90	42.80	41.40	41.40	39.50	37.20	37.60	37.60	39.70	39.00	39.30	37	37.40
	y_3	67.87	70.97	67.56	72.48	65.65	67.30	65.46	60.69	64.06	60.50	58.50	62.12	59.78
	y_4	0.86	1.09	1.17	1.04	1.09	0.87	0.97	0.82	0.86	0.72	0.69	0.68	1.12
二、产业升级	y_5	76.00	75.50	58.60	69.80	81.10	64.10	56.50	57.10	57.70	64.10	64.70	61.70	52.20
	y_6	178.34	456.53	298.63	499.61	330.14	653.38	169.99	204.91	167.50	106.76	84.29	107.13	47.83
	y_7	88.78	92.09	85.94	95.14	85.73	85.56	81.25	77.43	77.14	76.06	70.79	71.37	67.72
	y_8	0.03	0.02	0.03	0.01	0.04	0.03	0.05	0.04	0.06	0.06	0.05	0.06	0.08
	y_9	88.80	97.10	94.90	98.70	92.90	98.20	97.40	99.80	100	91.90	99.70	93.00	100.00
	y_{10}	0.942	0.639	0.747	0.725	0.715	0.584	0.591	0.843	0.982	0.666	0.783	0.579	0.609
三、现代服务业	y_{11}	2288.70	1825.80	1054.40	2402.00	564.65	1277.10	726.12	555.35	956.99	430.68	469.10	766.49	289.40
	y_{12}	852.41	703.92	320.75	917.76	285.59	202.26	271.84	113.34	215.84	153.58	118.60	99.10	32.88
	y_{13}	9.81	4.81	3.47	12.51	4.70	3.61	4.60	0.79	1.53	1.07	0.25	0.45	0.24
	y_{14}	139.07	103.94	57.40	176.86	38.21	62.48	41.55	36.70	73.39	26.98	27.27	38.95	21.25

城市低碳和生态性：

$F_2 = 0.23x_4 + 0.49x_5 + 0.63x_6 + 0.55x_7$

$F_3 = 0.84x_4 + 0.53x_5 - 0.05x_6 - 0.07x_7$

权重分别为 0.61 和 0.39。

城市宜居性：

$F_4 = 0.23x_8 - 0.006x_9 + 0.15x_{10} - 0.33x_{11} + 0.33x_{12} + 0.21x_{13} + 0.42x_{14} + 0.36x_{15} - 0.42x_{16} + 0.42x_{17}$

$F_5 = 0.51x_8 + 0.41x_9 - 0.19x_{10} + 0.09x_{11} - 0.32x_{12} + 0.48x_{13} - 0.09x_{14} - 0.38x_{15} - 0.15x_{16} + 0.16x_{17}$

$F_6 = -0.18x_8 + 0.35x_9 - 0.10x_{10} + 0.52x_{11} - 0.17x_{12} - 0.15x_{13} + 0.38x_{14} + 0.23x_{15} - 0.48x_{16} - 0.31x_{17}$

$F_7 = 0.20x_8 - 0.09x_9 + 0.78x_{10} + 0.24x_{11} - 0.44x_{12} + 0.02x_{13} - 0.09x_{14} + 0.26x_{15} + 0.10x_{16} + 0.10x_{17}$

权重分别为 0.37、0.32、0.16、0.15。

$F_8 = 0.56x_{18} + 0.56x_{19} + 0.61x_{20} - 0.08x_{21}$

$F_9 = -0.06x_{18} + 0.09x_{19} + 0.09x_{20} + 0.99x_{21}$

权重分别为 0.72、0.28。

同理，得到产业转型各一级指标的主成分如下：

现代产业体系：

$L_1 = 0.52y_1 + 0.47y_2 + 0.59y_3 + 0.41y_4$

产业升级：

$L_2 = 0.44y_5 + 0.46y_6 + 0.54y_7 - 0.53y_8 - 0.17y_9 + 0.03y_{10}$

$L_3 = -0.37y_5 + 0.44y_6 + 0.05y_7 - 0.13y_8 + 0.69y_9 - 0.41y_{10}$

$L_4 = -0.15y_5 - 0.05y_6 + 0.09y_7 - 0.16y_8 + 0.43y_9 + 0.87y_{10}$

权重分别为 0.57、0.25、0.18。

现代服务业：

$L_5 = 0.50y_{11} + 0.50y_{12} + 0.49y_{13} + 0.50y_{14}$

由上并经计算，得到城市转型和产业转型各一级指标的综合指数，如表 9 - 7 和表 9 - 8 所示。

表9-7 城市转型一级指标综合指数

一级指标	南京	无锡	常州	苏州	镇江	南通	扬州
城市发展可持续性（X_{11}）	1.66	1.63	0.97	1.63	-0.34	-0.57	0.01
城市低碳和生态性（X_{12}）	-0.40	0.04	1.34	-0.39	-0.98	0.19	-0.52
城市宜居性（X_{13}）	-0.05	0.63	0.42	1.21	1.74	-0.32	0.09
城市智慧性（X_{14}）	-0.31	-1.44	-0.90	-1.96	-0.28	-0.88	0.17
一级指标	泰州	徐州	连云港	淮安	盐城	宿迁	
城市发展可持续性（X_{11}）	-0.83	-0.96	-1.30	-0.58	-0.15	-1.17	
城市低碳和生态性（X_{12}）	0.78	0.61	0.02	0.03	0.74	-0.40	
城市宜居性（X_{13}）	-0.81	-1.61	0.51	-0.53	-0.83	-0.45	
城市智慧性（X_{14}）	-0.19	0.71	0.65	0.81	1.01	2.62	

表9-8 产业转型一级指标综合指数

一级指标	南京	无锡	常州	苏州	镇江	南通	扬州
现代产业体系（Y_1）	2.20	1.75	1.31	1.92	0.95	-0.56	0.45
产业升级（Y_2）	-1.03	5.00	1.11	6.27	0.77	5.19	-0.43
现代服务业（Y_3）	0.15	1.50	0.35	1.81	0.49	1.37	-0.29
一级指标	泰州	徐州	连云港	淮安	盐城	宿迁	
现代产业体系（Y_1）	-0.86	-0.63	-1.04	-1.99	-1.89	-1.60	
产业升级（Y_2）	-0.36	-2.19	-3.78	-2.36	-3.73	-4.47	
现代服务业（Y_3）	-0.23	-0.73	-0.98	-0.77	-1.08	-1.59	

2. 城市转型和产业转型水平综合指数计算

对城市转型和产业转型一级指标再次运用主成分分析法，得到城市转型和产

业转型水平的主成分,如下:

城市转型水平:

$$X_1 = 0.55X_{11} - 0.26X_{12} + 0.56X_{13} - 0.56X_{14}$$
$$X_2 = 0.32X_{11} + 0.80X_{12} - 0.34X_{13} - 0.38X_{14}$$

权重分别为 0.65 和 0.35。

产业转型水平:

$$Y = 0.53Y_1 + 0.59Y_2 + 0.61Y_3$$

最后,得到城市转型水平综合指数和产业转型综合指数,如表 9-9 前两列所示。

3. 耦合协调度计算

取 $\alpha = 0.6$,运用公式 1 和公式 2,最后计算出 13 个省辖市城市转型和产业转型的耦合协调度和协调等级,如表 9-9 最后两列所示。

表 9-9 转型水平综合指数及耦合协调度

	城市转型综合指数(X)	产业转型综合指数(Y)	耦合协调度(C)	协调等级
南京	0.74	0.68	0.71	中级协调
无锡	1.47	2.30	0.68	初级协调
常州	1.12	0.84	0.71	中级协调
苏州	1.77	2.75	0.68	初级协调
镇江	0.26	0.74	0.63	初级协调
南通	0.05	1.44	0.39	轻度失调
扬州	-0.14	-0.07	0.71	中级协调
泰州	-0.38	-0.49	0.69	初级协调
徐州	-1.06	-1.00	0.71	中级协调
连云港	-0.70	-1.55	0.65	初级协调
淮安	-0.74	-1.53	0.66	初级协调
盐城	-0.59	-1.90	0.62	初级协调
宿迁	-1.80	-2.21	0.70	中级协调

4. 若干分析

从表 9-9 可以看出:

(1)耦合协调的总体水平不高。在江苏 13 个省辖市城市转型与产业转型耦合协调发展过程中，耦合协调的总体水平不高。耦合协调度的最高值也仅为0.71，处于中等协调的下限。耦合协调总体水平不高，显现出江苏城市转型和产业转型耦合协调发展的任务依然非常艰巨，可谓是任重道远。

（2）耦合协调的差异比较明显。体现在两方面：一是协调等级层次差异比较明显。在13个省辖市中，南京、常州、扬州、徐州、宿迁为中级协调，无锡、苏州、镇江、泰州、连云港、淮安、盐城为初级协调，而南通则为轻度失调。二是地域差异比较明显。苏南的5个城市中，中等协调2个，占40%；初级协调3个，占60%；苏中的3个城市中，中等协调1个，初级协调1个，轻度失调1个，各占1/3；苏北的7个城市中，中等协调2个，占不到30%，初级协调5个，超过2/3。耦合协调发展差异比较明显，显现出各地城市转型和产业转型耦合协调发展的禀赋、特征、无须走向有序的着力点等方面的差异也比较明显。

（3）同一等级，表现各异。即使在同表现为中级协调的5个城市中，其差异也十分明显：南京、常州属于城市转型水平综合指数和产业转型水平综合指数俱为正值一类，说明其中级协调是一种城市转型和产业转型整体水平综合指数较高基础上的中级协调；而扬州、徐州、宿迁则相反，其城市转型水平综合指数和产业转型水平综合指数俱为负值，尽管这3个城市表现出的是中级协调，但只能说明是一种城市转型和产业转型整体水平较低基础上的中级协调。尤其是宿迁，其城市转型水平综合指数和产业转型综合指数在13个省辖市中管理是最低的，更是一种城市转型和产业转型整体水平更低基础上的中级协调。初级协调也表现出类似的情形，无锡、苏州、镇江三市属于城市转型和产业转型整体水平较高基础上的初级协调，泰州、连云港、淮安、盐城四市属于城市转型和产业转型整体水平较低基础上的初级协调。

（4）协调等级与城市经济地位不符。苏州、无锡、南通都是经济大市、经济强市，但在城市转型和产业转型的耦合协调发展方面，苏州、无锡表现为初级协调，而南通更是表现为轻度失调，与这3个城市的经济地位相差甚远。究其原因在于，这3市的产业转型超越了城市转型，这点可从3个城市的产业转型水平综合指数高于城市转型水平综合指数看出，苏州市超出55.4%，无锡市超出56.5%，而南通更是超出了近28倍。显然，一味地发展产业，而不考虑城市的发展，两者也是很难达到很好的协调的。

（5）总之，江苏的城市转型和产业转型之间的关系更多地呈现出一种不太协调的发展，形势不容乐观。显然，对于这些问题，应引起各方的高度关注。

四、加快江苏城市转型与产业转型协调发展的对策建议

我们认为,江苏在今后的城市转型和产业转型的协调发展中,关键在于实现四个"统一",即思想与行为的统一、政府与企业的统一、近期与远期的统一、现代与传统的统一。

(1) 思想与行为的统一。就江苏城市转型和产业转型协调发展的实际来说,实现思想与行为的统一,简单地说,就是实现市里行动与省里、中央要求的统一;就是实现各地各级领导行动与《国民经济和社会发展第十二个五年规划纲要》《"十二五"工业转型升级纲要》《转型升级工程推进计划》的统一。

(2) 政府与企业的统一。就江苏城市转型和产业转型协调发展的实际来说,实现政府与企业的统一,就是实现政府意愿与企业行为的统一,就是实现政府行为与企业意愿的统一。一言以蔽之,就是实现政府行为与企业行动的统一。

(3) 近期与远期的统一。就江苏城市转型和产业转型协调发展的实际来说,实现近期与远期的统一,就是实现近期产业发展与远期城市规划的统一,就是实现近期城市建设与远期产业发展的统一。一句话,就是实现近期行动与远期愿景的统一。为此,一要规划先行;二要将远期愿景化为近期行动的目标和方案,通过近期行动的点点滴滴,累积起未来伟大的现实。

(4) 现实与传统的统一。成功的城市转型和产业转型是传统因素与现代因素相辅相成的一个双向运动过程。就江苏城市转型和产业转型协调发展的实际来说,实现现代与传统的统一,在城市层面上,就是实现城市的现代性与传统性的统一;在产业层面上,就是实现现代产业与传统产业的统一。为此,这就要求,在大力构建现代城市结构和现代产业结构时,需要重视传统的积极作用;但也应防止借保护传统以对抗现代现象的发生,应通过管理转型、技术升级来实现两者之间的和谐转换。

第三节 中等职业教育与产业结构调整的协调发展

产业结构的战略性调整是加快转变经济发展方式的主攻方向,这要求人才供给方提供与之配套的人才类型。职业教育作为培养技术型、应用型人才的教育类

型,其发展不仅影响着人才供给总量的变化,而且影响着人才供给结构的变化,进而从人才的供给侧影响着产业结构的升级、优化调整。因此,客观上要求两者之间也要处于一种协调发展的状态。

一、研究方法

将全部从业人员按学历分为两类:一类是中职学历从业人员;另一类是除中职学历之外的人员,称为非中职学历从业人员。为更直接地说明中职教育发展的结果,其各年的中职学历从业人员用各年中职学校的毕业生来反映。

根据产业结构定义,有:

第 i 产业 GDP = 第 i 产业从业人员劳动生产率 × 第 i 产业从业人员数
= 第 i 产业从业人员劳动生产率 × (第 i 产业中职学历从业人员 + 第 i 产业非中职学历从业人员)

同理:

全部产业 GDP = 全部从业人员劳动生产率 × 全部从业人员 = 全部从业人员劳动生产率 × (全部中职学历从业人员 + 全部非中职学历从业人员)

所以:

$$第 i 产业结构 = \frac{第 i 产业 GDP}{全部产业 GDP}$$

$$= \frac{第 i 产业从业人员劳动生产率}{全部从业人员劳动生产率}$$

$$\times \frac{(第 i 产业中职学历从业人员 + 第 i 产业非中职学历从业人员)}{(全部中职学历从业人员 + 全部非中职学历从业人员)}$$

$$= \frac{第 i 产业从业人员劳动生产率}{全部人员从业劳动生产率}$$

$$\times \left[\frac{第 i 产业中职学历从业人员}{全部中职学历从业人员} \right.$$

$$\times \frac{全部中职学历从业人员}{全部中职学历从业人员 + 全部非中职学历从业人员}$$

$$+ \frac{第 i 产业非中职学历从业人员}{全部非中职学历从业人员}$$

$$\left. \times \frac{全部非中职学历从业人员}{全部中职学历从业人员 + 全部非中职学历从业人员} \right]$$

为简化计,用符号表示:

第 i 产业从业人员劳动生产率与全部从业人员劳动生产率之比，用 M_{Li} 表示，全部中职学历从业人员占全部从业人员比重，用 M_s 表示，第 i 产业中职学历从业人员，用 M_i 表示，全部中职学历人员，用 M 表示，全部非中职学历人员占全部从业人员比重，用 M_p 表示，第 i 产业非中职学历从业人员占全部非中职学历从业人员比重，用 M_{Gi} 表示。

所以：

第 i 产业结构 $= M_{Li} \left[\dfrac{M_i}{M} M_S + M_{Gi} M_P \right] = M_{Li} \dfrac{M_i}{M} M_S + M_{Li} M_{Gi} M_P$ （9-7）

所以：

第 i 产业结构变动率

$$= \left(M_{Li1} \dfrac{M_{i1}}{M_1} M_{S1} + M_{Li1} M_{Gi1} M_{P1} \right) - \left(M_{Li0} \dfrac{M_{i0}}{M_0} M_{S0} + M_{Li0} M_{Gi0} M_{P0} \right)$$

$$= \left(M_{Li1} \dfrac{M_{i1}}{M_1} M_{S1} - M_{Li0} \dfrac{M_{i0}}{M_0} M_{S0} \right) + \left(M_{Li1} M_{Gi1} M_{P1} - M_{Li0} M_{Gi0} M_{P0} \right) \quad (9-8)$$

式中：1 为报告期，0 为基期。

由此可见，中职教育发展对产业结构调整产生影响的主要因素有三，即：

（1）第 i 产业中职学历从业人员（M_i）的变动，可称为中职教育发展的产业结构影响因素。

（2）全部中职学历人员（M）的变动，可称为中职教育发展的总规模影响因素。

（3）全部中职学历从业人员数占全部从业人员数比重（M_S）的变动，可称为中职职业教育发展的就业结构影响因素。

进一步分解：

第 i 产业结构变动率

$$= (M_{Li1} - M_{Li0}) \dfrac{M_{i0}}{M_0} M_{S0} + M_{Li1} (M_{i1} - M_{i0}) \dfrac{1}{M_0} M_{S0}$$

$$+ M_{Li1} M_{i1} \left(\dfrac{1}{M_1} - \dfrac{1}{M_0} \right) M_{S0} + M_{Li1} \dfrac{M_{i1}}{M_1} (M_{S1} - M_{S0}) + (M_{Li1} M_{Gi1} M_{P1} - M_{Li0} M_{Gi0} M_{P0})$$

$$(9-9)$$

式中：

（1）由于 M_{Li} 变动引起的变动总额 $= (M_{Li1} - M_{Li0}) \dfrac{M_{i0}}{M_0} M_{S0}$。

（2）由于 M_i 变动引起的变动总额 $= M_{Li1} (M_{i1} - M_{i0}) \dfrac{1}{M_0} M_{S0}$。

(3) 由于 M 变动引起的变动总额 $= M_{Li1} M_{i1} \left(\dfrac{1}{M_1} - \dfrac{1}{M_0} \right) M_{S0}$。

(4) 由于 M_S 变动引起的变动总额 $= M_{Li1} \dfrac{M_{i1}}{M_1} (M_{S1} - M_{S0})$。

而：

$M_{Li1} M_{Gi1} M_{P1} - M_{Li0} M_{Gi0} M_{P0}$ 可理解为是除中职教育发展以外的其他类型教育对产业结构调整的影响。

对于全部产业结构变动率，则有：

$$\sum \left(\frac{\text{第}\,i\,\text{产业}\,GDP_1}{\text{全部产业}\,GDP_1} - \frac{\text{第}\,i\,\text{产业}\,GDP_0}{\text{全部产业}\,GDP_0} \right)$$

但由于全部产业结构变动率：

$$\sum \left(\frac{\text{第}\,i\,\text{产业}\,GDP_1}{\text{全部产业}\,GDP_1} - \frac{\text{第}\,i\,\text{产业}\,GDP_0}{\text{全部产业}\,GDP_0} \right)$$

$$= \sum \frac{\text{第}\,i\,\text{产业}\,GDP_1}{\text{全部产业}\,GDP_1} - \sum \frac{\text{第}\,i\,\text{产业}\,GDP_0}{\text{全部产业}\,GDP_0} = 0$$

为避免这一数学特性而带来的正负值抵消，我们采用平方和并开方的形式进行处理，即：

全部产业结构变动率，设为（G）：

$$G = \sqrt{\sum \left[(M_{Li1} - M_{Li0}) \frac{M_{i0}}{M_0} M_{S0} \right]^2} + \sqrt{\sum \left[M_{Li1} (M_{i1} - M_{i0}) \frac{1}{M_0} M_{S0} \right]^2}$$

$$+ \sqrt{\sum \left[M_{Li1} M_{i1} \left(\frac{1}{M_1} - \frac{1}{M_0} \right) M_{S0} \right]^2} + \sqrt{\sum \left[M_{Li1} \frac{M_{i1}}{M_1} (M_{S1} - M_{S0}) \right]^2}$$

$$+ \sqrt{\sum (M_{Li1} M_{Gi1} M_{P1} - M_{Li0} M_{Gi0} M_{P0})^2} \tag{9-10}$$

所以：

(1) M_{Li} 的影响额 $= \sqrt{\sum \left[(M_{Li1} - M_{Li0}) \dfrac{M_{i0}}{M_0} M_{S0} \right]^2}$ \qquad (9-11)

(2) M_i 的影响额 $= \sqrt{\sum \left[M_{Li1} (M_{i1} - M_{i0}) \dfrac{1}{M_0} M_{S0} \right]^2}$ \qquad (9-12)

(3) M 的影响额 $= \sqrt{\sum \left[M_{Li1} M_{i1} \left(\dfrac{1}{M_1} - \dfrac{1}{M_0} \right) M_{S0} \right]^2}$ \qquad (9-13)

(4) M_S 的影响额 $= \sqrt{\sum \left[M_{Li1} \dfrac{M_{i1}}{M_1} (M_{S1} - M_{S0}) \right]^2}$ \qquad (9-14)

(5) 除中职职业教育发展以外的其他类型教育对产业结构调整的影响额 =
$$\sqrt{\sum (M_{Li1} M_{Gi1} M_{P1} - M_{Li0} M_{Gi0} M_{P0})^2} \quad (9-15)$$

各因素对产业结构调整的贡献率为：

(1) M_{Li} 的贡献率为：

$$\frac{\sqrt{\sum \left[(M_{Li1} - M_{Li0}) \frac{M_{i0}}{M_0} M_{S0} \right]^2}}{G} \times 100\% \quad (9-16)$$

(2) M_i 的贡献率为：

$$= \frac{\sqrt{\sum \left[M_{Li1} (M_{i1} - M_{i0}) \frac{1}{M_0} M_{S0} \right]^2}}{G} \times 100\% \quad (9-17)$$

(3) M 的贡献率为：

$$= \frac{\sqrt{\sum \left[M_{Li1} M_{i1} \left(\frac{1}{M_1} - \frac{1}{M_0} \right) M_{S0} \right]^2}}{G} \times 100\% \quad (9-18)$$

(4) M_S 的贡献率为：

$$= \frac{\sqrt{\sum \left[M_{Li1} \frac{M_{i1}}{M_1} (M_{S1} - M_{S0}) \right]^2}}{G} \times 100\% \quad (9-19)$$

(5) 除中职职业教育发展以外的其他类型教育对产业结构调整的贡献率为：

$$\frac{\sqrt{\sum (M_{Li1} M_{Gi1} M_{P1} - M_{Li0} M_{Gi0} M_{P0})^2}}{G} \times 100\% \quad (9-20)$$

而中职教育发展对产业结构调整的全部贡献率为上述式（9-17）+式（9-18）+式（9-19）三项贡献率之和。

二、中职教育发展对产业结构调整贡献的实证研究：苏锡常案例

（一）数据来源

除中职学校毕业生人数（人）的数据直接来自苏锡常三市所提供的《中职学校各专业分类情况表》外，其他所有原始数据均来自2006~2010年《苏州统计年鉴》《无锡统计年鉴》《常州统计年鉴》。有关数据如表9-10所示。

表 9-10 2005~2009 年苏锡常相关指标值

地区	产业	2005 年 GDP (亿元)	2005 年 从业人员 (万人)	2005 年 中职职业学校毕业生人数 (人)	2006 年 GDP (亿元)	2006 年 从业人员 (万人)	2006 年 中职职业学校毕业生人数 (人)	2007 年 GDP (亿元)	2007 年 从业人员 (万人)	2007 年 中职职业学校毕业生人数 (人)	2008 年 GDP (亿元)	2008 年 从业人员 (万人)	2008 年 中职职业学校毕业生人数 (人)	2009 年 GDP (亿元)	2009 年 从业人员 (万人)	2009 年 中职职业学校毕业生人数 (人)
苏州	第一产业	156.96	74.08	36	167.25	61.00	0	175.18	56.44	67	191.49	54.07	58	256.98	50.18	32
	第二产业	4489.02	388.50	4216	5358.87	441.15	4664	6296.48	502.88	4678	7362.03	506.51	4970	8121.10	519.68	6695
	第三产业	2192.55	199.68	18806	2744.49	213.28	18394	3461.11	225.42	20285	4326.49	283.03	17750	5207.11	318.25	18129
	合计	6838.53	662.26	23058	8270.60	715.43	23058	9932.77	784.74	25030	11880.00	843.61	22778	13585.20	888.11	24856
无锡	第一产业	80.51	59.86	28	85.82	53.41	8	91.64	49.91	59	106.12	45.28	11	157.81	42.90	14
	第二产业	2417.13	222.96	5592	2845.92	242.37	7547	3305.86	258.57	9862	3839.71	281.12	11081	4247.33	284.62	10822
	第三产业	1458.03	133.85	13273	1777.05	149.14	13180	2156.66	160.29	16648	2603.69	174.40	17137	2980.45	194.07	16577
	合计	3955.67	416.67	18893	4708.79	444.92	20735	5554.16	468.77	26569	6549.52	500.80	28229	7385.59	521.59	27413
常州	第一产业	86.09	49.21	54	90.65	47.08	42	96.68	45.97	0	104.82	45.38	0	139.39	45.17	35
	第二产业	973.66	167.85	3686	1168.46	182.24	3214	1398.41	196.23	3101	1629.21	210.83	3191	1783.97	221.38	2623
	第三产业	570.82	100.33	7736	709.98	106.68	7539	875.70	112.63	7744	1051.21	122.40	8057	1218.80	130.14	7271
	合计	1630.57	317.39	11476	1969.09	336.00	10795	2370.79	354.83	10845	2785.23	378.61	11248	3142.16	396.69	9929

（二）计算结果

根据式（9-11）~式（9-20），计算出各指标值，如表9-11所示。

表 9-11 计算结果　　　　　　　　　　　　　　　　　　单位：%

地区	指标	2006年		2007年		2008年		2009年	
		计算值	贡献率	计算值	贡献率	计算值	贡献率	计算值	贡献率
苏州	M_{Li}	0.0148	0.99	0.0260	1.15	0.0331	1.42	0.0034	0.11
	M_i	0.0099	0.67	0.0321	1.42	0.0353	1.52	0.0214	0.72
	M	0.0000	0.00	0.0276	1.22	0.0251	1.08	0.0204	0.68
	M_s	0.0236	1.58	0.0033	0.15	0.0429	1.84	0.0082	0.27
	其他	1.4439	96.76	2.1634	96.05	2.1902	94.14	2.9394	98.22
	合计	1.4922	100	2.2524	100	2.3265	100	2.9928	100
无锡	M_{Li}	0.0081	0.64	0.0059	0.35	0.0076	0.56	0.0196	1.35
	M_i	0.0521	4.08	0.1048	6.13	0.0297	2.17	0.0133	0.91
	M	0.0363	2.84	0.1071	6.26	0.0285	2.09	0.0127	0.87
	M_s	0.0104	0.81	0.0823	4.81	0.0025	0.18	0.0296	2.03
	其他	1.1701	91.63	1.4098	82.45	1.2986	95.01	1.3807	94.84
	合计	1.2771	100	1.7099	100	1.3669	100	1.4559	100
常州	M_{Li}	0.008	0.58	0.0068	0.61	0.0016	0.16	0.0042	0.19
	M_i	0.0177	1.28	0.008	0.72	0.0106	1.04	0.0289	1.3
	M	0.0184	1.33	0.0013	0.12	0.0101	0.98	0.0316	1.42
	M_s	0.0345	2.49	0.0138	1.24	0.0076	0.74	0.0424	1.9
	其他	1.3072	94.32	1.0823	97.31	0.9961	97.08	2.1208	95.19
	合计	1.3859	100	1.1122	100	1.026	100	2.2279	100

为更好地说明问题，我们将中职职业教育发展对产业结构调整的贡献率单独列成表9-12。

表 9-12　中职职业教育发展对产业结构调整的贡献率　　　　单位:%

地区	指标值	2006 年	2007 年	2008 年	2009 年	平均水平
苏州	M_i	0.67	1.42	1.52	0.72	1.08
	M	0.00	1.22	1.08	0.68	0.75
	M_s	1.58	0.15	1.84	0.27	0.96
	合计	2.25	2.8	4.44	1.67	2.79
无锡	M_i	4.08	6.13	2.17	0.91	3.32
	M	2.84	6.26	2.09	0.87	3.02
	M_s	0.81	4.81	0.18	2.03	1.96
	合计	7.73	17.2	4.44	3.82	8.30
常州	M_i	1.28	0.72	1.04	1.3	1.09
	M	1.33	0.12	0.98	1.42	0.96
	M_s	2.49	1.24	0.74	1.9	1.59
	合计	5.1	2.08	2.76	4.62	3.64

三、若干分析与启示

（一）总体分析

由表 9-12 可见：

（1）苏锡常中职教育发展对该地区的产业结构调整发挥着一定的作用，苏州在 1.67%~4.44%，无锡在 3.82%~17.20%，常州在 2.08%~5.1%。

（2）苏锡常三市相比，无锡中职教育发展对该地区产业结构调整的贡献最大，平均水平为 8.30%，常州次之，平均水平为 3.64%，而苏州最小，平均水平为 2.79%。究其原因，这与苏州自 2005 年以来的中职教育无论是总量，还是结构相当稳定，变动不大有关。但这也从另一方面反映出其他教育类型如高等教育支撑苏州产业结构调整在时间上要比无锡、常州更早。

（二）动态分析

由表 9-12 可见：

（1）在 2006~2009 年，苏锡常三市中职教育发展对该地区产业结构调整贡献的表现形式不尽相同。一是贡献率最高点出现时间不同。就苏州而言，贡献率最高点在 2008 年；而无锡则在 2007 年；常州则是提前至 2006 年。贡献率最高点出现时间不同，说明三市的产业结构调整过程对中职人才的时间需求有一定的差异。二是贡献轨迹不同。苏州在 2008 年前是上升,之后是下降,无锡在 2007 年前是上升,之后也是下降,两市虽然在达到最高贡献点的时间上有差异,但贡献轨迹又有着相近的一面,说明苏州和无锡两市在产业结构调整过程中对中职人才的需求正趋于相近性,而下降则意味着其产业结构升级需要更高层次的人才支撑;而常州在 2006 年达到最高点后,并不是一路下降;相反,2007~2009 年,却是一个不断上升的贡献轨迹,将这一轨迹与常州近几年来制造业大力发展的实际结合在一起分析,则可以看出,常州的产业结构调整还需要大量中职人才的大力支撑,可以预见的是,中职教育发展对常州产业结构调整的贡献率还会出现一次最高点。

(2) 通过计算,2006~2009 年贡献率的组内变异系数苏州为 37.03%、无锡为 64.48%、常州为 34.48%,这表明各市年度间的中职职业教育发展对各地区产业结构调整贡献的差异较大;组间变异系数为 49.31%,表明三市间的中职职业教育发展对各地区产业结构调整贡献的差异也较大。而无论哪种差异,都说明了一种事实的客观存在,即中职教育发展的不均衡性,而这种不均衡性在一定意义上也是导致地区经济发展以及产业结构调整、升级不均衡性的一个重要因素。

(三) 影响因素分析

贡献率影响因素如表 9-13 所示。

表 9-13 贡献率影响因素　　　　　　　　　单位:%

地区	指标值	2006 年	2007 年	2008 年	2009 年	平均水平
苏州	M_i	29.78	50.71	34.23	43.11	38.80
	M	0.00	43.57	24.32	40.72	26.70
	M_s	70.22	5.36	41.44	16.17	34.41
	合计	100.00	100.00	100.00	100.00	100.00
无锡	M_i	52.78	35.64	48.87	23.82	40.04
	M	36.74	36.40	47.07	22.77	36.34
	M_s	10.48	27.97	4.05	53.14	23.59
	合计	100.00	100.00	100.00	100.00	100.00

续表

地区	指标值	2006年	2007年	2008年	2009年	平均水平
常州	M_i	25.10	34.62	37.68	28.14	29.81
	M	26.08	5.77	35.51	30.74	26.44
	M_s	48.82	59.62	26.81	41.13	43.75
	合计	100.00	100.00	100.00	100.00	100.00

由表9-13可见：在2006~2009年，影响中职教育发展对苏州产业结构调整贡献率的因素依次为：M_s—M_i—M_s—M_i，无锡依次为：M_i—M—M_i—M_s，常州依次为：M_s—M_s—M_i—M_s。苏锡常三市各年间贡献率的影响因素不尽相同，表明中职教育发展对各地区产业结构调整影响路径的不同。

通过上述分析，我们可以获得下列启示：

（1）中职教育发展对地区产业结构的调整具有一定的作用，不仅如此，在各地区产业结构调整的过程中，中职教育的大力发展可能是一个不可逾越的过程。苏州贡献率最高点出现在2008年；常州在2006年达到最高点后，并不是一路下降；相反，2007~2009年，却是一个不断上升的贡献轨迹，提供了佐证。为此，各地区应根据产业发展以及产业结构调整的需要，大力发展与之相适应的中职教育。

（2）在各地区，一是中职教育发展对地区产业结构的调整贡献的表现形式不尽相同，二是影响中职教育发展对地区产业结构的调整贡献的路径也不尽相同。这就要求各地区应根据产业发展以及产业结构调整的需要，选择好适合自身条件和发展自身优势的中职教育发展方式和路径。只有符合自身条件和适合自己需要的发展方式和路径，才是最好的发展方式和路径。也只有在这一方式和路径上，无论是中职教育的发展，还是产业发展和产业结构调整才能走得更远。

（3）在各地区，对于中职教育发展对地区产业结构调整贡献的年度间不均衡要积极防范，各地区应加强中职教育发展政策的连续性和有效性，以减少中职教育发展过程中的波动性，使本地区中职教育保持年度间发展的均衡性；对于中职教育发展对地区产业结构调整贡献的地区间不均衡，要加强研究。地区间的不均衡性，也许显示的正是本地区中职教育发展的特殊性，应更好地体现这种特殊性，并以这种特殊性支撑本地区的产业发展和产业结构调整。

参考文献

[1] 暴奉贤,韩兆洲,郭海华.市场调研和预测方法[M].广州:暨南大学出版社,1997.

[2] Saaty T. L. Inner and Outer Dependencein the Ana lytic Hierarchy Process: The Superma – trix and Super hierarchy [M]. Pittsburgh ISAHP, 1991.

[3] Saaty T. L. Multicriteria Decision Making [M]. Pittsburgh, RWSP ublications, 1990.

[4] 薛天栋.数量经济学[M].武汉:华中工学院出版社,1986.

[5] 曹俊文.几何平均数的标志变异指标浅探[J].江苏统计,2000(5).

[6] 陈启杰.市场调研与预测[M].上海:上海财经大学出版社,1999.

[7] 陈森良,单晓娅.经济增长质量及其评价指标体系[J].统计与决策,2002(7).

[8] 单艺斌,金明.关于平滑系数和初始值的确定[J].大连大学学报,1997(2).

[9] 杜元伟,谭莹莹,段万春.基于互补判断矩阵的DS/AHP方法[J].计算机工程与应用,2013(5).

[10] 傅道臣.经济增长中的结构效益及其测算[J].数量经济技术经济研究,1993(12).

[11] 管卫华,林振山,顾朝林.中国区域经济发展差异及其原因的多尺度分析[J].经济研究,2006(7).

[12] 郭克莎.中国:改革中的经济增长与结构变动[M].上海:上海三联书店,1996.

[13] 教材编写委员会.概率统计[M].北京:开明出版社,1998.

[14] 李红,白婷.投资控制模型在技术进步分析中的应用[J].数学的实

践与认识,2007(6).

[15] 廖志安.多元模糊线性回归模型的参数估计[J].鄂州大学学报,2007(5).

[16] 潘文卿.中国区域经济差异与收敛[J].中国社会科学,2010(1).

[17] 邱荣华.关于统计指数体系中的"共变影响指数"问题[J].中国经济问题,1985(5).

[18] 任保平,王蓉.经济增长质量价值判断体系的逻辑探究及其构建[J].学术月刊,2013(3).

[19] 孙慧钧,孙桂娟.平均指标与标志变异指标新探[J].统计教育,2005(5).

[20] 孙慧钧.关于权数与赋权方法分类的探讨[J].东北财经大学学报,2009(4).

[21] 唐炎森.确定平滑系数的新方法[J].统计与信息论坛,1997(3).

[22] 王成岐,张建华,安辉.外商直接投资、地区差异与中国经济增长[J].世界经济,2002(4).

[23] 王广谦.现代经济发展中的金融因素及金融贡献度[J].经济研究,1996(5).

[24] 王积业.关于提高经济增长质量的宏观思考[J].宏观经济研究,2000(1).

[25] 王玉龙.基于《资本论》视角的对全面建成小康社会制约因素的分析[J].《资本论》研究,2016(00).

[26] 武剑.储蓄、投资和经济增长——中国资金供求的动态分析[J].经济研究,1999(11).

[27] 肖红叶,李腊生.我国经济增长质量的实证分析[J].统计研究,1998(4).

[28] 谢忠秋,陈晓雪,张忠寿.企业结构竞争力:苏浙粤三省民营经济发展比较研究[J].江苏社会科学,2008(6).

[29] 谢忠秋.储蓄与投资在部门之间的分配效应模型研究[J].统计与决策,2003(11).

[30] 谢忠秋.调和平均数代表性的衡量方法[J].统计与决策,2006(14).

[31] 谢忠秋. 非负系数线性回归模型的构建 [J]. 统计教育, 2006 (1).

[32] 谢忠秋. 工业产品质量综合系数质疑 [J]. 浙江统计, 1996 (4).

[33] 谢忠秋. 共变影响指数的分解 [J]. 统计与决策, 2004 (10).

[34] 谢忠秋. 我国经济增长的速度、结构、质量、效益相关性研究 [J]. 经济管理, 2006 (22).

[35] 谢忠秋. 营销效益评价指标体系的设计 [J]. 统计与决策, 2003 (2).

[36] 谢忠秋. 用概率方法确定平滑系数（α）[J]. 统计教育, 2003 (4).

[37] 谢忠秋. 用离散系数确定权数 [J]. 统计教育, 1996 (3).

[38] 谢忠秋. 在常高校服务地方经济溢出效益实证研究 [J]. 江苏技术师范学院学报, 2007 (6).

[39] 谢忠秋. 中国各省市民营经济 GDP 的估算与分析 [J]. 江苏商论, 2005 (1).

[40] 徐勇, 徐策中, 侯玲, 方本挺. 索洛模型应用研究 [J]. 数量经济技术经济研究, 1999 (2).

[41] 袁嘉新. 再论"经济增长中结构效益的测算方法" [J]. 数量经济技术经济研究, 1993 (12).

[42] 张焕明. 地区差异条件下对外开放对经济增长的影响的实证分析 [J]. 经济科学, 2003 (6).

[43] 张玲. 调和平均数受数量标志值的影响分析 [J]. 内蒙古统计, 2010 (1).

[44] 赵丹. 定期库存控制模型研究 [J]. 价值工程, 2011 (28).

[45] 赵喜仓, 吴梦云. 江苏城市社会经济发展状况实证分析 [J]. 统计研究, 2000 (3).

[46] 郑少锋. 试论调和平均数代表性大小的测定及其应用 [J]. 浙江统计, 1995 (6).

[47] 周德强. 一种改进的基于概率的权数确定方法 [J]. 统计与决策, 2009 (2).

[48] 朱孔来. 综合评价研究 [M]. 济南：山东人民出版社, 2004.

[49] 朱喜安. 标志变异指标中几个问题的探讨 [J]. 统计与决策, 1998

(10).

[50][美]戈德史密斯. 金融结构与发展[M]. 浦寿海等译. 北京：中国社会科学出版社，1993.

[51][美]库兹涅茨. 现代经济增长[M]. 戴睿，易诚译. 北京：北京经济学院出版社，1989.

后 记

可以说，《大统计中的小问题研究》是我于1985年自杭州商学院（现浙江工商大学）计划统计专业毕业以来，在安徽财贸学院（现安徽财经大学）从事统计学教学和研究工作15年，又在江苏技术师范学院（现江苏理工学院）从事统计学教学和研究工作18年，对于大统计中的一些小问题的一点心得和感悟。在行将退出统计学教学和研究之际，能有机会将这点心得和感悟结集出版，无疑是一件值得高兴的大事，无疑是一件值得"送礼包"庆贺的大事。故而权且就将此作为我献给自己从教30多年的一件非常大的"礼包"，作为我献给地下有知的父母大人养育自己50余年的一件非常大的"礼包"，作为我送给子孙后代的一件非常大的"礼包"。

事实毕竟是，这是一个伟大的时代、一个伟大创新的时代。不说全世界这些年来全球化的伟大实践为统计学的研究提供了多少丰富的素材，就是在中国这块充满改革、创新的土地上，每时每刻所诞生着的多少伟大的故事、伟大的奇迹，又为统计学的研究提供了多少课题。从这个意义上说，所有统计学的研究，都还只是"冰山的一角"。自然，《大统计中的小问题研究》也不例外。所以，就所研究的这些小问题而言，我更愿意接受大家的任何批评、批判乃至指责，只要不是恶意的。而这也将成为不断丰富小问题研究、深化小问题研究的动力之源。

有人说，"统计就和柴、米、油、盐、酱、醋、茶一样，存在的时候并不是很突出，一旦不见了，人生就是黑白的了"。事实又何尝不是这样？回顾自己50多年所走过的路，如果不是统计，自己又会怎样？所以，首先还得感谢统计。正是统计，使我看问题时，"总体性"的意识比较强；对待问题时，"数量性"的分寸感把握得比较好；处理问题时，"变异性"的视角比较宽。而正是这些，成就了自己。

其次，还得感谢在本书的撰写过程中，那些给予了我更多照顾的人：一是在此书撰写过程中，被我参阅和引用了许多资料，而又未能一一取得联系的各位作者；二是我所在团队的所有成员；三是长期支持我的常州市社科联、科技局的各位领导；四是我所在工作单位的社科处的领导和同事……你们就是我那"背后站着的许许多多的无名英雄"，就是我那"站在了巨人的肩膀上"的巨人。显然，没有你们，也就没有我。

最后，还特别要感谢一个人，她就是经济管理出版社的申桂萍编辑，是她助我完成了"最后一公里"的工作。没有她的辛勤工作，以我的性格，恐怕还不知道这本书要在哪个黑暗的角落里躺上多少年。

诚如所有写书的一样，书中难免会有许多缺点乃至错误，而这些文责，当自负。

谢忠秋

2018 年 8 月